Sascha Lehnartz

UNTER GALLIERN

Sascha Lehnartz

UNTER GALLIERN

Pariser Leben

Ullstein

ISBN 978-3-550-08852-0

Gesetzt aus der ITC Novarese
Satz: Pinkuin Satz und Datentechnik, Berlin
Druck und Bindearbeiten: CPI – Clausen & Bosse, Leck
Printed in Germany

Für Novina

»Why are you in Paris?«
»Well, to see Paris.«

Steve McQueen

INHALT

IV. CIVILISATION FRANÇAISE

V. LA VIE PARISIENNE

I. PARIS, EIN TRAUM

Zimmer mit Eiffelturm

Unser neues Leben in Paris hatte genau so begonnen, wie wir uns das erträumt hatten. Kurz vor Weihnachten hatten wir eine bezaubernde Wohnung mit Blick auf den Eiffelturm gefunden.

Zugegeben, man muss sich ein wenig aus dem Fenster lehnen, um den Eiffelturm zu sehen. Optimal ist die Sicht dann, wenn man sich außen an der Brüstung unseres »französischen Balkons« mit einem Halbmastwurf-Karabiner anseilt – und sich dann ein wenig nach hinten ins Hohlkreuz fallen lässt. Wahrscheinlich haben die Pariser deshalb französische Balkone erfunden: Es gibt hier einfach viel Schönes zu sehen. Wenn man dagegen in Bottrop wohnt, braucht man nicht unbedingt einen französischen Balkon, sondern nur irgendwas, um die Satellitenschüssel anzudübeln.

Die Wohnung war, wie gesagt, ganz bezaubernd. Es gab nur noch einige Kleinigkeiten zu renovieren. »Petits détails«, hatte der Makler gesagt, während er sich an dem Waschbecken, das komischerweise im Wohnzimmer an der Wand hing, leicht abgestützt hatte – woraufhin das Becken aus der Verankerung gebrochen war. Erst später stellten wir fest, dass das Waschbecken gar nicht verankert, sondern offenbar mit Holzleim befestigt worden war. »Der Franzose improvisiert halt gern.« Scherzten wir da noch.

Wir beschlossen, die Tage zwischen den Jahren mit besinnlichen Nestbau-Aktivitäten zu verbringen. Wir begannen gleich am Zweiten Weihnachtstag. Als Erstes versuchten wir, einen circa acht Zentimeter tiefen, zahnfleischfarbenen Wollteppich vom Fußboden abzuschaben, der offenbar hochentwickelte, linksdrehende Zellkulturen mit langfristigen Mietverträgen beherbergte. Als wir diese Herausforderung annahmen, wussten wir allerdings noch nicht, dass es zumindest ein französisches Industrieprodukt gibt, das qualitativ Weltniveau erreicht: Teppichleim.

Nach drei Tagen eifrigen Schabens – mittlerweile schrieben wir den 28. Dezember – zogen wir eine Zwischenbilanz: Was unser neues Pariser Heim werden sollte, bestand aus drei Zimmern und einer Küche. Bis auf die Küche waren sämtliche Bodenflächen mit dem Zahnfleisch-Teppich bedeckt. Anfangs vermuteten wir, auch der Küchenboden sei mit einer Art Teppich belegt, bis wir feststellten, dass es sich um eine Staub- und Schmutzschicht handelte, die im Laufe der Jahre eine Konsistenz entwickelt hatte, die von einem industriell gewebten Produkt nur schwer zu unterscheiden war.

Vielleicht haben Sie zufällig den B-Movie-Klassiker *The Green Slime* aus dem Jahr 1968 gesehen oder zumindest *Alien Resurrection* aus dem Jahr 1997. Oder irgendeinen anderen Film dieser Sorte, in dem aufdringliche Außerirdische mit ungepflegtem Äußeren die Erde mit einem seltsamen Schleimprodukt vollsülzen. Wenn Sie sich diese Masse nun nach 30 Jahren Lufttrocknung vorstellen, wissen Sie ungefähr, womit wir es in der Küche zu tun hatten. Allerdings ließ sich dieser Bodenbelag nach mehrstündigem Schrubbereinsatz mit Unterstützung von chemischen Kampfmitteln einigermaßen rückstandsfrei entfernen.

Der Teppich hingegen war überall mit Hilfe des ausgesprochen widerstandsfähigen französischen Hochleistungsleimes angebracht worden. Drei Tage lang hatten wir zwar in jeder Ecke mehrmals versucht, den Spachtel anzusetzen, aber es war uns gerade einmal gelungen, geschätzte 0,85 Quadratmeter Bodenfläche von dem Teppichmonster zu befreien. Und das war noch eine großzügige Schätzung.

Dabei hatten wir drei deutsche Qualitätsspachtel abgebrochen und circa zwei Dutzend Original Solinger Teppichmesserklingen ruiniert. Wir hatten außerdem Blutblasen an Handballen und Fingern und Schmerzen in den Knien und im Rücken, wie sie sonst nur Pflasterer kurz vor der Rente mit 67 kennen. Unser Zeitplan drohte ins Wanken zu geraten. »Bis zum 31. sind Sie mit den kleinen Schönheitsreparaturen sicher durch und feiern Silvester mit Blick auf den Eiffelturm«, so hatte der Makler frohlockt.

»Monamour«, sagte ich zu Monamour, »ich glaube, wir müssen unseren Plan überdenken.« Monamour heißt natürlich nicht mit bürgerlichem Namen »Monamour«. Aber ich hatte kurz nach unserer Ankunft in Paris begonnen, sie mit einem landestypischen Kosenamen anzusprechen, um ihr die Integration zu erleichtern. Und um das Geld für den Sprachkurs zu sparen.

Monamour war dabei, in einer Ecke jenes Zimmers, das einmal unser Schlafzimmer werden sollte, eher unorthodoxe Teppichentfernungstechniken auszuprobieren, nachdem die konventionellen reihenweise versagt hatten. In diesem Moment bearbeitete sie den Teppich gerade mit ihrem Philips Ladyshave. Soweit ich die Lage in der Zimmerecke einschätzen konnte, funktionierte das allerdings nicht richtig. Das Gerät roch schon ein wenig verbrannt. Monamour hatte viele lustige rosa Flusen im Haar und im Gesicht, mit denen sie allerdings hinreißend aussah. Als ich Monamour auf die Beine half, gaben ihre Kniegelenke Knackgeräusche von sich, die mich beunruhigten – schließlich ist sie elf Jahre jünger als ich. Doch die Fronarbeit der letzten Tage hatte auch ihr zugesetzt. Ihr Blick flackerte, und sie hustete rosa Flusen durch die Nase. Mir wurde klar, dass unser Paris-Abenteuer unter keinem guten Stern stehen würde, wenn diese Entwicklung anhielt. »Monamour«, flehte ich sie an, »so geht es nicht weiter. Wir brauchen professionelle Hilfe.«

Monamour war vollkommen einverstanden, das heißt, sie knurrte zärtlich irgendetwas von »hab ich ja gleich gesagt« und »totale Schnapsidee«. Wohnung selber renovieren sei etwas »für Studenten« oder aber »Handwerker, die es können«. Sie betonte das Wort »können« ungewohnt stark.

Empfindlichere Naturen als ich hätten diese Bemerkungen vielleicht als persönliche Kritik aufgefasst, aber zum Glück kannte ich Monamour gut genug, um zu wissen, dass sie es bestimmt genau so gemeint hatte. Ich beschloss, ihr am nächsten Morgen als Belohnung für ihren Einsatz und als kleine Aufmerksamkeit eine Fusselbürste zu kaufen. Praktischerweise gab es gleich um die Ecke unserer neuen Wohnung eine Schlecker-Filiale. *Schlequère* heißt das auf Französisch, was das Einkaufserlebnis in einer grenzübergreifend deprimierenden Drogeriemarktkette aber nur unwesentlich mondäner macht.

Ich rief meinen Freund Antoine an und fragte ihn um Rat. Antoine war ein waschechter Pariser, und zum Glück hatte ich ihn ein Dutzend Jahre vor unserem Umzug nach Paris in New York kennengelernt. Es ist nämlich wesentlich leichter, Pariser in New York kennenzulernen als in Paris. Sogar in Bielefeld oder in Omsk ist es einfacher. Denn in New York, in Bielefeld und insbesondere in Omsk kennen Pariser selbst kein Schwein – und freuen sich deshalb riesig, wenn sie eins kennenlernen. In Paris hingegen haben Pariser schon genug Pariser Freunde und empfinden neue Leute, die gern ihre Bekanntschaft machen würden, eher als lästige Störung ihres ungemein pariserischen Betriebsablaufs. Es gibt natürlich auch traurige Pariser, die in Paris überhaupt keine netten, coolen und interessanten Freunde haben, aber das würden die traurigen Pariser nie zugeben, weil man sie dann auch noch für uncoole Pariser halten würde.

Bevor sie sich mit Freunde suchenden Zugereisten aus Omsk abgeben, bleiben sie da lieber alleine in einem zwanzig Quadratmeter großen *Chambre de bonne* sitzen und gucken jeden Abend die Seifenoper *Plus belle la vie*, die in Marseille spielt. Pariser interessieren sich für alles Mögliche – nur nicht für Leute, die neu nach Paris gezogen sind.

Wenige Tage zuvor hatte ich bei der Société Générale mein Konto eröffnet. Die mütterlich wirkende Filialangestellte hatte beim Ausfüllen der Formulare gefragt:

»Sie sind ganz neu in Paris?«

15

Als ich bejahte, schien ihre Sorge zu wachsen: »Kennen Sie denn hier irgendjemanden?«

Als ich auch dies bejahen konnte, war sie ein wenig beruhigt.

»Das ist ein Glück für Sie, denn wenn man hier niemanden kennt, ist es nicht lustig.«

Dann ließ sie mich aus einer Reihe von bunten Motiv-Kreditkarten mein Lieblingsexemplar aussuchen. Es gab Tierbilder, Pflanzen oder was mit Musikinstrumenten. Ich wunderte mich ein wenig, dass Zahlungsmittel in Frankreich gestaltet werden wie Kindergartentaschen, aber dann dachte ich mir: Macht vielleicht Sinn, eine niedliche Kreditkarte kann einen trösten, wenn man sonst niemanden kennt.

Antoine war eine erfreuliche Ausnahme, er war offenbar nicht so kontaktgestört wie die meisten Pariser, denn er ließ sich spontan breitschlagen, erneut mein Freund zu werden, als wir nach Paris zogen. Ich hatte ihn in den Kontakt-Katakomben von Facebook ausgegraben. Geduldig hörte er sich nun am Telefon meinen Krisenbericht an. Dann stellte er ein oder zwei Verständnisfragen. Er wollte zum Beispiel wissen, wieso ich auf den abwegigen Gedanken gekommen sei, meine ersten Tage in Paris mit einem überambitionierten Renovierungsprojekt zu verbringen. Er fragte außerdem, wieso ich auf die noch beknacktere Idee gekommen sei, mit den Bauarbeiten zwischen Weihnachten und Neujahr zu beginnen, und vor allem wunderte er sich:

»Was hat dich geritten, Tonamour in deinem germanischen Renovierungsgrößenwahn mit ins Unglück zu stürzen, anstatt ihr erst mal ein oder zwei schöne neue

Kleider im Faubourg Saint-Honoré zu kaufen, um den Kulturschock der Emigration abzufedern?«

Auf diese Frage hatte ich spontan keine überzeugende Antwort parat.

»Na ja«, murmelte ich etwas kleinlaut, »ich dachte, gemeinsam die Wohnung zu renovieren sei irgendwie romantisch.«

»Zwischen Weihnachten und Neujahr? Da sollte man auf der Couch liegen, Kekse essen und Bach hören. Aber nicht Bodenbelege entfernen.«

Ich räumte ein, dass der Zeitpunkt suboptimal gewählt war.

»Du drückst deiner Frau ein Teppichmesser in die Hand und findest das romantisch?«, wunderte sich Antoine. »Die deutsche Romantik macht mir Angst.«

»Antoine, jetzt ist nicht der Moment für kulturkritische Grundsatzdebatten. Ich brauche eine pragmatische Lösung.«

»Warum engagierst du nicht einfach einen Handwerker, der so etwas kann?«, fragte Antoine.

Eine Sekunde lang dachte ich: »Wow, dieses Argument ist geradezu cartesianisch.« Also ungeheuer vernünftig. Aber dann fiel mir die Weltwirtschaftskrise wieder ein – mitsamt der Folgen dieser lästigen Entwicklung speziell für die Medienwirtschaft, deren abhängig Beschäftigter ich war.

»Antoine, diese Zeiten sind vorbei«, sagte ich.

»Welche Zeiten? Die Zeiten, als Handwerker noch etwas konnten?«

»Die auch. Aber vor allem die Zeiten, da man als Auslandskorrespondent in Saus und Braus lebte und grö-

17

βere Schönheitsreparaturen an seinem repräsentativen Dienstsitz mit der Spesenabrechnung einreichen konnte. So etwas wurde früher von verständnisvollen Kollegen in der Buchhaltung abgenickt. Aber heute heißt die Abteilung Controlling, und die Leute, die dort arbeiten, sehen auch so aus.«

»Das ist lamentabel«, sagte Antoine.

»In der Tat«, stimmte ich ihm zu. Dann geriet ich am Telefon spontan in eine leicht schirrmachernde, seltsam melancholisch-reaktionär-kulturkrittelnde Stimmung und beklagte all die schönen Dinge des Lebens, die im Laufe der letzten Jahre der Beschleunigung der Welt, den überschätzten Neurowissenschaften, der vom Internet gestifteten Verwirrung oder den Spaßverderbern in Controlling-Abteilungen zum Opfer gefallen waren.

So erzählte ich Antoine, dass ich irgendwann gegen Ende meiner Pubertät den Plan geschmiedet hatte, wenn ich einmal groß wäre, glamouröser Auslandskorrespondent in Paris zu werden. Ich hatte damals die ein oder andere Biographie zu viel über Leute gelesen, die sich aus dem Konzept der kontinuierlich voranschreitenden betriebsinternen Karriere (»Bloß keine Lücke im Lebenslauf!«) nie sonderlich viel gemacht hatten. Von da an schwebte mir stets mindestens ein ähnlich abwechslungsreicher Werdegang vor. François-René de Chateaubriand (1768–1848) etwa fand ich vorbildlich, auch wenn der nun nicht unbedingt Auslandskorrespondent im klassischen Sinne war.

Wächst auf einem Schloss auf, schöpft die Romantik, sucht dauernd die Liebe und findet sie nie. Beziehungsweise: rennt weg, wenn er sie findet (sehr modern!), flieht vor der Revolution an den Mississippi, kehrt zurück, fabuliert sich etwas über edle, wilde Indianer zusammen und erfindet nach seiner Rückkehr ein massentaugliches Stimmungstief namens *Mal du siècle*, bei dem alle sofort sagen: »Genau das will ich auch!«

Er wird Botschafter an touristisch reizvollen Einsatzorten (London, Berlin, Rom), schließlich sogar Kurzzeit-Außenminister und hinterlässt der Welt stilistisch vorbildliche Memoiren sowie ein schmackhaftes Fleischgericht, das Chateaubriands Koch Montmirel erfand, als sein Chef Botschafter in London war. Am Ende ließ er sich auf einer kleinen Halbinsel vor Saint-Malo in der Bretagne beerdigen, und weil es um die Grabstätte noch zu seinen Lebzeiten viel Theater gab, fasste er selbst sein Wirken hienieden mit dem lakonischen Satz zusammen: »Nichts in meinem Leben war einfach, nicht einmal mein Grab.« *Das* hatte Stil.

Ähnlich angetan war ich von Lord Byron – ein Schmachtvers-Profi mit Massenappeal, der sich irgendwann in den Kopf setzte, am griechischen Unabhängigkeitskampf teilzunehmen. Das war zwar für einen Briten eine überraschend pro-europäische, aber dennoch nicht unbedingt Byrons beste Idee, denn dummerweise fing er sich dabei eine Lungenentzündung ein, die seine Karriere vorzeitig beendete. Mir war allerdings rasch klar, dass diese Typen als Karrierevorbilder für das 21. Jahrhundert nur noch eingeschränkt geeignet waren. Ich orientierte mich daher bald an handfesteren Charakteren, die mir zeitlich näher standen: Hemingway, F. Scott Fitzgerald oder dem famosen Fotografen Robert Capa, der in Paris die Bildagentur Magnum gründete und jenes legendäre Foto eines Partisanen im Spanischen Bürgerkrieg schoss, das zur Ikone aller Kriegsgegner wurde. Das Bild hat allerdings nach heutigem Stand der Forschung einen kleinen Haken. Es war von Anfang an ein bisschen zu legendär, denn es war gestellt.

In etwa so aufregend wie das Leben dieser Pariser Helden stellte ich mir mit sechzehn meine eigene berufliche Zukunft als flamboyanter Paris-Korrespondent vor: Nach einem ausgiebigen Austern-Frühstück mit geistreichen und literarisch ehrgeizigen Kollegen in der *Coupole* (»War das nicht dieser Picasso am Nebentisch?«) auf dem Boulevard Montparnasse oder in der *Closerie des Lilas* am Boulevard Raspail würde ich einige Stunden meinem Tagwerk nachgehen. Am späten Nachmittag diktierte ich meine gewohnt brillant formulierten Beobachtungen über das französische Alltagsleben einer charmanten Stenographin in der Berliner Zentralredaktion. Das junge Fräulein schwärmte ein wenig für mich und war immer leicht aufgeregt, sobald die Vermittlung mich zu ihr durchstellte. Nach vollendetem Diktat schlug ich den Kragen meines Trenchcoats hoch, verließ die Telefonzelle des Hauptpostamtes im ersten Arrondissement und machte einen kleinen Spaziergang über die Rue Saint-Honoré, bis ich am Place Vendôme ankam.

Währenddessen rauchte ich natürlich – nicht, weil mir das Rauchen besonders großes Vergnügen bereitet hätte, sondern einfach deshalb, weil ich lange Zeit geübt hatte, Zigaretten im Gehen mit einer extrem lässigen Bewegung aus der Rückhand gegen die Laufrichtung wegzuschnippen. Diese unfassbar coole Geste hatte ich mir bei Alain Delon in *Der eiskalte Engel* abgeguckt und sie danach wochenlang trainiert. Allerdings trug ich zu dieser Zeit – es war Mitte der Achtziger im Winter in Westdeutschland – meistens eine neongrüne Skijacke der Marke Elho, was den Lässigkeitsfaktor der Gesamterscheinung negativ beeinflusste. Unschön war auch, dass es einige Zeit dauerte, bis ich den Trick halbwegs souverän beherrschte. In der Trainingsphase hatte ich mir mindestens ein Dutzend glühender Kippen gegen meinen Polyesteranorak geschnippt und diesen dadurch an mehreren Stellen unvorteilhaft angesengt.

Doch zum Glück trug ich in meiner Vision einen makellosen beigen Burberry-Trenchcoat und rechnete deshalb auch nicht ernsthaft mit Schwierigkeiten beim Einlass ins Ritz. Zudem war Octave, der Barkeeper, ein guter Bekannter von mir. Den Feierabend würde ich wie gewohnt an seiner Bar einläuten, indem ich ein oder zwei faszinierenden Frauen, denen ständig die Spaghettiträger von der Schulter rutschten, ambitioniert zusammengerührte Getränke spendierte.

Die Redaktion, für die ich arbeiten würde – so malte ich mir das in meiner kindlichen Phantasie aus –, hatte mir eine großzügige Dienstwohnung mit Blick auf den Jardin du Luxembourg zur Verfügung gestellt. Es war eine klassische Pariser Siebenzimmerwohnung in einem sechsstöckigen Gebäude aus der Haussmann-Zeit. Sie war hell und weitläufig, aber durch die zwei großen Kamine in den beiden Salons wirkte sie so gemütlich, dass man nicht einmal eine Katze brauchte, um Heimeligkeit zu simulieren. Das Eichenparkett war diagonal verlegt, der Stuck an den Decken dezent. Jeden zweiten Donnerstagabend im Monat lud ich hier zu meinem

Salon, in dem selbstredend *tout Paris* verkehrte – außer Bernard-Henri Lévy, denn ich hatte seltsame allergische Reaktionen gegen weiße Hemden, die nicht ordentlich zugeknöpft waren. Seit den Zeiten von Gertrude Stein habe man nicht mehr so viel Esprit auf so engem Raum erlebt, schwärmte man auf der Rive Gauche und riss sich um meine Einladungen.

Als Dienstwagen hatte mir mein Arbeitgeber freundlicherweise einen Aston Martin DK2 bereitgestellt, da man auch von Verlagsseite Wert darauf legte, dass die Repräsentanten des Hauses sich angemessen und stilvoll fortbewegten. Die 250 PS des Wagens fuhr ich in der Pariser Innenstadt nur selten aus, es sei denn, ich lieferte mir gerade wieder eins meiner Chicken-Rennen auf dem Boulevard Raspail, zu denen Françoise Sagan mich regelmäßig herausforderte.

»Sag mal, hast du den getrockneten Teppichleim geraucht – oder warum halluzinierst du jetzt schon am Telefon? Was machen wir mit diesem verfluchten Teppich?«

Es war Monamour, die meine Schwärmereien mit ungewohntem Nachdruck in der Stimme unterbrach. Ihr standen kleine Schweißperlen auf der Stirn. Möglicherweise hatte ich ihre Geduld erschöpft. Sie deutete mit dem Teppichmesser auf mich. Das hatte sie bisher noch nie gemacht. Ich nahm dies als Zeichen, dass ich meine Plauderei mit Antoine langsam zu Ende bringen und die Teppichfrage einer Lösung zuführen musste.

»Antoine«, hob ich an, »vor zwanzig Jahren noch, da hatte man als Auslandskorrespondent ein prima Leben, und niemand interessierte sich für die Nebenkosten, die so ein Posten produzierte, denn es gab eine Welt, in der Zeitungen voller Anzeigen waren und ordentlich Geld abwarfen. Es gab zum Glück auch kein Internet und keine Handys, und deshalb hatte man geregelte Arbeitszeiten, und nach 16 Uhr rief niemand mehr an. Korrespondenten in Asien oder anderen entlegenen Gebieten blieben wochenlang von ihrer Redaktion unbehelligt, schließlich konnten sie immer so etwas behaupten wie ›In diesem Teil Burmas gibt es leider kein Telefon‹. Und wenn sie sich dann nach drei Monaten per Fax aus einer Suite des Raffles-Hotels in Singapur zurückmeldeten, sandte der Herausgeber persönlich ein Telegramm, gratulierte, dass man noch lebte, und schrieb irgendetwas Anerkennendes wie ›Donnerwetter, Schulze! Sind schon ein verrückter Hund. Jetzt ruhense erst mal paar Tage aus!‹ Selbst im erheblich besser verkabelten Paris hatte man ein gemütliches Leben. Einer meiner Vorgänger etwa war berühmt dafür, dass er gegen 16 Uhr seine Texte durchs Telefon diktierte und seine letzte Zeile stets lautete ›Stelle ich anheim.‹ Das hieß, falls der Text ein wenig zu kurz oder viel zu lang geraten war oder aber die Aktualität die Unverfrorenheit besitzen sollte, seine Beschreibung bis zum nächsten Morgen noch zu überholen, dann durfte seine Heimatredaktion sehen, wie sie mit diesen Inkommoditäten klarkam. Heute dagegen ist man ständig erreichbar, wird von der eigenen Online-Redaktion gestalkt, soll während des Interviews noch einen kleinen Videoclip für die Internet-Seite drehen, danach gleich etwas für die User-Community twittern und nebenbei ein paar möglichst originelle iPhone-Apps produzieren. Vor lauter Gefilme und Getwittere kommt man in der Zwischenzeit nicht mehr dazu, vernünftige Texte zu schreiben. Das ist allerdings nicht weiter tragisch, denn für Texte interessiert man sich in der Zeitungsbranche nicht mehr allzu sehr. Das Geschäftsmodell hängt inzwischen weniger von Abonnenten ab, die des Lesens kundig sind, als von den Mitgliedern einer eigenartigen User-Community, die ihre Tage damit verbringen, in ausführlichen Bildergalerien vom Défilée der neuesten Victoria's-Secret-Kollektion herumzuklicken oder ausländerfeindliches Zeugs in den Kommentarforen zu ›posten‹. Das nennt man dann Interaktivität.«

»Aber das Schlimmste an all diesen dramatischen Veränderungen« – so leitete ich nun den Epilog meiner kleinen kulturpessimistischen Tirade ein – »ist, dass die Medienkrise in Deutschland inzwischen so weit fortgeschritten ist, dass Arbeitgeber extravagante Renovierungskosten für die neue Dienstwohnung nicht mehr übernehmen. Professionelle Kompetenz zum regulären Pariser Tarif einzukaufen scheidet daher aus. Selbst wenn ich Mittagessen abrechne, fragen die Controller jetzt jedes Mal: ›Musste das sein?‹«

»Die streichen sogar das Mittagessen?« Antoine war entsetzt. Für traditionsbewusste Pariser ist die Vorstellung, aus Kostengründen sein Menschenrecht auf ein dreigängiges Mittagsmenü einzubüßen, ungefähr so barbarisch wie Waterboarding.

»Warum hast du diesen Job dann bloß angenommen?«

»Na ja«, rechtfertigte ich mich, »weil ich halt immer schon Paris-Korrespondent werden wollte. Und weil ich

mir dachte, solche Stellen muss man annehmen, solange es überhaupt noch Zeitungen gibt. Meinen Enkeln
kann ich dann vielleicht mal erzählen: ›Opa war einer der
letzten Paris-Korrespondenten‹ – ein bisschen so wie
der letzte aller Ritter aus dieser Geschichte von Borges,
mit dem die Erinnerung an das Rittertum ausstirbt.«

»Zu diesem nüchtern kalkulierten Karriereschritt kann
man dich nur beglückwünschen«, sagte Antoine.

»Danke. Aber was mache ich jetzt mit dem Teppich?
Bis Silvester muss das Ding raus. ›Er oder ich‹, hat Monamour gesagt. Das war ein eindeutiges Ultimatum. Ich
will lieber nichts riskieren. Sonst kann ich mich am 1. Januar auf der Single-Seite *Paris-Solitaire* anmelden.«

»Dann hilft dir nur noch *Kiloutou*«, sagte Antoine.

La Vie en Rose.
Wie man einen französischen Teppich entfernt

Wer ist Kiloutou?«, fragte ich Antoine.

»Kiloutou ist ein Werkzeug- und Geräteverleih. Die
haben alles, was du brauchst.«

Antoine ergoogelte mir die Adresse der nächsten Filiale – sie befand sich nahe der Bastille. Ich sagte Monamour, ich hätte die Lösung all unserer Probleme, wir
müssten sofort los. Wir schwangen uns in unseren ge-
mieteten Citroën-Van, ein unförmiges Gefährt, das aus
unerfindlichen Gründen den Modellnamen »Picasso«
erhalten hatte. »Böcklin« hätte besser gepasst. Wir die-

selten Richtung Bastille. Während ich versuchte, unser Überleben im Pariser Straßenverkehr zu gewährleisten, stellte Monamour kritische Nachfragen: »Wo fahren wir überhaupt hin?«

»Zu Kiloutou.«

»Und wer soll das sein? Der kleine dicke Bruder von Manitu? Suchst du dein Heil jetzt bei einem Schamanen?«

»Das ist ein Geräteverleih. Antoine sagt, die können uns helfen.«

»Wieso? Verleihen die Flammenwerfer?«

Zu diesem Zeitpunkt konnte Monamour noch nicht ahnen, dass die Chancen, bei Kiloutou notfalls auch einen Flammenwerfer zu finden, gar nicht so schlecht sind. Als wir den Laden betraten, wurde uns schlagartig klar, dass wir das Tor zum Heimwerker-Nirwana durchschritten hatten. Um uns herum standen auf offenen Regalen Tischkreissägen, Schlagbohrmaschinen, Betonmischer, Schleifgeräte aller Art, Hochdruckfassadenreiniger, Hebebühnen und Industriestaubsauger. Vermutlich hätte man hier bei Bedarf auch eine vorgartentaugliche Öl-Förderplattform ausleihen können. Da wir leider nicht wussten, was »Schwierigkeiten, einen versifften, krass angeleimten, zahnfleischfarbenen Wollteppich vom Boden zu entfernen« auf Französisch hieβ, entschieden Monamour und ich uns dazu, dem Verkaufspersonal unser Anliegen in einer improvisierten pantomimischen Darbietung zu erläutern.

Wir machten damit offenbar durchaus Eindruck, denn die übrigen drei Kunden, die mit uns in dem Ladenlokal standen, applaudierten heftig, nachdem wir unsere

26

Performance beendet hatten. Der freundliche Kiloutou-Mitarbeiter hinter dem Tresen, ein großgewachsener Schwarzer in einem gelben Kiloutou-Overall, überlegte kurz, dann sagte er: »Der Fall ist eindeutig: Sie brauchen eine *Décolleuse éléctrique*.« – eine elektrische Teppich-abschabmaschine. Ich wusste bis dahin nicht, dass es so etwas gab, aber der Gedanke, dass wir offenbar nicht die Ersten waren, die im Verlaufe der französischen Ge-schichte vor einem massiven Teppichproblem standen, tröstete mich.

Der Verkäufer verschwand im Lager und kam wenige Minuten später mit einem Gerät zurück, das aussah wie ein gepanzerter Staubsauger. Wir waren begeistert und unterschrieben den Mietvertrag, ohne uns die Mühe zu machen, die kleingedruckten Geschäftsbedingungen zu lesen.

Thomas – so hieß unser Kiloutou-Berater – war so freundlich, uns das Gerät ausführlich zu erklären. Das half uns allerdings nur bedingt, denn Thomas stamm-te aus Mali, wie er uns erzählte. Das heißt, ich hätte seinen Akzent vermutlich halbwegs verstanden, wenn ich Elektrotechnik studiert und ein Auslandssemester in Ouagadougou absolviert hätte. Hatte ich aber nicht. Wir vertrauten daher darauf, dass das Ding im Prinzip so ähnlich funktionieren würde wie ein Rasenmäher, und fuhren umgehend zurück auf die Baustelle.

Thomas hatte uns noch überzeugt, Ohrenschützer und Staubmasken mitzunehmen. Ich fand, diese Ac-cessoires standen Monamour ganz hervorragend, aber Monamour machte mir klar, dass sie nicht in der Stim-mung für ambivalente Komplimente war. Ungeduldig schraubte sie die etwa zwölf Zentimeter breite, scharfe Klinge in die Décolleuse, stöpselte den Stecker ein und legte los: Der Schaber fräste sich in den Teppichansatz und produzierte dabei ein Geräusch, das klang, als würde man ein Meerschweinchen mittelgrausam foltern. Ich fragte mich kurz, was unsere Nachbarn nun wohl denken würden, bei denen wir uns noch nicht vorgestellt hatten. Zum Glück hatten wir die Ohrenschützer.

Das Gerät war großartig. Es sauste über unseren Teppich wie ein Gurkenhobel und produzierte im Nu meterlange zahnfleischfarbene Teppichstreifen. Monamour war vollkommen euphorisiert und raste mit der Décolleuse von Zimmer zu Zimmer. Ich kam kaum damit hinterher, das großformatige Teppichkonfetti, das sie produzierte, in 150-Liter-Abfallsäcke zu packen. Die Aktion hatte eigentlich nur zwei erkennbare Nachteile: Die Décolleuse zersäbelte den Teppich derart kurz und klein, dass die Wohnung von einem Wüstenwind aus Teppichsynthetikpartikeln heimgesucht wurde, der bei uns mehrstündige Niesattacken auslöste. Außerdem schabte das Ding zwar den Teppich ab, doch die Leimschicht darunter kratzte es bestenfalls ein bisschen an. Was zum Vorschein kam, war noch nicht ganz der schöne Dielenboden, den wir uns ausgemalt hatten. Am nächsten Morgen brachten wir die Décolleuse zurück zu Kiloutou und fragten Thomas um Rat.

»D'*accord*«, sagte Thomas, nachdem wir unsere neue Problemlage beschrieben hatten: »Was ihr jetzt braucht, ist die *Ponceuse*.« Stolz zeigte er uns seine Auswahl an wuchtigen *Ponceuses parquets* – Parkettschleifmaschinen, die aussehen wie kleine Kinderdampfwalzen und genauso schwer sind, wie sie aussehen. Thomas erklärte uns, dass wir jedes Zimmer viermal schleifen sollten, erst mit Schleifpapier mit 40er-, dann mit 80er-, dann mit 120er- und schließlich mit ganz feiner 180er-Körnung. Er fragte uns, wie viele Quadratmeter unsere Wohnung denn hätte. »Fünfundfünfzig«, antworteten wir nicht ohne Stolz. »Bon, ben, cinquante-cinq, alors …« Thomas führte nun mehrminütige, sehr kompliziert erscheinende Rechnungen auf seinem Taschenrechner durch. Am Ende behauptete er, ermittelt zu haben, wie viel Schleifpapier wir für unsere Bodenfläche wohl benötigen würden. Letzte Zweifel über Thomas' mathematische Fähigkeiten blieben bei mir haften, nachdem ich ungefähr ein halbes Brutto-Monatsgehalt für Schleifpapierrollen ausgegeben und »Picasso« bis unters Dach mit dem Zeug beladen hatte.

Glücklicherweise passte die Ponceuse in unseren Aufzug. Oben angekommen, spannte ich das 40er-Papier auf die Trommel, setzte Ohrenschützer, Staubmaske und Schutzbrille auf und drückte den Startknopf. Die Walze senkte sich mit einem Geräusch auf den Boden, das einer Robbe das Rückenmark gefrieren ließ.

Spätestens jetzt hatten wir es uns wohl mit unseren Nachbarn verscherzt. Dabei war das ja erst der Anfang. Ich fräste mich durch die Leimschicht auf dem Parkett. Ich kam ungefähr sechzig Zentimeter weit, als das ursprüngliche, kreischende Fräsgeräusch von einem irgendwie anderen, aber gleichermaßen unsanften Ton abgelöst wurde. Diesmal war es ein dumpferes Fräsen in Verbindung mit einem in kurzen, regelmäßigen Abständen auftretenden Flattergeräusch. Im Staubnebel sah ich plötzlich Monamours Gesicht vor mir aufscheinen, beziehungsweise: Ich sah eine Atemschutzmaske, zwei Micky-Maus-artige Ohren und eine Schutzbrille vor mir, von der ich vermutete, dass sie Monamour verbargen. Die Trägerin dieser Gerätschaften schien etwas zu brüllen und gestikulierte. Sie deutete auf die Walze meiner Ponceuse. Nun stellte ich fest, dass ich offenbar bereits nach sechzig Zentimetern Fahrtstrecke den ersten Bogen Schleifpapier zuschanden gefräst hatte. Das konnte noch heiter werden. Und es wurde heiter.

In den nächsten acht Stunden zerfetzten wir geschätzte 43 Bögen Schleifpapier in allen handelsüblichen Körnungen. Nachdem wir nicht einmal ein halbes Zimmer geschafft hatten, fuhren wir am nächsten Morgen auf ein Neues zu Kiloutou, liehen uns eine zweite Ponceuse aus und kauften Schleifpapier nach. Thomas schaute uns ungläubig an:

»Was macht ihr da eigentlich? Schleift ihr den Spiegelsaal im Schloss von Versailles ab?«

»So was Ähnliches«, antworteten wir leicht ermattet.

Weitere 24 Stunden später, es war Samstag, der 31. Dezember, gaben wir, mittlerweile ans Ende unserer Kräfte gelangt, die beiden Schleifmaschinen bei Kiloutou wieder ab. Wir hatten dem französischen Kampfleim den Garaus gemacht. Lediglich in den Ecken leisteten einige hartnäckige Reste unter den Fußleisten noch Widerstand, aber wir hatten beschlossen, diese zu ignorieren und notfalls mit großblättrigen Topfpflanzen zu verdecken. Ansonsten strahlte uns ein makelloses Eichenparkett an. Wenn man genauer hinsah, erkannte man zwar, dass das Parkett so makellos nicht war und vermutlich noch nicht einmal Eiche, aber auch das war uns inzwischen egal.

Wir waren stolz auf unseren heimwerkerlichen Kraftakt. Thomas gratulierte uns per Handschlag. »Jetzt müsst ihr nur noch wachsen und polieren«, spornte er uns an und drückte uns das entsprechende Bohnergerät sowie mehrere Kanister Parkettwachs in die Hand.

»Vorher solltet ihr allerdings unbedingt noch sehr gründlich saugen«, sagte er und schob uns einen Industrie-Staubsauger zu. »Leider braucht ihr für dieses Modell ein Verlängerungskabel.« Er brachte eine Kabeltrommel hervor, die offenbar ein dreißig Meter langes Tiefseekabel beherbergte.

Widerstandslos schob ich meine Kreditkarte über den Tresen und unterschrieb die vierte oder fünfte dreistellige Kiloutou-Rechnung in drei Tagen. Wenn man die Sache durchrechnete, hätte man für das Geld vielleicht auch eine Wohnung mieten können, bei der das Parkett sich von vornherein in begehbarem Zustand befand. Möglicherweise hätte man zum gleichen Preis sogar einen oberbayerischen Kunstschnitzer einfliegen lassen und mit der Durchführung der Arbeiten beauftragen können. Ich hatte aber längst keine Kraft mehr, die Sache noch durchzurechnen. Jener Teil meines Gehirns, der für »vernünftiges Haushalten« zuständig war, schien sich in einem Nebel aus Teppichleimdunst, Polyesterpartikeln und Sägespänen verflüchtigt zu haben.

Außerdem war es jetzt eh zu spät. Wir zogen mit dem Bohnergerät wieder ab. Thomas winkte uns durch die Scheibe freundlich zu und wünschte uns schon mal »*très bonne année*« – ein sehr gutes neues Jahr. Stimmt, es war ja Silvester. Unser erstes Silvester in Paris, und wir hatten es beinahe vergessen. Unser erstes Silvester in Paris, und wir fuhren im »Picasso« ein Parkettbohnergerät von Kiloutou durch die Gegend. Monamour besaß die bewundernswerte Delikatesse, nicht zu deutlich durchblicken zu lassen, dass sie sich das anders vorgestellt hatte.

Das Wachsen und Bohnern ging erstaunlich flott von der Hand. So leichte Arbeit waren wir nach drei Tagen Dielenabschleifen schon gar nicht mehr gewohnt. Von diesem Erfolgserlebnis beflügelt, wollten wir das Gerät umgehend zurück zu Kiloutou bringen. Als wir ankamen, war der Laden geschlossen.

Ich trommelte gegen die Ladentür und verfluchte die mangelnde Dienstleistungsbereitschaft »der Franzosen«.

Monamour besänftigte mich: »Chouchou«, sagte sie, und ich wunderte mich, wo sie dieses Wort nun schon wieder aufgeschnappt hatte. Ich fühlte mich verbal verniedlicht. »Chouchou, es ist Silvester, kurz vor 17 Uhr. Es ist international nicht unüblich, dass Läden, die schweres Handwerkszeug verleihen, um diese Zeit geschlossen sind.«

Ich gab klein bei. »Fahren wir eben nach Hause und feiern Silvester mit der Bohnermaschine.«

Tatsächlich hatten wir uns überhaupt noch keine Gedanken gemacht, wie wir eigentlich in unserer neuen Stadt in unser neues Leben und nebenbei ins neue Jahr gelangen wollten. Zu Hause feiern schied aus, denn erstens durfte der frisch gewachste Boden nicht betreten werden, und außerdem fehlte außer einer aufblasbaren

Camping-Matratze von Go Sports jegliches Mobiliar. Mit den gastronomischen Angeboten unseres neuen Quartiers waren wir noch kaum vertraut. In den letzten drei Tagen hatten wir uns nahezu ausschließlich von Baguette und Sushi ernährt, da es direkt gegenüber einen Japaner gab. Der erschien uns allerdings mit seiner kargen Discount-Zen-Atmosphäre wenig silvestertauglich. Außerdem hatten wir durch unseren Dauer-Sushi-Konsum das latente Schuldgefühl entwickelt, im Alleingang die japanische Thunfischquote abgefischt zu haben.

Wir wanderten ziellos durch unser Viertel, das wir uns bislang noch gar nicht richtig angeschaut hatten. Die Restaurantdichte war angenehm hoch und ethnisch divers. Gleich vor der Tür gab es zwei Japaner, einen Thai, einen Inder, einen Afghanen und einen Türken, eine Pizza-Burger-Bude und einen chinesischen Stehimbiss. Es schien, als hätten sich die Franzosen – von der Welt unbemerkt – aus der Gastronomie zurückgezogen. Lediglich eins der beiden Café Tabacs im Umkreis von 200 Metern war noch in der Hand eines Averners, das zweite wurde anscheinend von Mitgliedern einer chinesischen Pferdewettmafia kontrolliert.

Wir fanden drei Bäckereien, die alle von Algeriern betrieben wurden, ein belgisches Bier-Geschäft und einen Lidl-Markt. Letzterer war offenbar der deutsche Beitrag zur gastronomischen Vielfalt in unserem Quartier. Außerdem gab es noch einen libanesischen Imbiss und einen marokkanischen Blumenladen, in dem es aber naturgemäß ebenso wenig zu essen gab wie in dem Thai-Massage-Salon. Dieser hatte diskreterweise – um Missverständnissen vorzubeugen – auf seiner Preisliste im Fenster affichiert, dass es sich um »Massages non-éro-tiques« handelte.

Doch dann entdeckten wir schließlich in einer Ne-benstraße noch ein kleines Lokal, das uns für eine zünftige Silvesterfeier geeignet erschien: Es trug den programmatischen Namen »Le Tire-Bouchon« – Der Kor-kenzieher.

In Papierkugelgewittern

Das Tire-Bouchon sah durchs Fenster betrachtet aus wie ein Pfandhaus. Die Inneneinrichtung bestand zu 90 Prozent aus Gerätschaften, die man mit viel gutem Wil-len gerade noch als Trödel bezeichnen konnte. Ein Auf-kleber auf der Tür behauptete, das Lokal stünde »unter Überwachung«. Wir fragten uns: durch wen?

»Cuisine du Sud-Ouest« versprach das Schild über dem Eingang. Südwesten also, das klang vielversprechend unpräzise. Zumindest liegt Bordeaux grob in dieser Rich-tung. Als wir die Tür öffneten, begrüßte uns ein weiß-wolliges, hechelndes Geschöpf, das sich offenbar als Hund begriff. Monamour schaute mich leicht angeekelt an: »Ein Restaurant mit Hund?«, fragten ihre rollenden Augen. Hingerissensein sieht anders aus.

Nun muss man dazu wissen, dass Monamour kein besonders enges Verhältnis zu geruchsgesteuerten Vier-beinern pflegt. Vielleicht ist es übertrieben zu behaup-ten, dass sie Hunde hasst, aber es wäre ihr zumindest nicht unangenehm, wenn diese Spezies ausschließlich auf dem Ex-Planeten Pluto vorkommen und nur dort ihre Geschäfte verrichten würde. Gänzlich deplatziert findet Monamour die Präsenz von Hunden: auf Sofas, in Betten und in gastronomischen Betrieben – es sei denn, der Chef ist Chinese der alten Schule.

Bevor wir jedoch auf dem Absatz kehrtmachen konnten, hatte uns schon der Patron des Tire-Bouchon erspäht – ein Mann, der aussah wie der Koch in *Asterix und die goldene Sichel*. Der birnenförmige Körper steckte in einer weißen Kochjacke, sein Schädel war kahl, und sein rosiges Fleischwurstgesicht zierte ein dichtbewaldeter roter Schnurrbart. »*Bonsoir madame, bonsoir monsieur*«, begrüßte er uns – »Sie brauchen sicher noch ein romantisches Tischchen für zwei Personen für heute Abend, *n'est-ce pas*? Ich hätte da genau das Richtige für Sie.«

Wir sahen uns fragend an. Einerseits war es ziemlich genau das, was wir wollten, doch dann wiederum wollten wir eben einen »Tisch für zwei« und keinen Tisch für »zwei plus Hund«. Kurz zögerten wir auch bei dem Gedanken, unseren Silvesterabend in einem Restaurant zu verbringen, dessen Innenausstattung weitgehend einem Laden für Haushaltsauflösungen in Berlin-Kreuzberg entsprach. Verdächtig erschien uns außerdem nicht nur der Umstand, dass das Tire-Bouchon am 31. Dezember um 18 Uhr noch einen freien Fenstertisch im Angebot hatte, sondern dass es darüber hinaus zu den wenigen Pariser Lokalen gehörte, die nicht einen einzigen Empfehlungsaufkleber auf der Tür vorweisen konnten. Hier war bislang offenbar weder ein geschmacksgelähmter amerikanischer Austauschstudent vorbeigekommen, der sich seine Reisegroschen als »Restaurantkritiker« für den Rough Guide Europe verdiente, noch ein französischer Rucksackreisender, der für den Petit Futé arbeitete.

Der Guide Michelin hatte das Etablissement ohnehin weiträumig umfahren. Dabei sind normalerweise in Paris noch die Türen der mittelmäßigsten Lokale mit solchen Medaillen tapeziert – oder es hängt wenigstens die vergilbte Fotokopie einer positiven Gastrokritik aus einer Zeitung, die 1993 ihr Erscheinen einstellte, im Schaufenster. Das Tire-Bouchon verzichtete entweder souverän auf solch prätentiösen Schnickschnack – oder es hatte noch nie ein Gourmetkritiker den Besuch des Lokals überlebt.

Monamour und ich zauderten daher einen Moment, doch erstens mangelte es an Alternativen, und zweitens waren wir zu erschöpft, um uns noch welche auszudenken. Wir reservierten – für unsere Verhältnisse geradezu kurz entschlossen – und versprachen dem erfreuten Patron, gegen 20:30 Uhr wieder da zu sein. Die verbleibenden zwei Stunden verbrachten wir damit, uns in unserem noch nicht renovierten Badezimmer von den Spuren unserer Bricoleur-Existenz zu befreien und halbwegs Paris-Silvester-kompatibel herzurichten. Dabei erwies es sich als glücklicher Umstand, dass wir den Industrie-Staubsauger noch nicht wieder bei Kiloutou abgegeben hatten, denn sonst wäre es Monamour sicher schwergefallen, ihr Kleines Schwarzes von dem Leberwurstteppichpartikelfeinstaub zu säubern und das Sägemehl aus den Haaren zu entfernen. Um kurz nach acht sah sie hinreißend aus, und wir schlenderten frohen Herzens zu unserem ersten Pariser Silvester-Diner.

Das Tire-Bouchon war vollbesetzt. Das war zumindest ein beruhigendes Signal. Wir hatten tatsächlich den letzten Tisch erwischt, gleich am Fenster, oder, um genau zu sein: inmitten der Fensterdekoration, die aus einer selbstgebastelten Weihnachtskrippe – mit Wattenschnee – und mehreren Metern mehrfarbiger Lauflichter bestand. Neben uns saßen zwei betagtere Damen, die offenbar schon beim zweiten oder dritten Cocktail du Tire-Bouchon waren – Champagner mit Litschi-Mousse. Sie wirkten für ihr Alter recht locker. Wir entschieden uns für die konventionelle Apéritif-Variante – Kir Royal – und stießen erst einmal auf unseren neuen Lebensmittelpunkt an. Dann brachte der Chef die Karte – einen rührend altmodischen Computerausdruck, in den mit Hilfe eines prähistorischen Graphikprogramms das Signet einer aufploppenden Champagnerflasche eingesetzt worden war. Offenbar entwarf der Patron die Graphik hier noch selbst – an einem Commodore 64.

Als Vorspeise gab es selbstredend *Pâté de Foie Gras*, auf Toast und mit Zwiebelkonfitüre. Gänsestopfleberterrine ist in Frankreich zu Feiertagen wie Weihnachten und Silvester ein schwer zu umgehendes Traditionsgericht. Wenn man sich die Festtagslaune erhalten will, sollte man daher zwei Dinge beiseiteschieben: erstens den appetithemmenden Gedanken, dass man im Begriff ist, eine Fettleber zu vertilgen, und zweitens jede Erinnerung an reißerische Fernsehberichte darüber, wie diese Delikatesse – zumeist im Elsass oder im Périgord – hergestellt wird. Dazu wird den Gänsen nämlich mehrmals täglich ein Rohr in den Hals geschoben, durch das dann mehrere Kilo Futterbrei in den Magen gepumpt werden. Bei der Schlachtung bringt so eine ordentlich gemästete Gänsefettleber dann gut und gern zwei Kilo auf die Waage.

Nun wird die Methode in gänsefreundlicheren Gegenden Europas – und das sind zum Glück für die Gänse die meisten – als Tierquälerei betrachtet und ist deshalb verboten. Auch in Frankreich häuften sich in den vergangenen Jahren die Proteste. Tierschutzverbände klagten immer lauter, während der Starkoch Alain Ducasse behauptete, das Stopfen quäle die Gänse überhaupt nicht. Schließlich löste die Nationalversammlung den Konflikt zwischen Tierschützern und Gourmands auf elegant französische Art: Das Parlament erklärte im Jahr 2005 das Stopfen von Gänsen einfach zum »nationalen und gastronomischen Erbe«. Damit ist Gänsestopfen weiterhin erlaubt – allerdings, so ein Zusatz zum Landwirtschaftsgesetz, solle es »auf objektive Weise und wissenschaftlich gestützt« überwacht werden, damit sichergestellt sei, dass die Tiere nicht gequält werden.

Ob die Gänse es für einen Fortschritt halten, dass sie neuerdings mit wissenschaftlicher Unterstützung gestopft werden, ist bislang nicht bekannt. Dass sie nun quasi per Gesetz eine federführende Rolle bei der Pflege des gastronomischen Erbes der Nation spielen, ist für sie vermutlich eher ein schwacher Trost.

Ich hatte daher beim Bestellen der Vorspeise noch leichte ethische Bedenken, doch die verflüchtigten sich in dem Moment, als die Pâté meine Zunge berührte. Die Pâté war zu lecker und mein Herz für Gänse nicht groß genug. Mit diesem Trick arbeiten die Franzosen häufiger: Sie machen das Verführerische so verführerisch, dass es immer wieder lohnend erscheint, die Moral dem Genusstrieb zu opfern.

Monamour zeigte sich moralisch standfester als ich und orderte Jakobsmuscheln à la provençale, die unseres Wissens zuvor nicht mit muschelverachtenden Methoden gestopft worden waren. Sie schmeckten trotzdem ausgezeichnet. Während wir uns durch das Menü vorarbeiteten, stieg an den Nebentischen langsam, aber merklich die Stimmung. Die beiden älteren Damen neben uns hatten bereits Papphüte aufgesetzt und prusteten sich mit Papiertröten zu.

In den beiden größeren Runden an zwei langen Tischen im Saal wurde jeder Gang mit einem Wurf Luftschlangen begrüßt. Die wie in Zeitlupe, aber stetig zunehmende Ausgelassenheit hing offenbar auch damit zusammen, dass zwischen den Gängen ein *Trou Normand* gereicht wurde. Trou Normand heißt wörtlich »normannisches Loch«. Uncharmanterweise heißt so auch der Titel des ersten Filmes von Brigitte Bardot aus dem Jahre 1952, in dem sie – kaum 18 Jahre alt und noch eher staubbraun als platinblond – an der Seite des bauerntrotteligen Bourvil einen Mädchentyp spielt, den man seinerzeit in Deutschland gern als *Backfisch* bezeichnete. In dem Film heißt die Kneipe, um die sich die Handlung dreht, *Le Trou Normand*. Der Name bezeichnet eine traditionelle normannische Verdauungsförderungstechnik, deren Grundlage der Autor Gilles de Gouberville erstmals im 16. Jahrhundert beschrieb. Den Apfelbauern an der Nordküste war zuvor aufgefallen, dass man Mahlzeiten auf bekömmliche Weise in die Länge ziehen kann, wenn man zwischen jedem Gang einen Calvados kippt. Denn der Apfelbranntwein wirkt ebenso darmsanierend wie heiterkeitssteigernd.

Uns wurde die heute gängige, verfeinerte Variante serviert: ein Apfelsorbet auf Calvadosbasis. Danach hatten wir jedenfalls ein ausreichend großes normannisches Loch in unseren Mägen, um den Hauptgang anzugehen. Während ich mich mit einem von einem zarten Brioche ummantelten *Pièce du Boucher* in Portosauce vergnügte, zu dem ein *Gratin Dauphinois* mit grünen Spargelspitzen gereicht wurde, freute sich Monamour über ein *Souris d'Agneau* in einer Knoblauchsauce, die jeden Vampir zum Berufswechsel animiert hätte. Aus pragmatischen Überlegungen, die den weiteren Verlauf des Abends betrafen, half ich Monamour beim Verzehr ihrer Portion.

Ich hätte mir danach gern ein neues normannisches Loch in den Magen bohren lassen, stattdessen kam aber eine Käseplatte mit dem wohlklingenden Namen *L'assiette du Maître Briard sur son Nid de Salade*, frei übersetzt: Der Teller des Meisters Briard auf seinem Salatnest. Grammatisch schien mir das leicht irreführend, denn es war nicht der Teller, der auf dem Salatnest lag, sondern bestenfalls lag der Salat im Tellernest und darüber der Käse im Salatnest. Aber so ist das halt in Frankreich, im Zweifel verzichtet die Logik zugunsten der Poesie.

»Der deutsche Ökotrophologen-Aberglaube, dass Käse den Magen schließt, hat sich in Frankreich nie durchsetzen können«, schwärmte ich Monamour vor, während mein Messer durch ein zartes Stück Saint-Nectaire glitt. »Vielleicht, weil das Berufsbild des Ernährungsfeldwebels hier nicht existiert, oder schlichtweg, weil der Käse hier zu lecker ist und zugleich niemand auf Dessert verzichten will. Hier gibt es *erst* Käse und *danach* Dessert.« Ich war in eine kulturvergleichende Vorlesungslaune geraten und pries die Franzosen als Genießervolk.

»Aber wir haben den Käseigel erfunden«, hielt Monamour aus Motiven dagegen, die mir nicht ganz klar waren. Doch wo sie recht hat, hatte sie recht. Der Käseigel, diese kunstvolle Installation aus Gouda-Würfeln, Partyspießen und grünen Weintrauben, das war in der Tat eine ziemlich deutsche kulinarische Erfindung.

»Stimmt, der Käseigel«, pflichtete ich ihr bei. »Allerdings ist der inzwischen beinahe ausgestorben. Gemeinsam mit den Metttitten.«

»Mit was bitte?«

»Du kennst keine Metttitten?«

Monamour verneinte empört. Ich wurde ein wenig rot, als ich erklären musste, dass es sich dabei um eine westfälische Spezialität handelte, die in den Siebzigern gern beim Sportschaugucken in größerer männlicher Runde gereicht wurde: Serviert wurde sie auf einem Holzbrett, auf dem der Gastgeber liebevoll zwei gleichgroße Halbkugeln aus rohem Hackfleisch geformt und deren Gipfel er aus je einem Zwiebelring und einer halben Olive gebildet hatte. »Das war noch echtes Finger Food«, schloss ich meine Beschreibung mit einem, wie ich fand, gar nicht so üblen Kalauer.

»Ich bin ganz froh, dass ich in den Siebzigern nie in Westfalen Sportschau gucken musste«, sagte Monamour ernst.

Inzwischen ging es auf Mitternacht zu. An den Tischen begannen die Vorbereitungen für den Jahreswechsel: Die Champagner-Gläser wurden zum wiederholten Male gefüllt. Die seltsame deutsche Sitte, an Silvester bis Mitternacht zu warten, bis man den Champagner öffnet, ist in Frankreich glücklicherweise unbekannt. Ein gepflegter Festabend beginnt hier stets, wie er endet – mit Champagner. Es ist nicht schwer, sich mit dieser Gepflogenheit anzufreunden. Die einzige Nebenwirkung besteht darin, das regelmäßiger Champagnergenuss auf Dauer die Fähigkeit eintrübt, sich mit billigem Schaumwein verlustieren zu können. Wer einmal mit Roederer angefixt wurde, ist für Rüttgers Club ebenso verloren wie für Rotkäppchen-Sekt und hält Prosecco fortan für ein Getränk, das allein Sonnenstudiobenutzerinnen und Gesäßtätowierten zuzumuten ist.

»Ich sehe die Gefahr, dass wir hier leicht versnobben«, sagte ich zu Monamour, während ich den bewundernswert gleichmäßigen Aufstieg der Champagnerbläschen in meiner Flûte betrachtete.

»Möglicherweise entwickelst du auch nur ein Gefühl für Stil«, antwortete Monamour. »Das kann nicht schaden.« Sie hatte die Metttitten noch nicht vergessen.

Es war zwölf. Wir prosteten uns zu. Dann küssten wir uns. Vielleicht war es auch umgekehrt. Die übrigen Gäste taten exakt dasselbe. Danach prosteten sich alle gegenseitig zu. Man wünschte sich ein »*très bonne année*«. Halbwegs miteinander Vertraute verpassten sich serienweise Wangenküsse. Uns fiel auf, dass der Jahreswechsel angenehm ruhig und geordnet vonstattenging, was vor allem einen Grund hatte: Frankreich ist ein zivilisiertes Land, Amateurfeuerwerk an Silvester ist verboten. Deshalb sieht man hier nicht wie in Deutschland Halbwüchsige, die sich ab dem 29. Dezember in Schreibwarenläden mit Sprengstoffmengen eindecken, die ihnen in jedem anderen Land einen Eintrag in die Liste der Terrorverdächtigen einbringen würden.

Und man muss dann auch nicht drei Tage lang mit anhören, wie sich alles, was pubertiert, auf Abenteuerspielplätzen und protestantischen Friedhöfen mit Chinaböllern bewirft und gegenseitig die Ohrläppchen versengt. Silvester gerät daher in Paris zu einer ausgesprochen friedlichen Veranstaltung.

Das dachten wir zumindest, bis wir vom ersten Papierkügelchen getroffen wurden. Dann von einem zweiten, einem dritten, dann von Dutzenden. »Die beschießen uns!«, sagte Monamour und deutete auf die übrigen Tische im Raum. Tatsächlich war in der Mitte des Restaurants inzwischen eine heftige Papierkugelschlacht im Gange. Jeder der Gäste war mit einem Spuckrohr ausgestattet und blies damit Styroporkugeln von etwa einem Zentimeter Durchmesser durch den Saal. »Der war für Sevilla, 1982«, johlte mein eben noch freundlich wirkender Tischnachbar, nachdem er mir eine Kugel auf die Wange gezimmert hatte. Die Gäste an seinem Tisch jubelten ausgelassen.

»Sevilla? 1982? Was soll das denn jetzt?« Monamour sah mich ratlos an. Im Gegensatz zu mir hatte sie sich 1982 noch nicht für Fußballweltmeisterschaften interessiert, denn damals war sie gerade zwei. Genau genommen interessiert sie sich auch heute noch nicht brennend für Fußballweltmeisterschaften. Und wenn, dann hält sie im verkehrten Moment zu Argentinien.

Doch die WM in Spanien 1982 – das legendäre Halbfinale gegen Frankreich, das ungeahndete Jahrhundert-Foul von Toni Schumacher gegen Battiston, die Verlängerung, in der die Franzosen schon 3:1 führten, das 3:3 durch Fischers Fallrückzieher, das Elfmeterschießen, der verschossene Elfmeter durch Uli Stielike. Dann der gehaltene von Didier Six, den man nie gesehen hat, weil die Kamera immer noch auf dem heulenden Stielike war (damals gab es halt nur eine) – und dann das Glück durch Horst Hrubesch. All das sagte Monamour überhaupt nichts, und selbst nachdem ich ihr den Spielverlauf in aller Kürze nacherzählt hatte, fehlte ihr jedes Verständnis dafür, dass das Thema ausgerechnet Silvester 2008 wieder aufkam: »Die beschießen uns wegen eines Fußballspiels vor 26 Jahren? Die spinnen, die Franzosen.«

Ich hingegen konnte diesen Franzosen ein bisschen verstehen. Sevilla war die Mutter aller Niederlagen. Nur unseren Wirt hatte sie offenbar nicht berührt, denn er sprang uns überraschend mit einer Waffenlieferung bei.

»Das dürfen Sie nicht auf sich sitzen lassen, Sie müssen sich wehren«, forderte er uns auf – und drückte uns zwei Spuckrohre und eine Tüte mit bunter Styropormunition in die Hand. Wir taten wie geheißen und wehrten uns nach Lungenkräften. Etwa zehn Minuten wogte das Ganze hin und her, dann ging langsam allen die Puste aus. Wir entfernten einige der Volltreffer aus dem *Fondant au chocolat.*

Vielleicht ist Feuerwerk doch nicht so übel. Das findet wenigstens weitgehend im Freien statt. Und die Wahrscheinlichkeit, dass ein angesabberter Raketenrest im Dessert landet, ist gering.

Das Fondant au chocolat war trotzdem nicht zu verachten. Satt und zufrieden wankten wir heim. Wir wollten den Abend auf einer Party bei Freunden im 18. Arrondissement ausklingen lassen und dafür die Schuhe wechseln – und die obligatorische Mitbringsel-Flasche Champagner aus dem Kühlschrank holen. Nach einem fünfminütigen Zwischenstopp auf unserer Baustelle waren wir bereit zum Aufbruch. »Hast du den Schlüssel?«, fragte Monamour, als ich bereits wieder im Flur stand. Ich griff in meine Manteltasche. Es rasselte. Monamour drückte die Tür von außen ins Schloss. Ich zog den Schlüssel aus meiner Tasche. Es war nicht unser Haustürschlüssel. Es war nur unser Autoschlüssel. »Oh«, sagte ich und starrte den Schlüssel an. »Oh«, sagte Monamour und starrte mich an. Es war unser erstes Neujahr in Paris – und wir hatten uns ausgesperrt.

Un *homme correct*.
Wie man Türen öffnet

Es war Viertel nach eins am Neujahrsmorgen, und wir standen schlüssellos vor unserer Tür. Das war dumm. Die Schuldfrage schoben wir vorerst auf, weil sich andeutete, dass wir da konträre Meinungen hatten. Einig waren wir uns allerdings, dass wir unsere erste Pariser Silvesternacht weder im Hausflur noch im »Picasso«

verbringen wollten. Ich dachte nach, so scharf ich konnte. Sehr scharf war das nicht. Dann fiel mir ein, dass ich in meiner Jugend regelmäßig Ede Zimmermanns Paranoiker-Programm *Nepper, Schlepper, Bauernfänger* geguckt hatte. Da war es den Einbrechern meist ein Leichtes gewesen, bundesrepublikanische Doppelbungalowtüren mit der Euroscheckkarte zu öffnen. Ich zückte meine EC-Karte aus dem Portemonnaie und bearbeitete den Türschlitz. Als Einbrecher war ich leider eine völlige Niete. Nach drei Versuchen war meine EC-Karte eingerissen. Ich fluchte.

»Also gut, das wird nichts. Hier ist Plan B«, sagte Monamour. Sie hatte in der Zwischenzeit im Treppenhaus eine jener »24/24«-Karten aufgelesen, die in Pariser Treppenhäusern immer herumliegen und auf denen ein Dutzend Notfalltelefonnummern steht. Neben Polizei, Feuerwehr und Notarzt standen hier auch so hilfreiche Nummern wie »*SOS Anti-Poison*«, falls man sich versehentlich vergiftet hatte; »*WC bouché*«, falls das Klo vorsätzlich verstopft worden war, und außerdem »*Rideaux Volets*« – was uns nicht auf Anhieb plausibel erschien. Offenbar gab es in Paris Leute, die außerhalb der Geschäftszeiten dringend zu behebende Probleme mit ihren Vorhängen hatten. Auf der Karte fand sich auch die Nummer eines *Serrurier*. »*24/24 Ouverture de porte*«, stand darunter. Wir schöpften Hoffnung. Ich rief den Türöffner an. Niemand antwortete.

Monamour hatte unterdessen noch eine zweite Karte mit einer anderen Nummer aufgetan. Doch auch da tat sich nichts. Pariser Schlüsseldienste hatten in der Silvesternacht Besseres zu tun, als nüchtern neben dem

Telefon darauf zu warten, dass sich zwei deutsche Trottel aussperrten. Unser Mut sank.

Wir fuhren mit dem Aufzug nach unten, ohne recht zu wissen, was wir da sollten. Die Concierge war natürlich auch nicht da. Wir erwogen kurz, auf die Party zu gehen und dort betrunken auf der Couch zu übernachten. Doch die Vorstellung, am Neujahrsmorgen zwischen Bierflaschen und Aschenbechern auf einer fremden Couch aufzuwachen – und immer noch keinen Schlüssel zu haben –, raubte uns die Lust.

»Vielleicht sollten wir einfach in ein Hotel gehen und morgen weitersehen?«, schlug ich vor.

»Gute Idee. Silvester stehen in Paris bestimmt jede Menge Zimmer leer, und wir bekommen 50 Prozent Rabatt«, lobte mich Monamour.

Als wir dem Nachtportier des Hotel Verlaine unser Anliegen vortrugen, brach dieser in schallendes Gelächter aus. »Ein Zimmer in Paris? Jetzt?«, brachte er glucksend hervor. Lange schon hatte ihm niemand mehr einen so prächtigen Witz erzählt. Aber der Mann war trotzdem menschenfreundlich. Er kramte in einem Karteikasten hinter dem Tresen und fand schließlich die Nummer eines weiteren Schlüsseldienstes. »Da ist eigentlich immer jemand«, sagte er und gab mir die Karte. Ich wählte die Nummer. Tatsächlich ging jemand ran.

»*Allô?*«

»*Allô?*«

»*Allô?*«

Im Hintergrund war offenbar eine größere Party im Gange. Die Musik war laut und basslastig.

»Können Sie kommen und unsere Tür öffnen?«

47

»Ja.«

Beglückt gab ich der Brummstimme die Adresse. »Ich bin in 15 Minuten da«, antwortete sie.

Wir dankten dem Nachtportier und gingen erwartungsfroh nach Hause.

»Hast du eigentlich gefragt, was das kostet?«, fragte Monamour.

Hatte ich nicht. Ich mache das häufiger, wenn ich weiß, dass etwas teuer wird. Ich frage dann lieber gar nicht erst nach dem Preis.

Es dauerte wirklich keine Viertelstunde, da stand unser Retter in unserem Hausflur. Mit dabei hatte er eine Werkzeugtasche und eine Frau, der wir den Silvesterabend ruiniert hatten. Sie trug einen Minirock und eine kurze Lederjacke. Sie sah tendenziell ostukrainisch aus. Der Mann stellte sich mit folgenden Worten vor:

»Die Anfahrt kostet 180 Euro, das Öffnen der Tür 400. Die 180 zahlen Sie bitte jetzt.«

»Pardon?«

»Die Anfahrt kostet 180 Euro, das Öffnen der Tür 400. Die 180 zahlen Sie bitte jetzt.«

Mir wurde schwindelig. Ich überlegte kurz, in welchen Drei-Sterne-Lokalen wir für diese Summe ein Silvester-Menü hätten vertilgen können. Gut, für drei Sterne hätte es nicht gereicht, aber zumindest für zwei. Ich musterte mein Gegenüber. Der Mann mit dem goldenen Arm war drahtig gebaut und anscheinend maghrebinischer Abstammung. Sein Blick verfinsterte sich gerade, denn er sah mein Schwanken. Es kam wohl häufiger vor, dass Notfallkunden Kreislaufschwächen erlitten, wenn er ihnen den Preis nannte.

Ich fasste mich.

»180 Euro für die Anfahrt? Das kann nicht Ihr Ernst sein. Sind Sie zu zweit mit Easyjet aus Marrakesch gekommen?«

Ich kam mir vergleichsweise schlagfertig vor, doch der Mann fand meinen kleinen Scherz nicht so doll.

»180 Euro, das ist der Tarif. Und den werden Sie bezahlen, denn Sie haben mir einen Auftrag erteilt.«

»Entschuldigen Sie, aber das ist einfach Wucher.«

»Das ist der Tarif«, wiederholte er stur.

»Ich bin nicht bereit, das zu bezahlen«, sagte ich.

»Ah, das haben wir gerne, erst einen Auftrag erteilen und dann nicht bezahlen. Okay, können Sie haben. Ich rufe jetzt die Polizei, dann werden Sie schon sehen.«

Die Stimmung im Hausflur war jetzt leicht angespannt.

Monamour schob ihre Stirn in der Mitte zu zwei vertikalen Falten zusammen, bei ihr ist das stets ein Zeichen von Beunruhigung. Die Schlüsseldienst-Begleitung guckte sich derweil den Hahnenkampf betont indifferent von der Seite an. Sie schien zu wissen, wie er ausgehen würde, und rauchte eine dünne Zigarette.

»Hören Sie«, wagte ich einen letzten Versuch, »ich zahle Ihnen 50 Euro für die Anfahrt, und wir vergessen die ganze Geschichte.«

Selbst das hielt ich in Anbetracht der Tatsache, dass wir danach weiter vor einer geschlossenen Tür stehen würden, für zu viel. Aber der Schlüsselmann ließ sich nicht erweichen. Er wiederholte sein Mantra:

»Der Tarif ist 180 Euro. Und entweder zahlen Sie das, oder ich rufe die Polizei.«

»Also schön«, sagte ich, »dann rufen Sie eben die Polizei.«

Ich wusste selber nicht, was ich mir von diesem Schachzug versprach. Die Aussicht, dass die Polizei sagen würde, »Was, 180 Euro? Der Tarif liegt bei 19,95!«, erschien mir gering. Ich hegte bloß die Hoffnung, dass die Pariser Polizei in der Silvesternacht Wichtigeres zu tun haben würde, als sich um Tarifverhandlungen zwischen Schlüsseldiensten und ausgesperrten Neu-Parisern zu kümmern. Vielleicht würde mir in der Zwischenzeit etwas einfallen.

Aug in Aug standen wir nun im Hausflur.

»Ich bin ein seriöser Handwerker«, hob der Schlüsselmann an, »ich leiste ehrliche Arbeit. Wenn ich einen Auftrag bekomme, dann erledige ich ihn. Und ich erwarte, dass ich für ehrliche Arbeit bezahlt werde. Ich mache keine *conneries*.«

Conneries ist ein sehr schöner und ausgesprochen beliebter französischer Ausdruck. *Faire des conneries* heißt grob übersetzt so viel wie »Scheiße bauen«, aber die ganze Bandbreite, die das Wort Connerie im Französischen besitzt, erfasst das längst nicht. Eine Connerie kann ein Halunkenstück sein, eine gelungene Verarschung, irgendetwas schlecht Verarbeitetes und noch so einiges mehr.

Unser Schlüsselmann gab uns zu verstehen, dass er sich in seiner Handwerkerehre verletzt sah. Er empfand es als Unverschämtheit, wenn jemand suggerierte, er würde seine Kunden über den Tisch ziehen. Allerdings war er gerade im Begriff, genau das zu tun.

Wir standen uns weiter im Hausflur gegenüber. Die

Atmosphäre war in etwa so wie am 26. Oktober 1881 gegen drei Uhr nachmittags in Tombstone, Arizona, kurz bevor die Schießerei am O.K. Corral losging. Unklar war nur, wer von uns Wyatt Earp war.

Bevor die Angelegenheit unschön eskalieren konnte, kam jedoch tatsächlich die Polizei. Es war also wirklich überhaupt nichts los in Paris in der Neujahrsnacht. Keine jugendlichen Pyromanen, keine betrunkenen Randalierer, keine häusliche Gewalt. Wie sonst war zu erklären, dass ein Streifenwagen in zehn Minuten zur Stelle war, um eine Tarifauseinandersetzung zu schlichten?

Ein weißer Peugeot 309 war vorgefahren. Drei Beamte entkletterten ihm. Eigenartigerweise sind Polizisten in Paris meistens zu dritt unterwegs. Wahrscheinlich ziehen die morgens immer Pinnchen, wer aus der Patrouille auf den Rücksitz des Kleinwagens muss. Die Pariser Polizei hat schickere Uniformen als die deutsche. Niemand käme hier auf die Idee, Gesetzeshüter in sandfarbenen Hosen und grünen Anoraks durch die Gegend zu schicken, als handelte es sich um Außendienstmitarbeiter eines Senfgurkenherstellers aus dem Spreewald. Die Pariser Polizei trägt seit eh und je ein zeitloses und elegant geschnittenes Dunkelblau. Sie sollte allerdings in Erwägung ziehen, etwas respekteinflößendere Fahrzeuge anzuschaffen. Es sieht einfach albern aus, wenn drei Erwachsene in einem Hausfrauenauto auf Verbrecherjagd gehen.

Vor uns stand ein älterer Beamter, den ich vorsichtshalber mit »*Monsieur le commissaire*« ansprach, anscheinend war er der Chef. Dummerweise sah er Louis de

Funès in *Der Gendarm von Saint-Tropez* erstaunlich ähnlich, deshalb wartete ich während des gesamten Gesprächs darauf, dass er übertriebene Grimassen zog. Er fragte nach unseren Papieren und ließ sich den Fall schildern. Der andere Beamte, ein jüngerer, der nach dem aus seinem Gesichtsausdruck abgeleiteten Intelligenzquotienten nicht vor einer großen Polizistenkarriere stand, spielte mit seinem Gummiknüppel. Die dritte Beamtin, eine junge mit Pferdeschwanz, hörte diensteifrig zu.

»Sie haben also den Schlüsseldienst angerufen?«, fragte Le Commissaire mich streng.

»Ja, aber seinen exorbitanten Preis hat er nicht genannt«, sagte ich etwas kleinlaut.

»Das ist nun einmal der Tarif«, wiederholte der Schlüsselmann.

»Hm«, sagte der Kommissar. »Das ist ein *litige commercial*. Eine geschäftliche Streitsache. Wenn Sie den Mann bestellt haben, müssen Sie auch bezahlen.«

»Aber …«, versuchte ich noch einzuwenden.

»Sie können natürlich auch vor Gericht gehen, aber dann wird es bloß teurer. Ich rate Ihnen, hier und jetzt zu bezahlen.«

Na toll. Es war inzwischen fast halb drei, wir standen immer noch vor der Tür. Jetzt durften wir allein für unsere Dämlichkeit 180 Euro bezahlen und waren keinen Schritt weiter. Tief in meinem Inneren erwachte gerade ein erhebliches Wutpotential. Ich bekam eine seltsame Lust, weißlackierte Kleinwagen französischer Bauart in Brand zu setzen.

Zum Glück hatte ich kein Feuerzeug dabei. Die Polizisten wünschten allseits »*Bonne année*!«, krochen wieder in ihren Kleintiertransporter und fuhren davon. Angesichts der Aussichtslosigkeit der Lage stiegen Monamour ein oder zwei Tränen in die Augen.

Ich kramte mein Portemonnaie hervor, kratzte all die Scheine zusammen, die ich zu Beginn des Abends erst abgehoben hatte, und drückte sie dem triumphierend lächelnden Schlüsselwucherer in die Hand. »Ich hab's Ihnen ja gesagt«, jubilierte er. »Brauchen Sie eine Quittung?«

»Allerdings.«

Ich brauchte zwar überhaupt keine Quittung, aber ich wollte wenigstens das Gefühl haben, dass der Mann für seine 180 Euro irgendetwas leistete. Also ließ ich ihn den Quittungsblock hervorholen. »Notfallanruf nach Geschäftsschluss. Anfahrt zum Einsatzort, 180 Euro«, krakelte er in Großbuchstaben.

Er reichte mir den Zettel. Dann fing er noch einmal damit an, dass er *un homme correct* sei und dass man ihn nicht beleidigen dürfe, er habe nur verlangt, was ihm zustehe.

Grummel, grummel, grummel. Der Wucherer stieg mit seiner bekleidungsukrainischen Perle in sein Auto. Ich blieb mit Monamour ratlos auf dem Bürgersteig stehen. Wir schauten uns an. Monamour hatte jetzt nicht mehr nur ein paar Tränen in den Augen, sondern ziemlich viele, und sie hatte allen Grund dazu. Es war saukalt, es war drei Uhr morgens, Neujahr in Paris, und wir standen auf der Straße. Ich nahm sie in den Arm.

Der Schlüsseldienstverweigerer saß immer noch im Auto vor unserer Tür. Die Innenbeleuchtung war angeschaltet. Er heftete anscheinend die Quittung ab. Wahrscheinlich hatte er an diesem Abend schon mehrere Türen nicht geöffnet und mit dieser Geschäftsidee einen beachtlichen Umsatz erzielt. Die Perle redete auf ihn ein. Bestimmt war sie sauer, weil ihr Silvesterabend nun auch hinüber war.

Er startete den Motor, aber dann drehte er noch einmal das Fenster herunter: »Das wäre alles nicht nötig gewesen«, rief er uns zu, »ich bin ein *homme correct.*«

»*Connard!*«

Ich erschrak ein wenig über mich selbst. Ich hatte den Mann gerade auf Französisch ein Arschloch genannt. Umgehend bekam ich Bammel ob der möglichen Konsequenzen. Wie reagieren Franzosen, wenn man sie als Arschloch beschimpft? War der hier überhaupt Franzose? Und wenn nicht, reagieren Maghrebiner nicht noch heftiger als Franzosen – wegen der Ehre und diesem ganzen Trallala, was die da bei sich zu Hause so haben? Würde er mich jetzt mit seinem Dietrich schächten?

Aber nein, er fuhr einfach los. Er bog um die Ecke in die nächste Straße ein. Puh. Ich atmete auf.

Dann hörte ich, wie ein Rückwärtsgang eingelegt wurde. Ich spürte einen leichten Adrenalinstoß und versuchte mich rasch zu erinnern, welche Kampfsportarten ich beherrschte. Im Kleinkinderjudo hatte ich es bis zum orangefarbenen Gürtel geschafft, aber das war eine Weile her. In meinem Fitnessstudio hatte ich mal einen Anfängerkurs in Capoeira belegt, aber nach drei Lektionen wegen Blutblasen an den Füßen aufgegeben. Auf das, was jetzt kommen sollte, war ich nicht wirklich vorbereitet.

Er fuhr im Rückwärtsgang bis vor unsere Haustür. Das Seitenfenster war noch immer geöffnet. Er rief uns zu:

»Ich bin vielleicht ein *connard*, aber wenn Sie wollen, mache ich Ihnen jetzt Ihre Tür auf.«

Wir schauten uns an und waren fassungslos.

»Pardon?«, fragte ich begriffsgestutzt.

»Ich sagte: Sie können mich gern für ein *connard* halten, aber wenn Sie wollen, dann mache ich Ihnen jetzt Ihre Tür auf.«

»Wir können keine 400 Euro bezahlen.«

»Ich mache sie Ihnen auch so auf. Meine Frau hat gesagt, ich darf keine weinende Frau auf der Straße stehen lassen.«

Monamours Tränen hatten in wenigen Minuten bewirkt, was ich mit meiner betont virilen Verhandlungsführung anderthalb Stunden lang immer unerreichbarer hatte werden lassen. Und dennoch meldete sich in dieser Sekunde ein Hauch von männerdoofem Reststolz in mir: »Ich weiß nicht, ob wir das annehmen sollten«, sagte ich zu Monamour.

»Du kannst ja hier stehen bleiben. Ich nehme an«, überzeugte mich Monamour.

»Also gut«, rief ich dem plötzlich zum Menschenfreund mutierten Schlüsselmann zu und bemühte mich, dabei möglichst souverän zu wirken. Er stieg aus, die Perle auch. Nun standen wir wieder im Hausflur. Ich entschuldigte mich für meine verbale Entgleisung. Er sagte so etwas wie »Nichts für ungut«. Monamour bedankte sich bei der Perle.

Wir nahmen den Aufzug in die sechste Etage. Nun waren wir wieder genau da, wo wir drei Stunden zuvor schon einmal waren: vor unserer geschlossenen Wohnungstür. Unser Schlüsselmann musterte die Tür.

Aus Gründen, die uns auch der Makler nicht hatte erläutern können, öffnete sich diese Tür nach außen in den Etagenflur. Die Schlösser waren deshalb links angebracht. Es waren drei. Wir erläuterten, dass allein das mittlere in Frage kam, denn die Tür war ja nur ins Schloss gefallen und nicht verschlossen. Unser Spezialist nickte. Dann probierte auch er den Ede-Zimmermann-Gedächtnis-Trick mit der Scheckkarte. »Wollen wir doch mal sehen, ob wir *ce petit con de porte* – diesen kleinen Arsch von Tür – nicht aufbekommen«, gab er sich siegessicher. Doch die Nummer mit der Scheckkarte beherrschte er ungefähr so gut wie ich. Nach vier Versuchen war auch seine Karte leicht angeschreddert. »Hmm«, machte er, trat einen Schritt zurück und musterte die Tür erneut. »Das ist eine ungewöhnliche Tür.«

Mir kam der Verdacht, dass er bereits im Begriff war, eine ausführliche Apologie vorzubereiten, warum diese ungewöhnliche Tür leider nicht zu öffnen sei. Doch noch gab er nicht auf.

»Wollen wir doch mal sehen«, sagte er und wühlte in seinem Werkzeugkoffer. Er beförderte einen Akkubohrer hervor und einen mehrfach abklappbaren Teleskoparm von einem halben Zentimeter Durchmesser.

Dann bohrte er im oberen Drittel der Tür etwa in der Mitte des Türblattes ein Loch. Ich wollte ihn noch daran erinnern, dass sich das Schloss eher unten links als oben in der Mitte befand, aber da hatte er schon gebohrt.

»Na immerhin«, sagte er.

»Ja, immerhin hat unsere Tür jetzt schon mal ein Loch«, lobte ich.

Er bat mich, ihm den Teleskoparm zu reichen. Dann führte er den Metallarm durch das Loch, knickte ihn ab und versuchte nun, durch Schaukelbewegungen den Verriegelungshaken des Schlosses auf der Innenseite zu erwischen. Es gelang nicht.

»Mein gesamtes Werkzeug kommt aus Deutschland«, sagte er plötzlich ohne erkennbaren Zusammenhang. »Aus Deutschland kommen nur die besten Werkzeuge«, schwärmte er. »Exzellente Qualität.«

Was sollte das jetzt? Mir schwante, dass er einen Weg suchte, mein Mitgefühl zu wecken, da er gerade im Begriff war, an seiner eigentlichen Aufgabe zu scheitern.

»Ich habe einen Teil meiner Ausbildung in Deutschland absolviert, wissen Sie?«

»Das habe ich mir gleich gedacht«, antwortete ich, »das sieht man irgendwie.«

Wahrscheinlich war er in einer Gemeinschaftslehrwerkstatt für Gichtkranke gewesen. Er würgte weiter an dem Türloch herum.

»Wo in Deutschland haben Sie denn Ihre Ausbildung gemacht?«, fragte ich, um ihn bei Laune zu halten.

»Äh, tja, wie hieß das da noch mal? Ich weiß es nicht mehr so genau.« Ich betrachtete ein Türschloss aus seinem Werkzeugkasten, das laut Verpackung tatsächlich von einer Bonner Firma hergestellt war.

»Vielleicht in Bonn?«, fragte ich einer plötzlichen Eingebung folgend.

»Ach ja, genau, Bonn, das war's.«

Bien sûr.

Unser in der berühmten Schlüsseldienst-Hochburg Bonn ausgebildeter Fachmann versuchte weiter sein Glück mit der Teleskopstange. Ich wandte mich hilfesuchend nach Monamour um, die sich aber gerade im Hausflur mit der ukrainischen Perle angeregt über Nagelstudios unterhielt. Es mehrten sich die Hinweise, dass wir nicht nur den teuersten, sondern auch den untalentiertesten Türöffner von ganz Paris ausgewählt hatten. Nun begann er gerade ein zweites Loch zu bohren, diesmal immerhin etwas näher am Türschloss. Er versuchte es auch durch das neue Loch mit seinem Teleskoparm. Mit dem gleichen Erfolg wie zuvor. Er entschied sich, ein drittes Loch zu bohren. »Was macht der da eigentlich?«, erkundigte sich Monamour jetzt.

»Ich weiß nicht genau, aber in jedem Fall haben wir deutlich mehr Tageslichteinfall im Wohnungsflur, wenn er fertig ist«, sagte ich.

»Gleich hab ich's, gleich hab ich's«, rief er plötzlich. Dann machte es »Klack«.

Die Tür war auf.

Wir begriffen es erst nicht richtig. Die ganze Situation hatte sich schon so lange hingezogen, dass die Vorstellung, diese Tür könnte irgendwann auch mal wieder aufgehen, nicht mehr in der Sphäre des Möglichen zu liegen schien. Nun konnten wir einfach so wieder in unsere Wohnung.

Unser Kunstschmied war stolz auf seine Leistung. »Ah, das war *pas facile*, sagte er und begutachtete das Schloss, an dem er sich die Zähne ausgebissen hatte. »*Pas du tout facile.*« Er packt seine deutsche Werkzeugausrüstung befriedigt zurück in seine Tasche.

»Ich heiße übrigens Yanis«, sagte er. »Auf Arabisch heißt das Freund.«

Wir gaben uns die Hand, und ich war ein bisschen gerührt. Allerdings bin ich ziemlich sicher, dass Yanis auf Arabisch gar nicht Freund heißt, sondern Schlitzohr. »Vielen Dank, Yanis«, sagte ich, »großartige Arbeit. Wie können wir uns erkenntlich zeigen?«

»Ach«, winkte er ab, »das habe ich nicht für das Geld gemacht, sondern weil ich ein *homme correct* bin. Gebt mir einfach, was ihr glaubt, das ich wert bin.«

Monamour und ich schauten uns an. Das brachte uns nun in eine neue Verlegenheit. Yanis bot uns die Bezahlung nach jener Methode an, die im Angelsächsischen mit »Honour System« ganz treffend bezeichnet ist. Der Kunde entscheidet selbst, wie viel er zahlt, und sein schlechtes Gewissen, zu wenig zu zahlen, treibt dabei den Preis hoch. Ich zog mich mit Monamour zu einer Blitzberatung in die Küche zurück.

»Was sollen wir ihm jetzt geben?«, fragte ich.

»Wir sollten ihn leistungsgerecht bezahlen«, sagte Monamour.

»Und was heißt das?«

»Nun, er hat uns bei der Anfahrt komplett über den Tisch gezogen, aber dafür hast du ihn als Arschloch beschimpft, was den Preis im Nachhinein fast wieder rechtfertigt. Dann hat er sich auf Druck seiner Frau als Kavalier erwiesen und die Tür doch noch geöffnet. Allerdings brauchen wir jetzt ein neues Türblatt, das sollten wir von den tarifgemäßen 400 Euro wieder abziehen«, rechnete Monamour vor.

Wir hatten sowieso nur noch 50 Euro in der Wohnung.

Die überreichte ich ihm, zusammen mit einer Flasche Champagner.

»Ich trinke keinen Alkohol«, sagte Yanis. Aber den Geldschein nahm er gern.

»Ja, ist auch besser so«, pflichtete ich bei. »Mit zittrigen Händen können Sie ja Türen nicht mehr so flink öffnen.«

Er grinste: »Sagen Sie, brauchen Sie eigentlich die Quittung noch, die ich Ihnen für die Anfahrt gegeben habe?«

Die Frage überrumpelte mich etwas. »Nicht unbedingt«, sagte ich.

»Würde es Ihnen dann etwas ausmachen, sie mir zurückzugeben?«

Ich gab Yanis die Quittung. Ich nehme an, er hat sie danach zerrissen. So brachte ihm das Perforieren unserer Tür eine Nettoeinnahme von 230 Euro. Unser neuer Freund Yanis, schwante mir jetzt, war als Türöffner eine Null. Aber als Geschäftsmann ein Talent. »*Bonne année*«, sagte er, »und wenn Sie mal wieder einen Schlüsseldienst brauchen ...«

»... melden wir uns. *Bonne année*!«

Ich schloss die Tür. Durch die drei murmelgroßen Löcher strahlte die Flurbeleuchtung in unsere Wohnung. Monamour hatte in der Küche den Champagner geöffnet. Wir waren richtig gut ins neue Jahr gekommen.

II. MODE D'EMPLOI

Im Reich der Zeichen

In Paris anzukommen ist nicht einfach. Meistens gehen die Schwierigkeiten schon bei der Anreise los. Der globale Durchschnittsbesucher landet am Flughafen Roissy Charles de Gaulle, von Zuvielreisenden »CDG« genannt, einem Ensemble, bei dem das Terminal 1 aussieht, als hätten sich drei Architekturstudenten 1971 in einer Wochenendklausur nach einer doppelten Portion LSD überlegt, wie man aus Stahlbeton ein fensterloses Gebäude herstellen kann, das von außen aussieht wie ein verschimmelter Camembert und von innen wie eine Darmverschlingung mit Rolltreppen.

Der Entwurfsprozess des Gebäudes verlief entsprechend unkonventionell. Wie man in der Chronik des Flughafens nachlesen kann, veranstaltete der damals kaum dreißig Jahre alte Architekt Paul Andreu in der Planungsphase diverse, wie es beschönigend heißt, »innovative, unkonventionelle Workshops und Gesprächsabende mit Innenarchitekten und Möbeldesignern, Psychologen und Musikern, einem Typographen und anderen Künstlern.« Der Einzige, der dabei einen klaren Kopf behielt, war ein Schweizer: Der Typograph Adrian Frutiger entwarf für das Orientierungssystem des neuen Flughafens eigens eine neue Schrift, die zunächst »Roissy« hieß und heute nach ihrem Erfinder benannt und weltweit beliebt ist. Die Schrift Frutiger ist klar, schnörkellos und gut lesbar. Das nützt dem CDG-Benutzer bloß nichts, denn die Schilder mit der schönen Schrift hat offenbar ein Bataillon multipler Persönlichkeiten aufgehängt. Folgt man den Schildern zum »Terminal 3«, verwandelt sich dieses unterwegs ins »Terminal 9«, an anderen Stellen heißt es plötzlich »Aerogare T«. Ausgänge und Gates werden mal in die eine Richtung, dann plötzlich in eine andere durchnummeriert. Im Französischen gibt es ein schönes Wort für ein derartiges Durcheinander: *Bordel*. Es ist erstaunlich, dass es in diesem Bordel von Flughafen fast 60 Millionen Menschen im Jahr gelingt, irgendein Flugzeug zu erwischen.

Nach dem Bau des ersten Terminals beschwerten sich die Passagiere massiv über die langen Wege – und vor allem darüber, dass man nicht wie im alten Pariser Flughafen Orly Flugzeugen beim Starten und Landen zuschauen konnte. Bei den später gebauten Terminals versuchte Andreu, es besser zu machen. Die Wege wurden kürzer, es gab mehr Fenster. Dafür hielt das Ganze nicht so gut. Die Betondecke des Terminals 2E krachte 2004 – ein Jahr nach der Eröffnung – zusammen. Inzwischen hat man die Halle mit einer Glas-Stahl-Decke wieder aufgebaut. Die soll jetzt stabiler sein, doch wenn man in 2E ankommt, hat man das seltsame Gefühl, dass alle Menschen etwas schneller Richtung Ausgang hasten als üblich. Man geht dadurch auch gleich selbst viel schneller. Es ist allerdings nicht einfach, das Flughafengebäude zu verlassen. Wie gesagt: die Schilder.

Schafft man es trotzdem bis in die Bahnhofshalle,

steht man vor einer neuen Herausforderung: französische Fahrkartenautomaten.

Französische Fahrkartenautomaten sind wie die Franzosen: plauderhaft, umständlich und chauvinistisch.

Das behauptet jedenfalls mein Kollege James. Man muss dazu wissen, dass James Engländer ist und 1415 einen Urahn in der Schlacht bei Azincourt verloren hat. Er arbeitet für ein nach wie vor offen franzosenfeindliches britisches Boulevard-Blatt und neigt zu vorschnell zugespitzten Thesen. Die Fahrkartenautomaten am Bahnhof des Flughafens geben ihm jedoch recht. Sie texten den Ankommenden mit einem umständlichen Menü zu, das man mit einem eingebauten drehbaren Nudelholz bedienen muss. Ich habe bis heute nicht verstanden, warum es an Fahrkartenautomaten in Flughäfen nicht stets einen simplen, deutlich erkennbaren Knopf gibt, mit dem man auf direktem Wege eine Fahrkarte für eine einfache Fahrt in eben die Stadt kaufen kann, zu der der Flughafen gehört. Denn dort und nur dort wollen 90 Prozent aller Ankommenden hin. Stattdessen muss man sich stundenlang durch eine wirre Menüliste mit Provinz-Kaff-Namen scrollen. Sollen doch die übrigen 10 Prozent, die unbedingt mit einem Wochenend-Familien-Pass in Walachei-ähnliche Gegenden weiterreisen wollen, scrollen, bis sie grau werden.

Schafft man es am Bahnhof des Flughafens Charles de Gaulle trotz aller Widerstände, ein Billet für »Paris, Centre ville« auszuwählen, scheitert man auf der nächsten Menüebene: Französische Fahrkartenautomaten weigern sich, Geld von Ausländern anzunehmen. Nichtfranzösische Kreditkarten, behauptet der Automat stur, seien »nicht lesbar«. Deshalb findet man sich danach doch in der Schlange vor dem Schalter mit dem einzigen lebenden Fahrkartenverkäufer wieder. Das Scrollen war vergeblich.

Falls man sich dann nicht unmittelbar hinter einer dreißigköpfigen Gruppe uruguayischer Rucksacktouristen befindet, hat man eine realistische Chance, eine Fahrkarte für die RER zu erwerben. RER spricht der Pariser »Err-ö-err« aus. Das klingt nach einer unangenehmen Erkrankung. Es steht aber für *Réseau Express Régional* und bezeichnet das Pariser S-Bahn-Netz. Mit der Fahrkarte passiert man eine automatische Schiebetür, die zum Bahnsteig führt. Man muss dann auf zwei Dinge achten: erstens, dass man nicht aus Versehen in den Zug nach »Eurodisney« einsteigt, der auf dem gegenüberliegenden Bahnsteig hält. Und zweitens, dass man die Fahrkarte nach Passieren der Schiebetür wieder mitnimmt, man braucht sie nämlich am Ankunftsbahnhof noch einmal, um hinauszukommen. Das wird nur leider nirgendwo erklärt, und so sieht man regelmäßig ratlose Touristen, die ihr Ticket übereuphorisch früh weggeworfen haben, vor den Ausgangsschranken am Gare du Nord herumstehen. Kurze Zeit plagt sie der Gedanke, sie müssten ihren Paris-Urlaub auf dem RER-Bahnsteig verbringen. Nach einer Weile machen sie es dann den routinierten Pariser Schwarzfahrern nach: Sie springen einem anderen Fahrgast mit Fahrkarte beim Durchqueren der Tür ins Kreuz und gelangen so gemeinsam mit ihm ins Freie.

Die RER entstand wie der Flughafen größtenteils in den siebziger Jahren – und genauso sieht sie auch aus. Die Züge sind in knalligem Blau-Rot gehalten und inzwischen stark abgewohnt. Das On-Board-Entertainment wird von transsylvanischen Akkordeonspielern geliefert. Sie beschallen die Fahrgäste während des Fahrbetriebs mit klassisch französischem Liedgut. Je öfter man mit der RER vom CDG nach Paris fährt, desto mehr drängt sich der Verdacht auf, dass die Franzosen das Chanson-singen vollständig aufgegeben und an südosteuropäische Discount-Musikanten delegiert haben:

»Wir können La Vie en Rose selbst nicht mehr hören und haben keine Lust mehr, es dauernd zu spielen. Wollt ihr das nicht für uns übernehmen?«

Die Nachwuchskünstler vom Balkan nahmen dieses Angebot dankend an. Sie sind nicht immer hundert Prozent textsicher, aber laut. Anscheinend ist in jüngerer Zeit im Großraum Bukarest eine größere Ladung tragbarer Verstärker vom Laster gefallen.

Das Beschilderungsdesaster, das auf dem Flughafen Charles de Gaulle begonnen hat, setzt sich nahtlos fort, wenn man am Gare du Nord angekommen ist. Herauszufinden, wo der Ausgang sein soll, kann einen vollständigen Jahresurlaub in Anspruch nehmen. Wer den Schildern Richtung Taxistand folgt, wird auf einen Bahnhofsrundgang geschickt, an dessen Ende er am Bonbonstand in der Haupthalle die Suche aufgibt, der zu allem Überfluss nur schlechte Haribo-Imitate anbietet. Möglicherweise hat sich das Pariser Fremdenverkehrsamt dabei etwas gedacht. Vielleicht wollte es dem Gast eine erste nachhaltige Paris-Lektion erteilen: Vergiss das mit dem Taxifahren in Paris. Es ist einfacher, in Kandahar einen Minirock zu finden als ein Taxi in Paris.

Hartnäckige entdecken zwar an der Westseite des

Bahnhofs irgendwann den Ausgang zum Taxistand, nur: dass es in Paris Taxistände gibt, heißt noch lange nicht, dass dort auch ein Taxi steht. Die Einzigen, die an Pariser Taxiständen stehen, sind Leute, die auf Taxis warten. Am Gare du Nord dauert das, wenn man Glück hat, 30 Minuten. Im Normalfall 30 Tage. Es gibt keine andere europäische Großstadt, in der die Chancen so miserabel sind, ein Taxi zu finden, wenn man eins braucht. Dabei ist das Problem nicht neu. Im Jahr 1920 gab es in Paris 25 000 Taxis. Dann kam die Volksfront-Regierung auf die Idee, die Zahl der Lizenzen zu regulieren, deshalb sank die Zahl der Taxis bis 1937 auf 14 000. Knapp 75 Jahre später sind es gerade einmal 1000 mehr. Alle Bemühungen, mehr Lizenzen zu vergeben, scheiterten am Widerstand der jetzigen Lizenzinhaber. Die Taxilizenz ist für die meisten Besitzer nämlich die Altersversorgung. In den letzten zehn Jahren stieg der Preis für eine solche Lizenz von 85 000 auf rund 180 000 Euro. Es gibt daher keinen Lizenzbesitzer unter den Taxifahrern, der Lust hätte, mehr Lizenzen zu verteilen, denn dann sinken die Preise – und damit schrumpft die eigene Rente.

Deshalb haben die Pariser Taxifahrer bislang noch jeden Reformversuch durch Streiks und Proteste zur Strecke gebracht. Und das, obwohl schon de Gaulle 1959 eine Kommission einberief, die den gelebten Surrealismus des Pariser Taxiwesens beenden sollte. Doch deren Vorschläge wurden ebenso wenig umgesetzt wie alle späteren. Dass es speziell unter dem Präsidenten Mitterrand von 1981 bis 1995 in dieser Sache nicht sehr zügig voranging, ist nicht verwunderlich, denn der Besitzer der größten Pariser Taxifirma G7, André Rousselet, war ein besonderer Spezi des Präsidenten und zwischenzeitlich dessen Wahlkampfmanager. Mit den Taxis hat er ganz ordentlich verdient, für eine Weile leistete er sich den Kabelsender Canal Plus. Heute ist sein Sohn zufällig Vorsitzender einer der Interessenvertretungen der Taxibetriebe. Nach zähen Verhandlungen zwischen der Taximafia und der vermutlich 28. Regierungskommission in fünfzig Jahren gibt es inzwischen einen Plan, nach dem die Zahl der Taxis bis 2012 schrittweise immerhin auf 20000 aufgestockt werden soll. Man darf aber davon ausgehen, dass die Taxifahrer dies durch gezielte Bummelstreiks beizeiten zu verhindern wissen werden. Bummelstreik heißt hier übrigens *Opération Escargot* – Operation Schnecke.

Man sollte sich ohnehin keine allzu großen Hoffnungen machen, dass eine bloße Erhöhung der Zahl der Taxis die Lage verbessern könnte. Es gibt ein viel größeres Problem: die Taxi*fahrer*. Pariser Taxifahrer sind eine bunt gemischte Truppe, die sich aus circa 192 Nationalitäten zusammensetzt. Zwei Dinge allerdings haben sie gemein: Sie können nicht Auto fahren, und sie hassen es, Passagiere zu befördern.

Pariser Taxifahrer würden am liebsten den ganzen Tag alleine durch Paris fahren und dabei den Radiosender *Rire* hören. Wie der Name vermuten lässt, ist *Rire* ein Sender, der es sich zum Ziel gesetzt hat, seine Hörer zum Lachen zu bringen. Deshalb sendet er rund um die Uhr Mitschnitte von Programmen französischer Komödianten. Ungefähr 75 Prozent aller Pariser Taxifahrer hören diesen Sender. Als mir dies erstmals auffiel, wunderte ich mich, dass eine komplette Berufsgruppe den ganzen

Tag einen Comedy-Sender hört, aber nie lacht. Ich entwickelte anfangs die Theorie, dass Pariser Taxifahrer humorlose Zeitgenossen sind und von ihren Therapeuten den Rat erhalten, »ab und zu mal was Lustiges« zu machen, damit sie ihren Humor zurückgewinnen. Deswegen hören sie den ganzen Tag Rire – aber es klappt nicht.

Dann dachte ich eine Weile: Vielleicht fahren die meisten Fahrer in Paris schon sehr lange Taxi. Sie lachen nicht mehr über die Gags auf Rire, weil sie diese schon 23 000-mal gehört haben. Mein Französisch war damals noch zu schlecht, um zu verstehen, dass es nicht am fehlenden Humor der Taxifahrer oder den Programmwiederholungen liegt. Jahre später stellte ich fest, der Grund ist ein anderer: Rire ist nicht lustig. Es gibt bei diesem Sender nichts zu lachen. 90 Prozent der Sketche sind so lustig wie ins Aramäische übersetzter Mario Barth. Pariser Taxifahrer fahren den ganzen Tag durch die Stadt und hören trotzdem diesen Comedy-Sender – ohne dabei je eine Miene zu verziehen. Warum, ist mir schleierhaft, aber ich habe auch keine Erklärung dafür finden können, weshalb 90 Prozent der Pariser Kioskbesitzer klassische Musik hören. Sie haben dabei sichtlich bessere Laune als die Taxifahrer. Die Taxifahrer fahren durch Paris und denken sich dabei so etwas wie:

»Ich muss hier den ganzen Tag durch dieses blöde Paris fahren und dabei diesen komplett unlustigen Comedy-Sender hören. Zur Strafe nehme ich heute keine Passagiere mit.«

Der außenstehende, bange Taxi-Herbeiwinker bekommt von solchen Überlegungen natürlich nichts mit. Er wundert sich bloß, weshalb jedes Taxi an ihm vorbeifährt. Dabei versucht er sich einen Reim auf das Beleuchtungssystem der Pariser Taxis zu machen, das nicht leicht zu durchschauen ist: Es gibt ein größeres »Taxi«-Licht auf dem Dach. Unter diesem kleben drei kleinere, verschiedenfarbige Leuchten, auf denen »A«, »B« und »C« steht. Nachdem man eine Stunde vergeblich im Regen am Straßenrand gestanden hat und zunehmend verzweifelt nach Taxis winkt, glaubt man, das System durchschaut zu haben:

A steht für: Abends nehme ich grundsätzlich keine Fahrgäste mit.

B für: Banlieue-bewohnender Fahrer auf dem Weg in den Feierabend.

C für: Comedy-Radiohörer, der beim Nicht-Lachen ungestört bleiben will.

Das ist aber nichts als Taxi-Licht-Mystik. Die Buchstaben stehen angeblich für Tarifgebiete, de facto bedeuten sie nichts und sind reine Dekoration. Das Einzige, was dem Taxi-Bedürftigen weiterhilft, ist die große Lampe in der Mitte. Ist die nicht hell erleuchtet, kann er sich das Winken sparen. Ist sie erleuchtet, sollte er beten.

Unangenehmer als Taxifahrer, die einfach an einem vorbeifahren, sind Taxifahrer, die anhalten, um einem mitzuteilen, dass sie einen nicht mitnehmen werden. An einem unserer ersten kalten Winterabende standen Monamour et moi an der Madeleine herum. Wir hatten uns in den Tuilerien auf einer äußerst schicken, ganz in Orange gehaltenen Party eines beliebten französischen Luxus-Sattlers vergnügt (ja, klar, ich habe den Champagner verschmäht und danach kritisch berichtet). Nun wollten wir rasch nach Hause. Die Métro fuhr schon nicht mehr. Wir standen an der Madeleine-Kirche und froren. Wann immer ein Taxi nahte, winkten wir überschwänglich wie Schiffbrüchige, die am Horizont ein Rauchzeichen sehen. Kein Taxi hielt. Endlich, wir waren bereits aneinander festgefroren, schien sich ein Taxifahrer zu erbarmen. Er ließ die Scheibe herunter. Wo wir denn hinwollten? Richtung Bastille. Der Mann überlegte kurz. Dann schien er »Bastille« in sein Navigationsgerät einzutippen. Es zeigte so etwas wie »2,8 Kilometer, 9 Minuten Fahrtzeit« an. »Och nö«, sagte der Fahrer dann, »das ist zu weit.« Und brauste davon.

Trafic.
Wie man in Paris herumkommt

Da Taxis als Transportmittel in Paris weitgehend ausfallen, hier ein kurzer Überblick über die verbleibenden Möglichkeiten, sich innerhalb der Stadt fortzubewegen:

Mit dem eigenen Auto nach Paris zu fahren kann man guten Gewissens nur Kraftfahrern mit übertriebenem Selbstbewusstsein empfehlen. Ansonsten besteht die Gefahr, dass man bereits an der ersten Herausforderung kläglich scheitert: dem Boulevard Périphérique, kurz Périph. Der Périph ist der Stadtautobahnring, der Paris vom Rest der Welt abnabelt, insbesondere – und dafür ist man in Paris ganz dankbar – von der Banlieue. Der Ring ist 35 Kilometer lang und wickelt sich entlang des ehemaligen Festungsgürtels um die Stadt. Er ist das erste

Stück Paris, das dem Besucher, der im Auto anreist, begegnet – und er ist nicht besonders charmant. Größtenteils achtspurig, ist der Périphérique offiziell keine Autobahn, sondern eine *Route Départementale*, also eine bessere Landstraße. Dass auf dem Périph spezielle Regeln gelten, merkt der Erstbenutzer umgehend bei der Auffahrt, denn da gilt komischerweise rechts vor links. Das heißt: Derjenige, der über eine der Rampen aus der Stadt kommend auffährt, hat Vorfahrt. Deutsche Périphérique-Erst-User merken das spätestens dann, wenn sie in dem Moment, in dem sie schwungvoll einfädeln müssten, wegen des von links heranschwappenden Verkehrs panisch auf die Bremse treten – und ihnen dann der hinter ihnen fahrende Einheimische auf den Kofferraumdeckel knallt. Oft ergibt sich so für den Parisbesucher die erste Gelegenheit zur Kontaktaufnahme mit echten Parisern am unbefestigten Straßenrand einer Périphérique-Auffahrt. Für diesen Fall sollte man sich den Satz merken:

»*Quel est le numéro de votre assurance?*« –

und im Übrigen sofort abhauen, wenn der Unfallgegner, statt die Versicherungsnummer zu nennen, Anstalten macht, erst einmal ein paar Kumpels anzurufen. Auf der A13 bei Les Mureaux wurde im Sommer 2010 tatsächlich ein armer Kerl nach einem läppischen Auffahrunfall gelyncht. Von der Schlägertruppe, die der Fahrer des anderen Wagens fix herbeitelefoniert hatte. Was man auch nicht tun sollte: eine Handtasche mit Schmuck im Wert von 4,5 Millionen Euro sowie 10 000 Euro in bar auf den Rücksitz legen, wie das angeblich Christina Chernovetska, die Tochter des Bürgermeisters von Kiew, im Februar 2010 auf der Fahrt von Paris zum Flughafen tat.

Als sie in der Nähe von Saint-Denis im Stau stand, riss plötzlich ein Motorradfahrer die Tür auf. In dieser Ecke geschieht das öfter. Er griff sich die Tasche und raste davon. Mademoiselle Chernovetskas Chauffeur versuchte den Dieb noch zu verfolgen. Angeblich verlor dieser auf der Flucht die 10 000 Euro. Der Schmuck aber blieb verschwunden. Noch seltsamer wurde die Geschichte, als zwei Tage später eine Sprecherin des Bürgermeisters von Kiew erklärte, Chistina Chernovetska sei gar nicht in Paris gewesen – und hätte deshalb auch nicht ausgeraubt werden können. Wie auch immer: Man sollte jedenfalls auf dem Périphérique vorsichtshalber keine größeren Klunker auf dem Rücksitz liegen lassen.

Hat man die Auffahrt tapfer gemeistert und sich in den fließenden Verkehr geschoben, warten schnell neue Herausforderungen. Meistens fahren Einheimische den deutschen Besuchern in den ersten zehn Minuten beide Außenspiegel ab. Davon sollte man sich aber nicht unnötig verunsichern lassen. Die Geste ist nicht böse gemeint, es handelt sich um ein traditionelles französisches Begrüßungsritual. Es ist die Autofahrer-Version von »Küsschen links, Küsschen rechts«, jener *Bise*, mit der man sich in Paris bei persönlichen Begegnungen herzt. Dem auswärtigen Besucher wird so zugleich klargemacht, dass Außenspiegel in Paris als verzichtbares Zubehör für rückwärtsgewandte Zauderer betrachtet werden. Tatsächlich kommt man im Pariser Straßenverkehr besser klar, wenn man den Spiegel benutzt wie die Einheimischen: ausschließlich zum Schminken.

Nach einer Weile stellt man dann fest, dass der Pariser zwar auf den ersten Blick Auto fährt wie eine absinthabhängige Cancan-Tänzerin, man kann sich jedoch auf diesen Fahrstil durchaus einstellen. Es gilt lediglich einige Grundlektionen zu verinnerlichen:

Wenn der Pariser eins nicht ist, beim Autofahren wie im sonstigen Leben, dann spurtreu. Von einer einmal gewählten Linie weicht er nonchalant ab, sobald sich eine verlockende Gelegenheit bietet. Er macht darum meist nicht viel Aufhebens. Das heißt, er setzt weder einen Blinker, noch erzählt er es seiner Frau. Doch sobald er eine reizvolle Lücke sieht, die persönliches Fortkommen oder kurzzeitiges Vergnügen verspricht, stößt er in sie hinein.

Für straßenverkehrsordnungsliebende Deutsche, die gern auf ihr Recht insistieren, weil sie sich einbilden, lebenslänglich in »der Vorfahrtsspur« zu fahren, ist dieses Verhalten gewöhnungsbedürftig. Der Pariser wechselt Fahrbahnen nach Belieben – und produziert dabei trotzdem vergleichsweise selten ernstzunehmende Unfälle.

Warum? Weil es in Paris nicht so viele Lenkrad-Nazis gibt, die sofort auf das Gaspedal treten, wenn sie ahnen, dass jemand, der eine Schnauzenlänge vor ihnen in der Nebenspur fährt, sich anschickt, in »ihre Spur« zu wechseln. Der Deutsche denkt sich dann:

»Der will sich hier reindrängeln. Dem werd ich's zeigen!«

– tritt aufs Gas und freut sich, wenn es ihm gelingt, zu dem Rivalen auf der Nebenfahrbahn aufzuschließen und ihn daran zu hindern, die Spur zu wechseln. Meistens sagt der Deutsche in der rechten Spur dann so etwas wie:

»Das wollen wir doch mal sehen, Bursche!«

– und genießt danach seinen Schmalspurtriumph. Wenn der deutsche Kraftfahrer eins überhaupt nicht vertragen kann, dann »geschnitten« zu werden.

Der Franzose ist in dieser Hinsicht erheblich entspannter. Es ist ihm gleichgültig, ob er geschnitten wird. Jedenfalls von Autos. Deswegen braucht er auch keine Rückspiegel. Er muss da schon deshalb nicht dauernd hineingucken, weil er nicht befürchten muss, dass hinter ihm irgendein Volljurist aus Prinzip aufs Gas drückt, nur weil er recht hat. Von hinten droht in Frankreich in der Regel keine Gefahr.

Deshalb kann man letztlich selbst über den Boulevard Périphérique einigermaßen unaufgeregt fahren. Es gelingt allerdings nicht jedem. Mein Großvater zum Beispiel besuchte Paris mit meiner Oma Ende der sechziger Jahre in seinem Opel Commodore. Er schwitzte Blut und Wasser auf dem damals noch nicht ganz fertiggestellten Ring. Da er sich nicht traute, die Spur zu wechseln, umkreiste er Paris gleich viermal. Nach 140 Kilometern auf dem Périph fasste er sich dann an der Porte Dauphine ein Herz und jagte den Commodore die Ausfahrt hoch. Er war erleichtert, aber nur für kurze Zeit. Denn am Ende der Avenue Foch stellte er zu seinem Entsetzen fest, dass er auf den Triumphbogen zusteuerte und es keine Möglichkeit mehr gab, vor Erreichen dieses Höllenschlundes von einem Kreisverkehr anzuhalten.

»O Gottogottogottogott«, stöhnte da mein Opa und lenkte den Commodore mit angstnassen Fingern durch die Verkehrsfluten des Étoile. Er umrundete den Triumphbogen geschätzte 36-mal. Meine Oma, die keinen Sinn für die Bedrohlichkeit der Verkehrslage hatte, genoss die ausführliche Besichtigung und wiederholte ein ums andere Mal den Satz:

»Hachissas schön hier!«

Irgendwann schaffte es Opa mit seinem Commodore in die rettende Avenue Friedland. Von seinem Paris-Urlaub ist ihm später nichts als diese Höllenfahrt im Gedächtnis geblieben, die ihn ordentlich traumatisierte. Auf der Rückfahrt umrundete er auch den Kölner Ring mehrere Male, weil er am Leverkusener Kreuz plötzlich nicht mehr wagte, auf die A1 abzufahren.

Hat man das Grundregelwerk des Pariser Verkehrs verinnerlicht, steht einem mehrtägigen Besuch des Boulevard Périphérique nicht mehr viel entgegen. Die Gefahr, hier in einen Geschwindigkeitsrausch zu geraten, ist gering. Der Périph ist das am stärksten befahrene Autobahnstück in Europa. Täglich schleichen hier etwa 1,3 Millionen Fahrzeuge herum, und das zumeist in einem Tempo, das beim Aufprall kaum den Airbag weckt. Das Gefährlichste am Périphérique sind die Motorradfahrer, die sich zwischen den Autos hindurchschlängeln. Den Streifen zwischen der dritten und der äußeren linken Spur interpretieren sie als eigenen Überholkorridor. Als Autofahrer sollte man daher darauf verzichten, über diese Begrenzung hinweg spontan die Spur zu wechseln. So kann man Kollisionen und hässliche Zweiradfahrerpuzzles vermeiden.

Es kommt nicht mehr allzu häufig vor, dass Pariser Motorradfahrer aus schierer Abenteuerlust versuchen, den Rekord im Périphérique-Umrunden zu brechen, den lange der sogenannte »Prince Noir« hielt. Dieser schwarze Prinz schaffte die 35 Kilometer im Frühjahr 1989 auf einer

750er Kawasaki ZXR in elf Minuten und vier Sekunden. Und zwar morgens um zwanzig nach sieben. Im Berufsverkehr. Der Prinz, der eigentlich Pascal hieß, fuhr im Schnitt 190, in der Spitze 250 km/h. Das einzige Problem bei diesem Tempo sei, dass »viele Autofahrer auf dem Périph pennen und vergessen zu blinken«, gab Pascal damals zu Protokoll. Womöglich, weil sie gewohnt sind, dass von hinten nichts kommt. Und wenn, dann nicht mit 250. Den Rekord des legendären Prince Noir brach erst Anfang der nuller Jahre ein Fahrer mit dem *Nom de pneu* »Ghost Rider«. Er schaffte die Runde in 9'57". Das heißt, mit einer Durchschnittsgeschwindigkeit von 211 km/h. Aber der Ghost Rider fuhr auch mitten in der Nacht und nicht in der Rushhour. Deshalb war er nicht ganz so toll wie der Schwarze Prinz.

Nach vier bis fünf Übungsrunden auf dem Périphérique ist man für den Pariser Innenstadtverkehr passabel vorbereitet. Schlimmer wird es dort normalerweise nicht. Es gilt dieselbe Grundregel: Nie in den Spiegel schauen, sondern bei geplantem Spurwechsel möglichst zügig nach vorne reiten. Insbesondere in delirierenden Kreisverkehren, wie sie Paris mit dem Étoile, dem Place de la Concorde und dem Place de la République mehrmals zu bieten hat. Dem Benutzer können diese Orte Glücksmomente bescheren, wie er sie zuletzt in seiner Jugend auf der Kirmes beim Autoscooter erlebt hat.

Solch rauschhafte Augenblicke sind allerdings die Ausnahme und nur nachts oder im Morgengrauen zu haben. Versucht man hingegen tagsüber in Paris Auto zu fahren, steht man die meiste Zeit dumm rum, denn es bewegt sich nicht viel vorwärts. Die Durchschnittsgeschwindigkeit liegt bei matten 16 Kilometern pro Stunde.

Der Auto fahrende Pariser steckt jeden Tag im Stau, ist aber eigenartigerweise trotzdem immer wieder aufs Neue bereit, sich über das Im-Stau-Stehen aufzuregen – als sei dies nun speziell an diesem Tag eine besonders außergewöhnliche Zumutung. Dabei durchläuft der Pariser mehrere Phasen von Lenkradwut: In Phase eins wirkt er noch teilnahmslos und fatalistisch. Er hat den linken Ellbogen gegen die Fensterscheibe auf der Fahrerseite gedrückt und massiert sich mit der Hand die linke Schläfe. Er redet währenddessen mit seiner Freisprechanlage und erzählt ihr, dass er gerade wieder einmal in einem behämmerten *Bouchon* feststeckt. Dass überhaupt dieses ganze Paris ein einziger Bouchon sei. Dabei bohrt er mit dem Daumen der rechten Hand in der Nase.

Richtig in Wallung gerät der Pariser dann, wenn er einen Verkehrsteilnehmer ausmacht, den er dafür verantwortlich machen kann, dass ganz Paris ein Bouchon ist. Entdeckt er etwa vor sich einen Lkw-Fahrer, der es für eine gute Idee hält, in einer einspurigen Einbahnstraße achtzehn Europaletten Bonduelle-Gemüse mit einem handgesteuerten Gabelhubwagen abzuladen, oder eine Oma, die mit ihrem grün-rot-karierten Caddie die Fußgängerampel einen Hauch zu langsam überquert, dann fängt der Pariser hysterisch an zu hupen, als sei die trödelnde Seniorin mit ihrem ruckelnden Hackenporsche die Alleinschuldige, dass in der komplett verstopften Stadt nichts vorangeht. Nachdem der Pariser sich so richtig in Rage gehupt hat, brüllt er die Verkehrsfluss hemmende Oma dann im Vorbeifahren heftig an. Pariser

Omas sind allerdings nicht leicht einzuschüchtern. Sie verfügen über einen reichhaltigen Kraftwortschatz und fluchen bei solchen Anlässen gern deftig zurück.

Noch anstrengender als das Herumstehen im Stau ist die Suche nach einem Parkplatz. Mit Parkplätzen verhält es sich wie mit Taxis: Es gibt sie eigentlich nicht. Die ganze Stadt ist vollständig zugeparkt. Wann immer man glaubt, eine Lücke entdeckt zu haben, handelt es sich dabei um eine Einfahrt, einen Behindertenparkplatz, eine Geldtransporter-Lieferzone, ein Schlagloch oder eine Fata Morgana. Von all diesen Plätzen wird man umgehend abgeschleppt. Das Abschleppen übernehmen private Firmen auf Provisionsbasis, deshalb sind sie sehr emsig. Ihre Einsatzwagen suchen nachts die Straßen ab wie Kopfgeldjäger. Sobald sie einen falsch geparkten Wagen erblicken, laden sie ihn auf. Die polizeiliche Anforderung holen sie sich dann nachträglich. So werden in Paris Jahr für Jahr mehr als 210 000 Autos abgeschleppt. Unser »Picasso« war auch darunter und verbrachte auf diese Weise eine stille Nacht in Clichy auf einem Sammelparkplatz. Gegen Zahlung von 136 Euro durften wir ihn dort wieder abholen.

»Endlich ist hier mal was billiger als in Berlin«, freute sich Monamour.

Ich hatte »Picasso« abends auf einer gelbmarkierten *Zone de livraison* abgestellt, in der Annahme, dass Sushi-Restaurants in Paris nachts nicht beliefert werden. Parken in der Lieferzone war trotzdem nicht gestattet. Als ich morgens um halb sieben nachsah, war »Picasso« verschwunden. Mittlerweile hat die Pariser Stadtverwaltung die Regelung geändert und gnädigerweise 7000

Livraison-Parkplätze zwischen zwanzig und sieben Uhr zum Parken freigegeben. Doch das ist nicht mehr als ein Tropfen Armagnac auf eine heiße Crêpes-Pfanne.

Autohalter unter den Parisern reagieren auf die Unmöglichkeit, in der Stadt zu parken, dadurch, dass sie die Wirklichkeit leugnen. Wenn der Pariser keinen Parkplatz findet, parkt er einfach irgendwo und tut so, als sei der Platz, wo er sein Auto gerade abstellt, ein legaler Parkplatz: in zweiter Reihe, auf einem Fußgängerüberweg oder schräg über eine Straßenecke. Beim Aussteigen guckt er dann betont unbeteiligt, verriegelt das Auto, ohne sich noch einmal umzudrehen, aus der Rückhand mit der Fernbedienung, überquert zügig, aber nicht zu eilig die Straße und ignoriert tunlichst das Hupkonzert, das sich gerade seinetwegen entzündet hat. Wenn er dann später zu seinem Auto zurückkehrt, hat er meistens eine *Prune* hinter dem Scheibenwischer – sofern es nicht bereits abgeschleppt wurde. Diese »Pflaume« ist die Ankündigung eines *Procès-verbal* – eines Bußgeldbescheids. Der Pariser simuliert auch in diesem Fall Gleichgültigkeit. Lange Zeit konnte er tatsächlich darauf bauen, dass sämtliche Parksünder nach der nächsten Präsidentschaftswahl vom neuen Präsidenten persönlich amnestiert würden. Aber diese herrscherliche Gnade wird seit einiger Zeit nicht mehr gewährt.

Die Alternative zum Serien-Falschparken in Paris ist die Anmietung einer legalen Garage. Doch auch das ist keine ideale Lösung: Erstens sind Garagenplätze in Paris so teuer wie eine Studentenwohnung in Tübingen. Und zweitens muss man für sie allen Ernstes eine »Wohnsteuer« bezahlen, die *Taxe d'habitation*. Besser verdienende Wagen werden in Paris also nicht geparkt, sie bewohnen Garagen. Allerdings oft in bedrängten Verhältnissen. Die meisten Garagen in Paris sind zu Zeiten gebaut worden, als man in Frankreich noch Kraftfahrzeug-Parodien wie die Ente oder einen Renault 4 fuhr. Heute aber drängeln sich auch in Paris fettleibige Touaregs und aufgeschwemmte Range Rover in viel zu enge Parkhäuser. Als Normalo-Kompaktklassenfahrer sitzt man dadurch öfter im dritten Untergeschoss eines Parkhauses festgeklemmt zwischen zwei Geländewagen und kommt nicht mehr hinaus.

Auffällig ist, dass die früher beträchtliche Zahl rollender Schrotthaufen in Frankreich in den letzten Jahren deutlich zurückgegangen ist. Vor zwanzig Jahren noch bestand grob geschätzt die Hälfte des gesamten französischen Fuhrparks aus komplett verbeulten Vehikeln, die in Deutschland schon Jahre zuvor nicht mehr lebend durch den TÜV gekommen wären. Da im Prinzip 80 Prozent aller Autos in Paris aussahen wie plattgetretene Orangina-Dosen, gab sich beim Einparken auch niemand große Mühe, Stoßstangenberührungen zu vermeiden. Im Gegenteil. Man parkte in Paris stets »nach Gehör«. Maßstab war dabei das Gehör des späten Beethoven.

Als Maximalabstand zwischen zwei geparkten Fahrzeugen galt ein Zentimeter als tolerabel. Dass man trotzdem noch ein- und ausparken konnte, lag daran, dass niemand die Handbremse anzog und man sich so gegenseitig bei Bedarf vor- und zurückschob. Diese lässige Andötsch-Kultur ist in den letzten Jahren weitgehend ausgestorben. Sofern er tatsächlich einen Parkplatz findet, parkt der Pariser inzwischen mit Hilfe von

Parksensoren recht ordentlich ein und zieht danach die Handbremse seiner Mercedes-A-Klasse an. Beim Aussteigen vergewissert er sich noch mal, ob die Hochglanz-Polyurethan-Schicht seiner Stoßstange auch keinen Mikroriss abbekommen hat. Manche Verhaltensforscher fürchten bereits: Wenn der Pariser so weitermacht, wird er irgendwann zum Deutschen.

Warten auf Métro

Ich hatte weder Nerven, im Stau zu stehen, noch Geld für eine Garage. Kurz nach unserer Ankunft in Paris wurde ich deshalb etwas übermütig und importierte aus Deutschland die Vespa meines Onkels, eine PX 80, Baujahr 1980 – ein Liebhaberstück in Disco-Nachtblau. Nach ungefähr sechs Monaten hatte ich auch beinahe alle Fahrzeugpapiere und EU-Kompatibilitätsbescheinigungen zusammen, die es braucht, um ein in Italien gebautes, in Deutschland erstzugelassenes Gefährt in Frankreich anzumelden. Das Ganze war ein aufschlussreicher Fortbildungskurs in transeuropäischer Bürokratie. Irgendwann bekam ich tatsächlich noch ein französisches Nummernschild. Kurz darauf machte ich die Erfahrung, dass man ein Liebhaber des zu Launigkeit neigenden Kickstart-Mechanismus sein muss, um sich mit einer wetterfühligen alten Vespa in den Pariser Verkehr zu werfen.

Bei einer meiner ersten Probefahrten soff mir der Motor mitten auf dem Place de la République ab. Wahrscheinlich war die Vespa, die bis dato nur schwach befahrene Überlandstraßen in Westdeutschland gewohnt war, ihrer Feuertaufe in einem französischen Anarcho-Kreisverkehr mit kreuzenden Spuren nervlich nicht gewachsen. Die plötzlich aus allen Richtungen heranbrausenden Autos hatten sie in Panik versetzt. Sie trat spontan in einen wilden Streik und weigerte sich, wieder anzuspringen. Nun ist die Fahrbahnmitte auf dem Place de la République nicht der ideale Ort, um einem renitenten Kraftrad zu vermitteln, dass es jetzt besser starten sollte. Schwitzend und fluchend kickte ich, was das Zeug hielt, und würgte am Choke herum. Um mich herum toste der Verkehr. Die Vespa blieb bockig.

Überraschend bremste in diesem Moment unmittelbar neben mir der Fahrer eines Clios und wenige Sekunden später ein zweiter, der Fahrer eines Peugeot-Lieferwagens. Sie bildeten eine Wagenburg um meine Unfallstelle. Dass die übrigen Raser in dem Kreisverkehr das hinderlich fanden und wüst zu hupen begannen, störte sie nicht weiter. Stattdessen stiegen sie aus und begannen, mit mir mitten auf dem Place de la République ein Fachgespräch über »Kickstarter versus Elektrozündung« zu führen.

Wir konnten die Frage nicht vollständig klären, aber dem Clio-Fahrer gelang es, meine Vespa wieder anzuwerfen. Der Fahrer des Peugeot-Transporters empfahl mir zum Abschied noch eine Werkstatt im 12. Arrondissement, die auf Vespa-Klassiker spezialisiert sei. Für Italienerinnen, meinte er mit einem wissenden Lächeln, brauche man mehr Gefühl: »Die sind noch zickiger als Französinnen.«

Ich röhrte mit meiner Vespa nach Hause und habe mich mit der italienischen Zicke seither nie wieder auf den Place de la République getraut. Stattdessen überlege ich seit Monaten, ob ich ihr untreu werden und mir einen dieser seltsamen Piaggio-MP3-Roller anschaffen soll, mit denen neuerdings in Paris alle durch die Gegend düsen. Das Ding sieht zwar aus wie ein bewaffnetes Bidet auf drei Rädern, fährt sich aber bequem. Man kann es ohne Motorradführerschein fahren. Die Karre zickt nicht, um sie zu bedienen braucht man keinerlei »Gefühl« – und man wähnt sich in den Wirren des Pariser Verkehrs gleich etwas sicherer.

Da ich mich zu dieser Investition bislang jedoch nicht durchringen konnte, verlegten Monamour und ich uns vorübergehend aufs Fahrradfahren, genauer: aufs *Vélib*-Fahren. Bis vor kurzem dachten Pariser noch, dass Menschen, die Fahrräder in innerstädtischen Gegenden benutzen, um von A nach B zu kommen, entweder von einem starken Suizidwunsch getrieben sein müssen oder von radikal-ökologisch-fundamentalistischem Gedankengut besessen, also Deutsche.

Fahrradfahren war für Pariser lediglich mit einem Rennrad akzeptabel, etwa den Mont Ventoux hinauf, zum Zwecke der sportlichen Betätigung. Doch seit einer Weile ist eine bemerkenswerte Trendwende zu beobachten. Seit 2008 hat die *Mairie de Paris* im ganzen Stadtgebiet Stationen aufgestellt, an denen man für wenig Geld Fahrräder mieten kann – vorausgesetzt, man kommt irgendwie mit dem Automaten klar, der die Vélibs freigibt. Die Bezahlstation ist ein weiteres Musterexemplar französischer Automatentechnik. Sie bietet ein Maximum an

Bedienungsfeindlichkeit. Jedenfalls dann, wenn man mit Kreditkarte bezahlen will. Ist man Besitzer eines Navigo-Passes, ist die Sache etwas einfacher. Der Navigo-Pass ist das neumodische Pariser Métroticket, das die gute alte Monatskarte, die *Carte Orange*, abgelöst hat. Monamour und ich wurden rasch zu großen Vélib-Fans und mieteten uns die Räder bei jeder sich bietenden Gelegenheit. Inzwischen gibt es in Paris sogar einige Kilometer Fahrradwege. Allerdings hat das leider den Pariser Autofahrern noch niemand mitgeteilt. Sehen die ein aufgemaltes Fahrrad auf der Straße, halten sie es für eine Unfallortmarkierung.

Vélib-Fahren ist in Paris trotzdem ein Vergnügen, jedenfalls im Frühjahr und im Sommer. Der einzige Haken ist, dass es an schönen Tagen in bestimmten Gegenden oft zu drastischen Vélib-Engpässen kommt und man immer dann keins findet, wenn man dringend eins braucht. In der Beziehung ist es mit den Vélibs nicht anders als mit Taxis. Noch komplizierter wird es, wenn man sein Vélib spätabends zurück an eine Station bringen will, denn dann gibt es meist keine freien Plätze mehr, um das gemietete Rad wieder abzustellen.

In einer ziemlich lauen Frühlingsnacht radelten Monamour und ich nach Hause. Wir waren in der Bastille-Oper gewesen und pedalierten nun gemütlich die Rue de la Roquette hinunter. Es war kurz nach eins an einem Donnerstag. In der Nähe unserer Wohnung steuerten wir die nächstgelegene Vélib-Station auf der Rue Saint-Maur an. Sie war voll.

»Nehmen wir halt die nächste«, sagten wir uns und radelten einige Hundert Meter weiter. Doch auch dort waren schon alle Stellplätze besetzt. Wir probierten die Nebenstraßen in der näheren Umgebung. Dann die Nebenstraßen in mittlerer Entfernung. Schließlich weit abgelegene Nebenstraßen. Überall dasselbe Bild: Alle Vélib-Stationen waren komplett belegt. Dockt man sein Rad aber dort nicht wieder an, läuft die Mietzeit eben endlos weiter. Wir drehten immer neue konzentrische Kreise um unsere Heimatadresse. Nirgendwo freie Plätze. Stattdessen aber mindestens ein halbes Dutzend Vélib-Radler, die genauso auf der Suche nach einer Haltestelle waren wie wir.

»Sieh mal, ich glaube, dort fahren gerade zwei raus«, sagte Monamour plötzlich. Und tatsächlich, mit ihren Mandeladleraugen hatte sie erkannt, wie circa 200 Meter weiter in der Rue Saint-Maur, in die wir gerade wieder eingebogen waren, zwei Gestalten je ein Vélib aus dem vollbesetzten Ständer zogen. In diesem Moment sah ich, wie etwa 20 Meter vor uns links aus der Rue Sainte-Ambroise ebenfalls zwei Vélib-Fahrer auf die Rue Saint-Maur abbogen.

»Die wollen doch nicht etwa …«

Oh doch. Wollten sie. Auch diese beiden Typen wollten einen Stellplatz für ihr Rad, denn schon deutete der eine in die Richtung, in der gerade die zwei Plätze frei wurden. Monamour und ich schauten uns für den Bruchteil einer Sekunde an. Unsere Konkurrenten setzten sich in Bewegung. Sie hatten etwa 25 Meter Vorsprung. Wir mussten kontern. Monamour war die Sprintstärkere von uns beiden, deshalb übernahm ich die Führungsarbeit, während sie sich in meinem Windschatten hielt. Nach etwa 100 Metern hatten wir zu unseren Gegnern aufgeschlossen. Sie wirkten überrascht, weil sie nicht mehr mit einem Angriff des Pelotons gerechnet hatten. Doch sie reagierten sofort und traten ebenfalls an. Sie wehrten sich nach Kräften. Kopf an Kopf rauschten nun vier Vélibs die Rue Saint-Maur hinunter, als handle es sich um den Endspurt einer Tour-de-France-Flachetappe. Kurz vor dem Ziel löste sich Monamour aus meinem Windschatten. Sie ging ab wie Erik Zabel nach der Blutwäsche. Mit drei, vier Tritten in der größten Vélib-Übersetzung legte sie rasch mehrere Meter zwischen mich und unsere Verfolger. Als diese Monamours überlegenen Antritt wahrnahmen, brach ihre Moral. Sie drosselten ihr Tempo, gaben auf. Monamour sicherte sich mit einer schwungvollen Vollbremsung den freien Vélib-Halteplatz und hielt mir den zweiten frei, bis auch ich ins Ziel rollte.

»À *la bonne heure*« – alle Achtung –, sagte einer unserer Gegner, als er an der Siegerin vorbeiradelte. Zu Hause angekommen, feierte ich Monamour überschwänglich mit Küsschen links, Küsschen rechts. Ich überreichte ihr einen Stofflöwen von Crédit Lyonnais und half ihr dann sachte aus ihrem Gelben Trikot.

Pariser, die sich nicht trauen, Moped zu fahren, oder es nicht schaffen, Vélib-Fahrräder aus den Ständern zu ziehen, bleibt wenig übrig, außer die Métro zu nehmen. Das ist ein tristes Schicksal, denn die Métro ist wahrscheinlich der unromantischste Ort in ganz Paris. Früher war das anders, als Rauchen und Küssen auf den Bahnsteigen noch nicht verboten war. Man stand dann nach Mitternacht auf dem Gleis und wartete auf die Bahn, von der man nie genau wusste, ob sie noch kommen würde.

War man allein, rauchte man erst mal eine. Der Zigarettentrick klappte eigentlich immer: Sobald man die Zigarette angezündet und den ersten Zug getan hatte, kam prompt die Métro. Man schnippte die Zigarette aufs Gleis und stieg ein. War man Nichtraucher, aber nicht alleine, küsste man sich so lange, bis die Métro kam. Heute darf man auf den Bahnsteigen schon lange nicht mehr rauchen, daher fällt Möglichkeit A für rauchende Singles flach. Außerdem gibt es inzwischen Digitalanzeigen auf dem Bahnsteig, die anzeigen, wann die nächste Métro kommt. Deshalb küssen sich Paare kaum noch. Sie starren stattdessen auf die Digitalanzeige.

In der Métro ist mittlerweile nicht nur das Rauchen verboten, sondern auch Werbung mit Rauchern. Wenn in den französischen Kinos Filme anlaufen, die von netten, aber toten Kettenrauchern handeln, wie Serge Gainsbourg, Coco Chanel oder Jacques Tati, dann lässt die Aufsichtsbehörde der Métro-Gesellschaft RATP die Zigaretten von den Werbeplakaten für diese Filme entfernen, noch bevor diese aufgehängt werden. Sie beruft sich dabei auf das sogenannte *Évin*-Gesetz, das alles, was Lust auf Zigaretten machen könnte, im öffentlichen Raum verbietet.

Um Unterwäschereklame oder sonstige Werbung mit halbnackten Frauen, mit deren Betrachtung man sich früher das Warten auf Métro erleichtern konnte, kümmert sich derweil eine Graffiti-Künstlerin namens Princess Hijab: Sie verpasst zu knapp bekleideten Models auf H&M-Plakaten per Spraydose einen irgendwie politischkritisch gemeinten Schleier. Mir war die Stoßrichtung dieser Aktion allerdings nie so ganz klar. Möglicherweise ist es ein Statement gegen das Burka-Verbot. Oder für ein Strapsverbot. Oder beides.

Als ich Monamour fragte, ob es ihr lieber wäre, in knapper Unterwäsche objektiviert zu werden oder Burka zu tragen, antwortete sie:

»Kommt darauf an, wo.«

Nach kurzer Bedenkzeit entschied sie dann:

»Zu Weihnachten hätte ich lieber Dessous.«

»Aus den Strapsen in die Burka ist vom Regen in die Traufe«, sagte sie dann noch, und ich war wieder einmal glücklich, die richtige Frau getroffen zu haben.

Die Métro ist ohne Zigaretten und Unterwäsche-reklame jedenfalls nicht mehr das, was sie mal war. Dennoch verbinden sich mit der Métro nach wie vor seltsam sentimentale Vorstellungen – selbst bei einigen der vier Millionen Menschen, die sie täglich nutzen müssen. Das mag an all den Filmen liegen – wie *Zazie dans le Métro* nach dem Buch von Raymond Queneau, *Die letzte Métro* und ganz besonders *Subway*, jenem Film von Luc Besson aus dem Jahr 1985 mit Isabelle Adjani und Christopher Lambert, der nie ein Erfolg geworden wäre, wenn es Geruchskino gäbe. *Subway* hat die Vorstellung in die Welt gesetzt, es gäbe in der Métro eine wohlriechende Parallelwelt, in der bildschöne bourgeoise Frauen mit platinblonden Punks Champagner trinken, tanzen und sich währenddessen Dialoge liefern wie diesen:

»Wer macht bei Ihnen die Küche?«

»Der Koch.«

»Wer macht bei Ihnen den Haushalt?«

»Die Haushälterin.«

»Und wer macht die Liebe?«

Vielleicht liegt es auch an den verschnörkelten Jugendstil-Eingängen über der Erde, die der Architekt Hector Guimard um die Jahrhundertwende entwarf und die die Illusion wecken, dass sich hinter ihnen ein reizvolles Phantasiereich öffnet. Sobald man die Treppe einer Station hinabgestiegen ist, ist dieses Gefühl allerdings schnell verflogen, und auch Isabelle Adjani begegnet man in der Métro nur sehr selten. Wie man überhaupt feststellen muss, dass die allseits beliebte, klassisch-elegante Pariserin – auf die wir noch ausführlich zu sprechen kommen werden – sich bevorzugt über der Erde aufhält und nur Métro fährt, wenn es nicht zu vermeiden ist. Stattdessen sieht man in der Pariser U-Bahn jede Menge Frauen mit türstopperförmigen Schuhen, die so oder so ähnlich auch in der Straßenbahn in Kassel sitzen könnten. Zur Verflüchtigung der letzten romantischen Assoziationen trägt nicht zuletzt der ziemlich spezifische Geruch der Métro bei, der im Wesentlichen aus der Vermischung des traditionellen Reinigungsmittels (*Monsieur Propre*, Duftnote Lavendel) mit dem, was es alltäglich entfernen soll, entsteht.

Von Station zu Station sind die Duftnoten, die das Geruchsorgan des Fahrgasts bedrängen, jedoch ziemlich unterschiedlich. Céline Ellena, eine hauptberufliche »Nase« (so heißen in Frankreich Duftexperten), ist überzeugt, dass sich der vorherrschende Grundton am größten und klebrigsten Métrobahnhof Châtelet – Les Halles zusammensetzt aus:

»Schwefelgeruch, verdorbenen Eiern, sehr dreckigen Socken und Katzenurin, das durch einen übermäßigen

Gebrauch von Parfum mit Maiglöckchen- oder Pampel-musen-Tönen überdeckt wird.«

Die Station Châtelet – Les Halles ist der wichtigste Pariser Umsteigebahnhof, 750 000 Passagiere wechseln hier täglich die Richtung und gleiten dabei auf schein-bar endlosen Transportbändern durch den Tunnel. Auch wenn man diese Bänder jeden Tag benutzt, haftet dem Augenblick stets etwas Surreales an, wenn einem auf dem Gegenlaufband Tausende neonbleiche Gesichter entgegenkommen. Ich rechne eigentlich nach wie vor damit, dass mir auf dem laufenden Band im Tunnel zwischen Châtelet und Les Halles irgendwann mal ein großes Fragezeichen entgegenkommt, wie früher in der Sendung mit Rudi Carrell.

Es gibt auf Französisch die stehende Redewendung »*Métro-Boulot-Dodo*«, die den wenig abwechslungsrei-chen Alltag des Pendlers zusammenfasst: Métro-Arbeit-Heiabett. Sie stammt aus einem Gedichtvers von Pierre Béarn, der vollständig lautet: »*Métro, boulot, bistro, mégots, dodo, zéro.*« Das Bistro und die Kippen (*mégots*) hat man in-zwischen allerdings gestrichen, ebenso wie das kritische Resümee, dass es sich hier um eine eher deprimierende Null-Existenz handelt.

Vielen Métro-Benutzern steht dieses triste Fazit ihres Seins jedoch allmorgendlich ins Gesicht geschrieben. Der durchschnittliche Métro-Fahrgast wirkt eher unter-durchschnittlich lebensfroh. Von Margaret Thatcher soll der Satz stammen, wer mit 27 noch öffentliche Verkehrs-mittel benutze, sei ein Loser. Der durchschnittliche Métro-Passagier sieht so aus, als höre er genau diesen Satz jeden Morgen von seinem Ehepartner – sofern er noch einen hat. Ansonsten flüstert er sich den Satz vermutlich selbst beim Rasieren zu.

Er hat sich inzwischen damit abgefunden, dass er zeit seines Lebens ein Métro-Benutzer bleiben wird. Er will seine Strecke hinter sich bringen, die er im Schlaf kennt. Wenn er trotzdem die Augen offen hat, starrt er stur geradeaus. Gelegentlich nestelt er an seinen Kopfhörern herum oder vertreibt sich die Zeit mit seinem Smartphone. Was ihn nicht interessiert, ist, mit anderen Fahrgästen zu kommunizieren. Die zu eng geratenen Vierer-Sitzbänke, mit denen die Pariser Métro ihre Fahrgäste seit Jahrzehnten beglückt, wirken daher wie ein ferner Gruß aus jener Zeit, in der Stadt- und Verkehrsplaner noch darüber nachdachten, wie sie es hinkriegen könnten, dass die Menschen in der Großstadt »miteinander ins Gespräch« kommen. Heute reduziert sich die Kommunikation zwischen Passagieren in der Regel auf den Satz »*La porte, s'il vous plaît*«, den man jenen Fahrgästen ins Ohr brüllt, zwischen denen man stehend eingequetscht ist und deren Körperfülle einen am Aussteigen hindert.

Das einzig nette, normale, nicht übelriechende Wesen in der Pariser Métro, so will es oft scheinen, ist der *Lapin du Métro*. Ein freundlicher Hase, der seit Jahrzehnten auf Aufklebern davor warnt, sich an den Türen nicht die Finger einzuquetschen.

Der Standort als Vorteil

Ich hatte meine Vespa im Frühjahr in Deutschland abgeholt und ein paar Tage Urlaub – wie man so weniger schön sagt – »drangehängt«. Den Heimataufenthalt nutzte ich, um mich aufs Neue von der Überlegenheit deutscher Brauereikultur zu überzeugen, bevor ich mich wieder für längere Zeit mit minderwertigen französischen Bierversuchen würde trösten müssen. Die tragen zwar alemannisch anmutende Namen wie *Kronenbourg* oder *Kanterbräu*, schmecken jedoch allesamt, als seien sie von einem burmesischen Bierraubkopierer zusammengepanscht worden. Zufrieden saß ich daher mit meinem alten Freund Peter in einer trendresistenten Kneipe namens Kiels Klara. Wir feierten das deutsche Weltkulturerbe des Sieben-Minuten-Pils.

»Eigentlich komisch, dass der Franzose nicht in der Lage ist, ein lecker Pils herzustellen«, begann ich den Abend mit einer differenzierten, kulturvergleichenden These.

»Alles, was die Franzosen ansonsten an Ess- und Trinkbarem produzieren, ist Weltklasse, aber das Bier erregt Mitleid und Furcht«, sinnierte ich weiter, während ich die feinmodellierte Pilskrone bestaunte.

Peter stimmte meinen Ausführungen zu, indem er das Glas in einem Zug leerte und den Löscherfolg mit einem zufriedenen Geräusch quittierte: »Ahhhhhhh!« Peter war beruflich in der Werkzeugbranche tätig. Wegen des hohen Exportanteils war er viel im Ausland unterwegs und verfügte deshalb biermarktmäßig über ein beträchtliches Vergleichsspektrum.

»Inder, Brasilianer, Vietnamesen, Mongolen. Alle machen heutzutage passable Biere. Nur die Franzosen sind unfähig«, führte Peter unseren Gemeinschaftsessay über europäisches Trinkverhalten fort.

»Vielleicht brauen die Franzosen ja auch mit Absicht so schlechtes Bier«, gab ich zu bedenken.

»Warum sollte jemand freiwillig übelschmeckendes Bier brauen?«

»Um die Weinbauern zu schützen.« Spontan entwickelte ich eine vielversprechende Verschwörungstheorie:

»Es ist doch naheliegend, dass die Weinlobby dahintersteckt. Wie 1915, als in Frankreich der Absinth verboten wurde. Angeblich, weil Absinth wahnsinnig macht und man den Alkoholismus bekämpfen wollte. Aber der eigentliche Grund war, dass die Weinbauern um ihre Pfründe fürchteten, weil Absinth in Massen gesoffen wurde. Denn er war billiger als Wein. Deshalb halfen die Viniculteure kräftig mit, die ›grüne Fee‹ per Gesetz abzuschaffen. Warum sollten sie beim französischen Bier nicht auch ihre Finger im Spiel haben?«

»Du meinst also, die französische Weinbau-Lobby sorgt dafür, dass das französische Bier so miserabel schmeckt?« Peter sah mich jetzt ein wenig skeptisch an.

»Ohne Verschwörungstheorie ist so ein Trauerspiel wie Kanterbräu nicht zu erklären«, beharrte ich.

Der Wirt brachte eine neue Runde. Dieser Wirt war ein Vertreter der alten Schule, er hatte die Trinkgeschwindigkeit seiner Gäste im Blick und stimmte die Abfolge der

Runden darauf ab, ohne dass man einen Finger heben musste. So gab er sachte den Rhythmus des Abends vor. Vertreter der Zapfkunst mit solchem Taktgefühl erlebt man heutzutage leider immer seltener.

»Was ich mich immer schon gefragt habe …«, hob Peter in diesem Moment an:

»Was macht eigentlich ein Auslandskorrespondent den ganzen Tag?«

Dem leicht mokanten Unterton der Frage und dem süffisanten Lächeln des Fragestellers entnahm ich, dass dieser im Stillen die Antwort längst gefunden zu haben glaubte. Sie lautete:

»Eigentlich nichts.«

Mir war schon häufiger aufgefallen, dass Leute, die vermeintlich realen Tätigkeiten nachgingen – Werkzeuge herstellen, Kranke heilen, Hochöfen befeuern oder Bauanträge ablehnen –, Mühe haben, sich vorzustellen, wie ein Mensch seine Zeit verbringt, der ab und zu mal etwas schreibt. Zumal, wenn er diese in Effizienzkategorien schwer messbare Aktivität an einem Ort ausübt, an dem andere Menschen ihren Urlaub verbringen.

»Ich stelle mir das ungefähr so vor: Du stehst morgens zu einer gemütlichen Zeit auf, gehst erst einmal ins Bistro, bestellst einen Café au lait und ein lauwarmes Croissant. Dann liest du gründlich die wichtigste französische Zeitung – also die *Équipe*. Die übrigen relevanten Blätter – *Paris Match* und *Vogue* – blätterst du flüchtig durch. Danach ist Mittag, also gehst du irgendwo nett essen. Weil du dich von dem Gläschen Wein beschwert fühlst, haust du dich dann erst einmal ein Stündchen aufs Ohr. Wenn gegen 15.30 Uhr der Wecker klingelt, rufst du in deiner Redaktion an und fragst, ob man daheim eventuell einen Text wünscht. Wenn ja, rufst du bei Sarkozy an, fragst ihn, was es Neues gibt, und schreibst das flott auf. Wenn nicht, gehst du in den Jardin du Luxembourg, bei schlechtem Wetter in den Louvre. Ansonsten verbringst du deine Zeit auf Modenschauen. Oder du triffst dich mit Emmanuelle Béart, Marion Cotillard und in letzter Zeit verdächtig oft mit Léa Seydoux. Und wenn in Paris ausnahmsweise mal nichts los ist, fährst du irgendwohin, wo es besonders schön ist. Dort schreibst du dann in einem Schlosshotel eine nette Geschichte über Gänseleberpastete.«

Peter machte nun eine Pause. Ihm schien jetzt erst klarzuwerden, dass er meinen Lebenswandel für einen Skandal hielt.

»Und dafür wirst du auch noch bezahlt. Dein Job ist ein Schlag ins Gesicht aller ehrlichen Werktätigen.«

Nun hätte ich Peter an dieser Stelle vehement widersprechen können, vielleicht müssen. Schließlich hatte er die attraktiven Aspekte meiner Arbeitsplatzbeschreibung stark überbetont. Allein, im Prinzip hatte er natürlich recht: 99 Prozent aller Werktätigen verbringen ihr Arbeitsleben in schlechtbelüfteten Großraumbüros mit dem Erstellen von vermeintlich marktanteilvergrößernden Powerpoint-Präsentationen, verteilen bei schlechtem Wetter Strafzettel in unattraktiven Parkraumbewirtschaftungszonen oder müssen im Callcenter eines Internetanbieters 196-mal am Tag den Satz sagen:

»Schwuppdiwupp-Kundenbetreuung, mein Name ist Arno Uschkewitz, was kann ich für Sie tun?«

Im Vergleich zu all diesen bedauernswerten Zeitgenossen habe ich einen absoluten Traumjob. Auch wenn ich selbst gelegentlich Gefahr laufe, das zu übersehen, weil es eben hin und wieder Morgen gibt, an denen nicht nur das Croissant, sondern auch das Mittagessen, der Wein und die anschließende Sieste entfällt, da ich mich stattdessen mit den Feinheiten der französischen Rentenreform befassen darf. Oder schlechtgelaunte, streikende Polizisten im Regen interviewen muss. Oder in schwachgeheizten Mehrzweckhallen der keineswegs malerischen französischen Provinz sitze und sozialistische Parteitage verfolge. Oder auf Pressekonferenzen des französischen Unternehmerverbandes vor Langeweile umkomme.

Doch immer wenn ich kurz davor stehe, mein hartes Los laut zu benörgeln – wenn ich wieder einmal in der Telefonwarteschleife des Élysée-Palastes gefangengehalten werde –, dann tröste ich mich mit dem Gedanken: »Nun gut, ich hänge in einer Telefonwarteschleife fest. Aber immerhin ist es die Telefonwarteschleife des Élysée-Palastes.«

»Nüchtern betrachtet«, sagte ich zu Peter, »muss man zugeben, dass das Leben als Paris-Korrespondent eher angenehm ist. Die einzige Instanz, die regelmäßig die Unverfrorenheit besitzt, einen aus dem Traum herauszureißen, ist die Redaktion zu Hause.«

Die Redaktion zeichnet aus, dass sie immer dann anruft, wenn man gerade besonders schön träumt. Meistens wünscht sich die Redaktion dann ganz dringend irgendeine heiße Geschichte – von der der Korrespondent leider noch nichts mitbekommen hat, da er ja mit Träumen beschäftigt war. In dem Fall tippt der Korrespondent hektisch ein Stichwort bei Google News ein und improvisiert am Telefon gegenüber dem Redakteur zu Hause eine erste Lageeinschätzung ...

»Militärputsch? Welcher Militärputsch? Ach so, der Militärputsch, ja, der kam jetzt relativ ... also, ähm, relativ, ich würde sagen, ähm, doch eher überraschend ...«

Hastig schaltet der Korrespondent dann den Fernseher an, um sich grob zu informieren, was in seinem Berichterstattungsgebiet eigentlich los ist. Wenn er Glück hat, zeigen sie in den Nachrichten gerade eine Schießerei, die dreht er dann lauter, um die Kollegen in der Heimat zu beeindrucken.

Die Redaktion ist dem Korrespondenten Gouvernante und Geißel in einem, denn sie treibt ihn an zu Geschichten, die er nicht unbedingt schreiben will, findet aber immer einen Grund, Geschichten nicht zu drucken, die der Korrespondent unbedingt im Blatt sehen will. Außerdem hat sie grundsätzlich keinen Platz für Geschichten, die der Auslandskorrespondent gern besonders ausführlich erzählen würde. Das Lieblingsargument der Redaktion geht in diesem Fall ungefähr so:

»Also, oben auf der Seite haben wir ein großes Afghanistan-Stück, das müssen wir mitnehmen, dann waren die extrem spannenden Kommunalwahlen in Lettland, und wir haben noch eine Treppenlift-Eck-Anzeige reinbekommen, also vielleicht schieben wir deine große Camembert-Reportage doch auf Samstag.«

Bis Samstag kommen dann aber in der Regel ein überraschender Sex-Skandal in Italien, ein entlaufenes Känguru in Kasachstan und ein wahnsinnig wichtiges Interview mit dem peruanischen Landwirtschaftsminister dazwischen, das der Chefredakteur höchstpersönlich geführt hat und das schon deshalb unverzichtbar ist. Umgekehrt haben Redaktionen einen siebten Sinn für Geschichten, die den Korrespondenten eher weniger faszinieren: »Wir machen heute einen großen Hartz-IV-in-Europa-Vergleich, schreib uns doch mal in 60 Zeilen auf, wie das in Frankreich aussieht.«

Ansonsten mag meine Heimatredaktion auch gerne Geschichten, in denen Nicolas Sarkozy seltsame Maßnahmen trifft, weil er sich angeblich vertikal benachteiligt fühlt. Wenn er zum Beispiel bei der Besichtigung eines Supermarktes Personal auswählen lässt, das nicht größer als 1,70 Meter ist. Oder wenn er angeblich eine Anweisung herausgibt, dass Mitglieder seiner Leibgarde im Élysée-Palast nicht größer sein dürfen als er selbst. Oder wenn die französische Botschaft in Indien den indischen Protokollchef darum bittet, bei Sarkozys Besuch möglichst kurze Sicherheitsbeamte einzusetzen. Solche Geschichten liebt besonders die Online-Redaktion, denn sie lassen sich prima mit einer Bildergalerie illustrieren. Darin sieht man dann (in beliebiger Reihenfolge): Sarkozy auf »So-werden-Sie-10-Zentimeter-größer«-Absätzen, Carla Bruni auf Ballerinas, einen nackten Pygmäen und Napoleon.

Die Online-Redaktion ist ohnehin ein spezieller Kunde. Sie interessiert sich prinzipiell für alles Französische, solange es nackt ist. Sollte das Thema ausnahmsweise bekleidet daherkommen, findet die Online-Redaktion meist »einen Dreh«, um trotzdem eine Bildergalerie mit halbnackten Französinnen einzubauen. Das Lebenselixier von Online-Redakteuren sind nämlich »Klick-Rates« – die Häufigkeit, mit der ein Artikel angeklickt wird. Online-Redakteure kümmert weniger, was in einem Artikel steht, aber umso mehr, wie oft er geklickt wird. Das Geschäftsmodell lautet: »The more tits, the more clicks.« Je mehr Klicks eine Seite hat, desto mehr Geld kann man für die bunten Werbebanner verlangen, die immer dann aufpoppen, wenn man gerade beginnen möchte, etwas anderes zu lesen. Bis man das gut versteckte Kreuz entdeckt hat, mit dem man das merkantile Geflacker wegklicken kann, fährt man eine halbe Stunde mit dem neuen Toyota durch Norwegen. Ideale Voraussetzung für eine erfolgreiche Laufbahn als Online-Redakteur ist übrigens eine ausgeprägte Aufmerksamkeits-Defizit-Störung im Grundschulalter.

Beliebt sind bei der Online-Redaktion auch Bombenalarme, da diese sich prima per »Live-Ticker« verfolgen lassen. Bevorzugt werden dabei Bombenwarnungen am Eiffelturm, denn der lässt sich leichter bebildern als etwa die U-Bahn-Station Châtelet.

Am Eiffelturm gibt es leider recht häufig Bombenalarm. Und nicht nur dort. Die Franzosen scheinen ein gewisses Talent dafür zu haben, Päckchen in der U-Bahn, Koffer am Flughafen oder Golf-Taschen auf dem Eiffelturm zu vergessen. In unruhigen Zeiten wie diesen führt das in unschöner Regelmäßigkeit dazu, dass ungefähr ein- bis zweimal pro Woche der Flughafen Orly oder der Gare de Lyon abgesperrt wird, der Métro-Verkehr unterbrochen oder eben der Eiffelturm evakuiert. Dann kommt das Sprengstoffteam, und ein kleiner Roboter jagt den vergessenen Koffer in die Luft.

Bislang war es glücklicherweise stets ein falscher Alarm, und am Ende lagen in der Abflughalle nur ein paar versprengte Kleiderreste herum, die nicht wussten, wie ihnen geschehen war. Das Eigenartige an diesem latenten Alarmzustand ist, dass man kaum etwas anderes tun kann, als dem Ganzen jedes Mal mit etwas zu dick aufgetragener Gelassenheit zu begegnen. Mehr als demonstrativ hoffen, dass es wieder nur ein Depp war, der seinen Koffer vergessen hat, kann man nicht.

Meistens kommt so ein Alarm ausgesprochen ungelegen, entweder weil man gerade selbst dringend irgendwo hinwill, oder weil man gerade auf gar keinen Fall irgendwo wegwill. An einem viel zu lauen Herbstabend saßen Monamour und ich im Restaurant *Belles Miettes* in der Rue Jean-Pierre Timbaud. Wir freuten uns gerade darüber, dass Paris wieder einmal so tat, als wäre es eine Stadt im Süden. Anfang November konnte man noch auf der Terrasse dinieren – da klingelte das Telefon. Ich war dumm genug dranzugehen. Es war die notorisch aufgeregte Gaby aus der Online-Redaktion:

»Heiristygaby.«

Viele relativ junge Menschen, die in den neumodischeren Segmenten der Medienbranche arbeiten, haben die schlechte Angewohnheit, sich am Telefon mit »Hi« zu melden und einen bestimmten Artikel vor ihren Vornamen zu setzen. Da sie zudem branchenbedingt aufgekratzt sind, stoßen sie am Telefon dann ein kurzatmiges, schwerverständliches Begrüßungsgenuschel hervor, das in Gabys speziellem Fall »Heiristygaby« lautet. Die ersten Male, als ich mit ihr zu tun hatte, vermutete ich noch, es handele sich um eine Kollegin mit Migrationshintergrund, die den populären paschtunischen Nachnamen Heiristygaby trägt. Einmal hätte ich ihr beinahe ein Kompliment wegen ihres akzentfreien Deutschs gemacht. Erst nach einer Weile lernte ich dann, dass sie nicht Heiristygaby, sondern Hi-hier-ist-die-Gaby sagte. Sie war auch gar keine Paschtunin, sondern aus Paderborn.

»Heiristygaby«, stieß die Gaby also nun hervor und fragte dann:

»Du bist sicher schon am Eiffelturm, oder?«

»Am Eiffelturm?«, fragte ich zögerlich und Böses ahnend.

»Na wegen der Bombendrohung.«

»Bombendrohung?«

»Es gab eine Bombendrohung am Eiffelturm. Die haben 20 000 Leute evakuiert. Du solltest da sofort hin.«

Als erstes Gegenargument fiel mir der Satz ein: »Man evakuiert keine Leute, sondern nur Gebäude und Köpfe von Online-Redakteuren«, doch ich wollte nicht altklüger wirken, als ich war, und erwog stattdessen die Antwort:

»Wir sitzen aber gerade beim Abendessen, gleich kommt das *Bœuf Bourguignon*, und es ist ein sehr schöner lauer Herbstabend.«

Ich besann mich noch rechtzeitig, dass dies ein ungünstiger Moment für eine ehrliche Schilderung meiner Gemütslage war. Also antwortete ich, mich pfiffig dumm stellend:

»Aber Gaby, wenn die alles evakuiert haben, dann komme ich da jetzt sowieso nicht mehr nah genug heran.«

Gaby schien mit dieser Antwort nur mäßig zufrieden,

ihr fiel aber zum Glück spontan kein passender Gegenzug ein. Ich nutzte die Gelegenheit, um einen Hauch Platzhirschautorität zu etablieren:

»Weißt du, Gaby«, sagte ich mit der väterlichen Stimme eines erfahrenen Haudegens, der schon so manche Schlacht geschlagen hatte, »wir haben hier ziemlich oft Bombenalarm. Meistens ist das nur heiße Luft.«

Monamours leidender Gesichtsausdruck bedeutete mir, dass ich nicht das glücklichste Sprachbild gewählt hatte. Doch da auch sie ein gehöriges Eigeninteresse an einem ununterbrochenen Abendessen hatte, trug sie mein Peter-Scholl-Latour-Getue mit Fassung.

»Im Übrigen halte ich 20 000 für zu hoch gegriffen«, mimte ich nun geradezu kühn den Experten. »So viele Leute sind abends normalerweise nicht auf dem Eiffelturm. Ich schlage also folgenden Plan vor«, sagte ich also, just in dem Moment, als der Kellner unser Bœuf Bourguignon brachte: »Du beobachtest dort erst einmal weiter die Meldungslage. Und ich überwache die Entwicklung hier im Restau… ähm, ich meine, hier vor Ort, also gleichsam im Zentrum des Geschehens. Falls sich die Sache wie üblich als Fehlalarm entpuppt, übernehmt ihr eine kleine Agenturmeldung. Wenn sich die Lage zuspitzt, telefonieren wir später noch einmal.«

Ich zwinkerte Monamour siegesgewiss zu. Gaby brummte am Telefon etwas, das wie ein unzufriedenes »Na gut« klang. Wir wandten uns dem Bœuf Bourguignon zu und erfreuten uns danach an einer Tarte Tatin. Allerdings wurde ich eine leichte Grundnervosität nicht los.

»Was ist?«, fragte Monamour, der auch Gefühlsregungen im Nanometerbereich nicht entgehen.

»Ach, mir ist gerade eingefallen, dass David Remnick als Moskau-Korrespondent des *New Yorker* 1991 den Putsch gegen Gorbatschow verpasst hat, weil er mit Umziehen beschäftigt war. Und dass Christian Kracht als Indien-Korrespondent des *Spiegel* unangenehm auffiel, als er den Tod von Mutter Teresa vor seiner Redaktion geheimzuhalten versuchte. Und daher frage ich mich gerade, ob mich diese Tarte Tatin meine Karriere kostet.«

»Ach iwo«, beruhigte mich Monamour. »Außerdem befändest du dich dann doch in illustrer Gesellschaft. Im Übrigen wird Aktualität überbewertet.«

Gaby rief Gott sei Dank nicht mehr an. Das iPhone meldete schließlich, dass es sich um einen Fehlalarm gehandelt hatte. Und dass es 2000 Leute waren, die man vom Eiffelturm hinuntergeschickt hatte, nicht 20 000. Satt und beruhigt gingen wir durch die laue Herbstnacht nach Hause. Uns fiel dabei ein, dass der Satz »Ich wünsche Ihnen ein interessantes Leben« in China angeblich als Fluch gilt. Wir fanden, die Chinesen hatten ausnahmsweise einmal recht.

Unser Quartier

Mit der reichlich ausgeschmückten Bombenalarm-Anekdote war es mir an jenem Abend gelungen, von der delikaten Frage »Was macht ein Auslandskorrespondent eigentlich den ganzen Tag?« ein wenig abzulenken. Dank unseres zügigen Pilskonsums hatte Peter im Dickicht meiner Erzählungen am Ende des Abends die Frage vergessen. Ich möchte sie hier trotzdem klipp und klar, unmissverständlich und ein für alle Mal beantworten: Der Auslandskorrespondent arbeitet hart, denn er kennt keinen Feierabend. Rund um die Uhr wirkt er im Dienste der Völkerverständigung. Nur für den unbedarften Laien mag es gelegentlich so aussehen, als lese der Auslandskorrespondent zum Zeitvertreib Zeitung, gehe aus schierer Genusssucht ständig fein essen, bummele konsumlustig durch schmucke Fußgängerzonen oder vergnüge sich maßlos in einschlägigen Pariser Kaschemmen wie dem *Crazy Horse* bei einer Performance von Dita Von Teese.

Doch in Wahrheit befindet sich der Auslandskorrespondent ununterbrochen im Recherchemodus. Alles, was er aufsaugt und wahrnimmt, wandelt er früher oder später in Berichterstattung um. Nur manchmal dauert die Umwandlung eben etwas.

Oft geht sie aber auch recht flott von der Hand. Die Früchte der morgendlichen Zeitungslektüre, die inzwischen meist durch morgendliches iPad-Schwuppen ersetzt wird, wandert oft noch am selben Tag leicht umformuliert in einen staatstragenden Leitartikel in das Blatt, welches den Korrespondenten beschäftigt. An manchen Tagen ist der Auslandskorrespondent ein koffeinbetriebener Übersetzungscomputer. An anderen Tagen jedoch muss er tatsächlich vor die Tür und mit den »Leuten auf der Straße« oder gar mit »Leuten draußen im Lande« reden.

Mit »Leuten draußen im Lande« zu reden ist allerdings kostenintensiv und erfordert oft eine Dienstreise. Um unnötige Spesen zu vermeiden, zieht die Heimatredaktion meist die Discount-Lösung »Mit Leuten auf der Straße reden« vor. Die Auftragsvergabe läuft in der Regel etwa so:

Anruf aus Berlin. Supkop, der Kollege von der Meinungs-Seite, hat etwas läuten hören:

»Es gibt doch da bei euch gerade diese Debatte über nationale Identität.«

»Äh, ja, das habe ich auch gelesen«, antwortet der Korrespondent etwas zögerlich, denn er hat noch niemanden beim Identität-Debattieren gesehen. Das Komische an großen »Debatten« ist ja, dass sie immer nur in Zeitungen stattfinden.

»Ja, und was hält der Franzose da so von?«, bohrt Supkop nach.

»Wovon jetzt?«

»Na, von der nationalen Identität?«

»Seine eigene findet er in der Regel ganz gut.«

»Das wär' doch mal eine schöne Geschichte.«

»Was jetzt genau?«

»Na, warum der Franzose sich so toll findet. Am besten gehst du mal raus auf die Straße und fragst den Franzosen, wie er es hält mit der nationalen Identität.

»Das wäre doch mal eine schöne Geschichte« ist die Standardformulierung, mit der Heimatredaktionen weltweit ihren Korrespondenten auf Außenposten zu verstehen geben, dass nun der Zeitpunkt gekommen wäre, das beheizte Arbeitszimmer zu verlassen und aktive Recherche zu betreiben.

Also gut. Gehe ich also vor die Tür und stelle die Identitätsfrage der Einfachheit halber den Bewohnern unseres Quartiers. Wir hatten uns im 11. Arrondissement niedergelassen, das zwischen dem Place de la République und dem Friedhof Père Lachaise liegt. Beiden Plätzen ist gemein, dass ihre Hauptfunktion darin besteht, den Benutzer zu verwirren. Der Place de la République ist ein zu groß geratener ehemaliger Exerzierplatz, der fast 300 Meter lang und über hundert Meter breit ist. Eigentlich sind es zwei Plätze, die durch die in die Mitte gepflanzte, einsame Statue verbunden werden, welche – wenig überraschend – die Republik verkörpert.

Beliebt ist der Platz eigentlich nur bei Wutbürgern als Sammelplatz für Demonstrationen jeder Couleur. Wutbürger gibt es allerdings in Frankreich ziemlich viele, die durchschnittliche politische Stimmungslage des französischen Staatsbürgers schwankt zwischen »J'*en ai marre*!« (Ich hab es satt) und »J'*ai ras le bol*!« (Ich hab die Schnauze voll). Deshalb gibt es regelmäßig größere Menschenaufläufe auf dem Place de la République.

Stadtplaner zerbrechen sich seit Jahren den Kopf darüber, wie man das Areal weniger trostlos gestalten könnte. Oberirdisch wird die République von mehrspurigem Verkehr umtost, unter ihr liegt die wahrscheinlich unübersichtlichste U-Bahn-Station der Welt. Fünf Linien kreuzen sich hier. Gefühlt wird die Station seit 1848 renoviert. Möglicherweise dauert der Umbau deshalb so lange, weil sich immer wieder Hunderte von Bauarbeitern im Tunnellabyrinth verirren und nie wieder hinausfinden.

Der Place de la République ist somit das passende Gegenstück zum Père Lachaise am anderen Ende des 11. Arrondissements. Denn das Wegenetz der größten Pariser Totenstadt, 1808 von dem neoklassizistischen Architekten Alexandre-Théodore Brongniart angelegt, ist ungefähr so konfus wie die U-Bahn-Station. Vermutlich hat sich hier schon mancher Besucher irgendwann freiwillig zum Sterben niedergelegt, weil er einfach keinen Ausgang finden konnte. Immerhin befindet man sich auf dem Père Lachaise in illustrer Gesellschaft. Hier ruht französische A-Prominenz – Molière, Balzac und Proust – neben Zugereisten wie Oscar Wilde und dem Doors-Sänger Jim Morrison.

Die Hauptschlagadern unseres Quartiers sind die Rue Saint-Maur und die Rue Oberkampf – eine Straße, auf der sich in den späten achtziger und frühen neunziger Jahren zahlreiche Szene-Bars niederließen. Heute wirken die meisten dieser Kneipen ein wenig angestaubt. Auch ihre Besitzer und Kellner sind in die Jahre gekommen. Manchmal sieht man sie am späten Vormittag vor ihren Läden Frühstückszigaretten rauchen. Die Gesichter sind schlagende Beweise dafür, dass Anti-Aging-Cremes nicht wirken. Und manch ein alternder Hipster quält sich hier mit Zweifeln, ob das Spinnennetz-Tattoo am Hals wirklich seine beste Idee des Jahres 1991 war.

Am unteren Ende wird die Rue Oberkampf von einer betagten Szenemeile zu einer quirligen Geschäftsstraße. Hier schlägt das Herz unseres Quartiers. Paris, muss man wissen, ist irgendwann einmal von der Stadtverwaltung in 121 Quartiers unterteilt worden, und jedes einzelne behauptet, einen ganz eigenen Charakter zu haben. Im Grunde besteht Paris deshalb aus 121 verschiedenen Dörfern, von denen sich jedes für die Essenz von Paris hält. Und jedes dieser Dörfer hat mindestens zwei bis drei Bäcker, Metzger, Traiteure, Blumenhändler, Friseure, Käsehändler, Zeitungsverkäufer, Tabac-Kontoristen,

Gemüsehändler, einen Weinhändler, der immer Nicolas heißt, und sieben Sushi-Buden.

In dem Miniatur-Paris vor unserer Haustür wollte ich mich nun auf die Suche nach der französischen Identität machen. Ich kam allerdings nicht weit: Als ich das Foyer unseres Hauses erreichte, erblickte ich durch die Glasscheibe unserer Haustür auf dem Trottoir ein hundeähnliches Geschöpf in verdächtiger Hockstellung. Die Rassenzugehörigkeit war schwer zu erkennen, es schien etwas Pinscherartiges zu sein. Das Vieh hing an einer gelben Lederleine, an deren anderem Ende sich eine schwergewichtige Dame im Rentenalter befand. Das Pinscherwesen bestuhlte gerade das Trottoir vor unserem Hauseingang. Die dicke Dame blickte unbeteiligt sehr weit woanders hin.

»*Excusez-moi*«, sagte ich leicht indigniert. Die Dame wandte sich um und blickte mich mit einem rasch aufgesetzten »Meinen-Sie-etwa-mich?«-Gesicht an. In diesem Moment kam mir die plötzliche Eingebung, die Situation mit meinem Rechercheauftrag zu verbinden:

»Ich bin ein Journalist aus Deutschland und würde Sie gern etwas fragen: Ist es ein unverzichtbarer Teil der französischen Identität, dass Hunde in Paris scheißen dürfen, wohin sie wollen?«

»Wie bitte?«

»Nun, ich wohne noch nicht so lange hier, aber ich habe noch nie eine Stadt gesehen, in der so viele Hunde derart unkontrolliert öffentlich verdauen. Woran liegt das?«

»Machen Sie sich über mich lustig?«

»Das würde ich nicht wagen.«

»Was, bitte schön, soll Frou-Frou denn Ihrer Meinung nach tun?«

»Nun ja, schön wäre es, wenn Frou-Frou sich nicht direkt vor unserer Haustür entleeren würde. Oder wenn Sie seine Produktion vielleicht mit nach Hause nehmen würden, wenn er fertig ist.«

Frou-Frou befand sich übrigens immer noch in der Hocke und drückte. Er blickte dabei mit verkniffenem Gesichtsausdruck zu mir hoch. Unser Gespräch schien ihm die Sache nicht zu erleichtern.

»Ich soll was?«, fragte seine Halterin ungehalten.

»Sie würden uns einen großen Gefallen tun, wenn Sie den Auswurf Ihres Haustieres beseitigen könnten. Sonst haben wir ihn nämlich bald auf dem Wohnzimmerteppich, und das passt farblich einfach nicht.«

»Hören Sie, junger Mann«, sagte die resolute Rentnerin nun, »Sie sind offenbar frisch zugewandert, sonst wüssten Sie, dass Hunde in dieser Stadt systematisch diskriminiert werden.«

»Ich habe eher den Eindruck, die Stadt wird systematisch von Hunden diskriminiert.«

»Schauen Sie sich doch mal um: Es gibt weit und breit kein Stück Grün, das Frou-Frou für seine Zwecke nutzen könnte. Jeder einzelne Baum in dieser Stadt ist mit einem kreisrunden Metallrost gepanzert.«

»Und deshalb muss Frou-Frou bei uns direkt vor die Haustür machen? Was würden Sie sagen, wenn unser Klo verstopft wäre und ich direkt bei Ihnen vor die Wohnzimmertür …«

»*Vous êtes vraiment dégueulasse*«, kreischte die Frou-Frou-Besitzerin da. Frou-Frou hatte inzwischen sein stinkendes Geschäft verrichtet und kratzte mit den Hinterläufen zweimal alibimäßig über den Asphalt, ohne damit die hygienische Gesamtsituation nennenswert zu verbessern. Eilig zog seine Besitzerin ihn nun an der gelben Leine vom Tatort.

»Sie sind wirklich ekelhaft«, hatte sie zu mir gesagt, und wenn ich auf Französisch nur etwas schlagfertiger wäre, hätte ich gerne noch geantwortet: »Nicht ich, sondern Ihr Köter.« Aber ich wusste nicht, was Köter heißt. Den Haufen vor unserer Tür überließ ich vorsichtshalber der Concierge und entfernte mich.

Mir war klar, dass ich das Pariser Hundeproblem durch solche Diskussionen auf offener Straße nicht würde lösen können, aber ich war trotzdem ein wenig stolz auf mich, einen idealistisch-nutzlosen Versuch unternommen zu haben. Im Grunde ist die Sache nämlich unbegreiflich: Ein beträchtlicher Teil der Bewohner von Paris verfolgt in offenbar subversiver Absicht den Plan, eine der schönsten Städte der Welt von Hunden komplett bestuhlen zu lassen. 200 000 Hundehalter gibt es offiziell in Paris. Deren Untergebene scheiden täglich 16 Tonnen Darmdreck aus und verursachen dadurch nebenbei rund 650 gröbere Sturzunfälle im Jahr.

Paris kommt wahrscheinlich auf eine höhere Kotquote pro Quadratmeter Bürgersteigfläche als ein Kampfhundeschlaraffenland wie Berlin-Neukölln. Und niemand scheint sich darum zu scheren. Man fragt sich, wie ausgerechnet hier das Konzept des Flanierens entstanden sein soll. Es ist nämlich schlechterdings unmöglich, durch Paris zu spazieren und sich dabei traumwandelnd den Reizen der Umgebung hinzugeben.

110

Wer sich heute in dieser Stadt zu Fuß fortbewegt, ist gezwungen, den Blick permanent auf den Boden zu richten, um die notwendigen Slalomschwünge für die Fäkalschikanen der nächsten 15 Meter vorauszuberechnen.

Monamour zum Beispiel hat während der ersten zwei Monate unserer Zeit in Paris eigentlich nur Trottoirs gesehen, da sie in erster Linie damit beschäftigt war, Hundehaufen auszuweichen. Erst nach einer Weile gelang es ihr wie einer echten Pariserin, den Kopf oben zu halten und mögliche Gefahrenquellen auf dem Boden aus den unteren Augenwinkeln zu erspähen.

Alle Jahre wieder wird die komplette Kot-Kontaminierung der Stadt zum politischen Thema – nämlich immer dann, wenn gerade Bürgermeisterwahlen anstehen. Noch jeder Pariser Bürgermeisterkandidat hat bislang versprochen, das Problem zu beseitigen. Keinem ist es gelungen. Jacques Chirac hatte Anfang der achtziger Jahre als Bürgermeister die pfiffige Idee, Motorräder anzuschaffen, die mit einer Art Fäkal-Staubsauger ausgestattet waren – die sogenannten *Moto-crottes*. »*Crotte*« ist nicht das eleganteste französische Wort. Es bedeutet »Kacke«. Mit diesen Yamaha-Maschinen fuhr die Pariser Stadtreinigung über die Bürgersteige und beseitigte das Gröbste. Allein, auch die Moto-crottes waren nicht imstande, die Unmengen zu meistern. Nach ein paar Jahren wurde das Experiment eingestellt. Inzwischen versucht die Stadt es mit einer Mischung aus Strafandrohung und Pädagogik. Allabendlich sind »Hundehaltererzieher« in den Quartiers unterwegs und klären auf. Wer dabei erwischt wird, dass er hinter seinem Hund nicht aufräumt, dem droht ein Bußgeld von 35 Euro. Dummerweise wird nie jemand erwischt.

Aufgrund der auf jedem Pariser Trottoir offensichtlichen Machtlosigkeit der Strafverfolgungsbehörden entwickelte Monamour nach kurzer Zeit ebenso eindrucksvolle wie beunruhigende Selbstjustiz-Phantasien. Nachdem sie eines schönen Tages mit dem ersten und einzigen linken Louboutin-Pump ihres Lebens in einen Pudelhaufen getappt war, sann sie tagelang auf Rache. Drei Tage später stürzte sie abends aufgeregt ins Wohnzimmer, wo ich mich gerade darüber freute, dass ich mit dem *Bouquet Allemand* unseres Fernsehprogrammanbieters auch Sportschau gucken kann. »Ich hab es!«, rief Monamour triumphierend: »Ich werde an den Bürgermeister schreiben und ihm ein Konzept für eine Hundehalter-DNS-Kartei vorstellen.«

»Hundehalter-DNS-Kartei?«, fragte ich.

Monamour zeigte mir daraufhin eine kurze Power-Point-Präsentation. »Das Konzept ist ebenso einfach wie genial«, sagte sie, leicht berauscht von ihrer Idee. »Jeder Hundehalter wird künftig eine DNS-Probe seiner Töle bei der Pariser Stadtverwaltung einreichen. Die Stadt stellt 400 arbeitslose Jugendliche aus Problembezirken auf Mindestlohnbasis ein, zwanzig für jedes Arrondissement. Die bekommen alle einen Musterkoffer mit Pipetten und Reagenzgläsern, und dann sammeln sie parisweit Hundestuhlproben ein. Das Zeug wird im Labor analysiert, mit der Hunde-DNS-Kartei abgeglichen – und dann bekommt der Halter einen saftigen Strafbefehl. Super, oder?«, strahlte Monamour.

»Na ja«, sagte ich, ohne ihren Enthusiasmus zügeln zu wollen, »wer will denn so einen Job machen?«

»Ach was«, wehrte Monamour den Einwand ab, »wir

stecken die Jungs in coole Uniformen und schreiben hinten DDD drauf.«

»DDD?«

»Dog-DNA-Detective. Das klingt wie CSI Miami.«

Am nächsten Tag schickte Monamour ihr Konzept an das Büro von Bürgermeister Bertrand Delanoë. Leider warten wir bis heute auf Antwort. Vermutlich auch, weil ihr konstruktiver Vorschlag schnöde ignoriert wurde, entwickelte Monamour mit der Zeit immer drastischere Hundehalter-Disziplinierungskonzepte. Als wir zuletzt über das Thema sprachen, erwähnte sie etwas von einem Netzwerk von Laserkanonen, die sie gern flächendeckend auf Pariser Dächern installieren lassen würde. »In Verbindung mit den in der Stadt bereits installierten Überwachungskameras«, begeisterte sich Monamour, »könnte man diese so programmieren, dass sie automatisch jede Töle eliminieren, deren Halter die Sauerei nicht aufwischt.« Mir schien, Monamour schoss nun ein wenig über das Ziel hinaus. Aber je häufiger ich etwas Matschig-Weiches unter meiner Schuhsohle spürte, desto besser gefiel mir ihre hübsche totalitäre Idee.

Nun hatte mich das Streitgespräch mit der Pinscher-halterin vor unserer Tür meinem Rechercheziel nicht wesentlich näher gebracht. Ich wusste immer noch nicht, was es mit der *Identité nationale* auf sich hatte. Ich ging daher eher wahllos in den Sushi-Laden gegenüber und fragte meinen Stamm-Sushiroller, ob ihm etwas zur französischen Identität einfiele. Doch Hiroshi zuckte nur mit den Schultern und sagte, er habe zu lange in Ingolstadt gelebt, um auf die Frage eine gescheite Antwort geben zu können. Es war vielleicht auch nicht meine beste Idee, einen in Bayern sozialisierten Japaner zu dem Thema zu befragen, den der Zufall nach Paris verschlagen hatte.

Doch je länger ich in unserem Quartier umherlief, desto klarer wurde, dass ich hier keine Antwort finden würde. Die netten Damen aus dem Thai-Massage-Salon konnten mir schon deshalb nicht helfen, weil sie kein Französisch konnten, sondern nur sieben Worte Englisch: »Hard back, not good, too much sit«.

Der Besitzer des Spätkaufladens blickte kurz von seinem Schachbrett hoch und sagte dann auf meine Frage, was ihm zur französischen Identität einfiele: »Französische Identität? Nichts. Ich bin Tunesier. Wie euer Khedira.«

Monsieur Poiret, der Käsehändler, der aus dem drolligen Departement Doubs stammte, verwickelte mich erst einmal in ein längeres Gespräch über den Mont-d'Or-Käse, der gerade aus seiner Heimat eingetroffen war. Dann war er aber immerhin bereit, kurz über die Identitätsfrage nachzudenken. Schließlich sagte er: »Dieses ganze Gequatsche über französische Identität ist doch nur etwas für Leute in der Provinz, die sowieso finden, in Paris gebe es zu viele Ausländer. Allerdings sind das genau dieselben Leute, die finden, in Paris gebe es zu viele Pariser. Und Letzteres ist ja noch nicht mal falsch, denn in Paris sind alle erst einmal Pariser, bevor sie irgendetwas anderes sind.«

Den Mont d'Or sollte ich im Übrigen unbedingt mit einem Löffel von der Mitte weg essen, nicht mit dem Messer, sagte Monsieur Poiret dann noch zu dem für ihn wesentlich wichtigeren Thema.

Ich konfrontierte Monsieur Chamotte, den Metzger,

umgehend mit den Thesen des Käsehändlers. Monsieur Chamotte war nicht ganz einverstanden: »Die Pariser Identität ist ein *faux-filet*. Wenn Sie einen Pariser lange genug kennen, wird er Ihnen irgendwann gestehen, dass er eigentlich gar kein Pariser ist, sondern dass seine Familie seit acht Generationen aus der Auvergne stammt, der Normandie oder dem Burgund. Im Grunde mag der Pariser Pariser genauso wenig wie alle anderen. Deswegen will er auch keiner sein.«

»Was schwingt mein Landei von Ehemann nur wieder für Reden?«, frotzelte da Madame Chamotte, die wie stets an der Kasse saß. »Was mich betrifft, ich bin eine waschechte Pariserin, stolz darauf und komplett komplexfrei.«

Dem sich anbahnenden Ehestreit im Hause Chamotte entzog ich mich, indem ich meine Recherche bei Ludovic, dem Fischhändler, fortsetzte:

»Nationale Identität, hören Sie mir doch auf mit diesen *conneries*«, sagte Ludovic. »Ich habe ganz andere Identitätsprobleme: Ich bin ein schwuler Fischhändler.«

»Wo genau ist da das Problem?«, fragte ich.

»Kennen Sie einen schwulen Fischhändler außer mir?«

»Ehrlich gesagt, nein. Aber ich habe mich bislang auch bei meinen Fischhändlern selten nach ihrer sexuellen Orientierung erkundigt.« In Ludovics Fall war das allerdings gar nicht nötig. Er hatte seinen Fischladen mit diversen Plakaten und Zeitungsartikeln dekoriert, die jedem Kunden dokumentierten, dass er ein gesellschaftlich höchst aktives Mitglied von *Gay Paris* war.

»Einen schwulen Frisör hat jeder, aber offen schwule

Fischhändler sind eine Rarität«, sagte Ludovic. »Wir sind eine Minderheitenminderheit. Mindestens so selten wie heterosexuelle Synchronschwimmer.«

Zum Schluss wandte ich mich noch an den Bäcker, schließlich liefert der täglich mit seinen Baguettes ein unverzichtbares Accessoire französischer Identitätsbildung. In unserer Straße gibt es auf einer Strecke von vielleicht 300 Metern drei verschiedene Bäckereien. Jede backt ihr Baguette ein wenig anders, und die Frage, welche der drei Bäckereien letztlich die beste ist, ist unter unseren Nachbarn, die schon lange in unserem Quartier wohnen, seit Jahrzehnten unentschieden. Sie wird jedoch in schöner Regelmäßigkeit mit großer rhetorischer Energie diskutiert. Allein, sie bleibt nicht mit Gewissheit zu beantworten. Der eine mag sein Baguette halt etwas mehr »*croustillante*«, also etwas knackiger, der andere eher zahnprothesenfreundlich, das heißt »*pas trop cuite*«.

Wir hatten nach einigen Testreihen die *Flûte d'Or* zu unserer Stammbäckerei erkoren, was allerdings weniger an der überragenden Qualität der Baguettes lag, sondern vor allem daran, dass der Inhaber der Flûte d'Or mit Abstand der geduldigste Bäcker in unserem Quartier war. Während man nämlich in Paris beim Metzger oder beim Traiteur, beim Gemüse- oder beim Fischhändler gerne ein wenig plaudert, wenn man seine Bestellung aufgibt, muss es beim Bäcker meist »*vite, vite*« gehen, weil die Schlange lang ist und drängelt. Kaum eine Situation aber hasst Monamour so sehr wie diese, von einer murrenden und pushenden Schlange in der Bäckerei zu einer Kaufentscheidung gedrängt zu werden.

Monamour verfällt angesichts übervoller Auslagen

nämlich in eine nahezu vollständige Entscheidungs-paralyse. Betritt sie das Ladenlokal mit dem festen Vor-satz, ein Croissant und ein Baguette zu erwerben, fällt ihr eine Sekunde, bevor sie die Bestellung aufgeben könnte, ein, dass sie vielleicht doch lieber ein Pain de campagne und eine Brioche haben möchte. Greift der Bäcker dann eine Brioche aus der Auslage, fragt sie vorsichtshalber nach, ob sie nicht lieber die dritte von links haben kann, weil bei dieser die Glasur nicht ganz so stark gebrannt wurde. Geht der Bäcker auf diesen spezifischen Wunsch ein, bittet sie ihn, ob er nicht vielleicht die Zuckerkrümel auf der Brioche noch entfernen könnte. Das ist meistens der Moment, in dem die Ersten in der Schlange mür-risch, unruhig oder laut werden und darauf hinzuweisen beginnen, dass sie »nicht den ganzen Tag Zeit« hätten. Monamour reagiert darauf in der Regel, indem sie ihre ursprüngliche Bestellung komplett storniert und statt-dessen ein Sandwich mit Thunfisch bestellt. Allerdings nicht ohne sich zu erkundigen, ob sie statt Mayonnaise vielleicht Vinaigrette haben könnte. Und ob es auch ohne Zwiebel ginge.

Bäcker Nummer eins empfahl ihr in diesem Moment, doch noch mal kurz vor die Tür zu gehen und sich zu sammeln. Daraufhin hat Monamour den Laden nie wie-der betreten. Bäcker Nummer zwei bedankte sich bei Monamour, als sie schließlich ihr Sandwich bezahlt hat-te (nachdem sie es in letzter Sekunde gegen ein Panini mit Chicken ausgetauscht hatte), mit dem Satz:

»J'adore les clients faciles« –

Die einfachen Kunden schätze er besonders. Darauf-hin entschied sich Monamour, auch das Etablissement dieses »Zynikers« keines Einkaufs mehr zu würdigen. Seither gehen wir nur noch zur Flûte d'Or. Der Besitzer, Monsieur Belloumi, ist schon etwas älter, hört nicht mehr besonders gut und hilft Monamour auch dadurch, ihre Entscheidungsschwierigkeiten zu überwinden, dass er ihre Bestellungen meistens ignoriert und ihr statt-dessen einpackt, was er für gerade passend hält. Mon-amour ist zu gut erzogen, um den Ratschlägen eines älteren Herrn zu widersprechen, deshalb folgt sie meis-tens seinen Kaufempfehlungen. Außerdem bedient Herr Belloumi so langsam, dass die anderen Bewohner des Viertels, bis auf wenige treue Stammkunden, ihn mitt-lerweile aufgegeben haben. Deshalb ist es selten voll, und Monamour spürt keinen Entscheidungsdruck von nachrückenden Kunden.

Um meine Identitätsrecherchen zum Abschluss zu bringen, ließ ich mich auf einem der vier grünen Plastik-stühle nieder, die Monsieur Belloumi vor seiner Bäcke-rei aufgestellt hatte, und orderte erst einmal die *Formule Petit Déjeuner*: »Grand Crème, Croissant, Jus d'orange« für vier Euro.

»Monsieur Belloumi«, sagte ich, als er mit dem Tablett kam, »haben Sie nicht Lust, mit mir die ›große Debatte über die nationale Identität‹ der Franzosen zu führen, die sich Ihr Präsident gerade so dringend wünscht?«

Aber mein Bäcker hatte keine Lust. »*Identité nationale?* – *Bon-ben-böff.*«

»Bon-ben-böff« ist kein richtiges Wort, sondern ein Geräusch, das Franzosen immer dann ausstoßen, wenn ihnen gerade zu einem bestimmten Thema nichts ein-fallen will. Monsieur Belloumi meinte noch, er habe mit dieser Debatte nun wirklich absolut »*rien à foutre*«, was höflich übersetzt so viel bedeutet wie: Das gehe ihm sehr weit hinten vorbei. Dann wischte mein Bäcker die geblümten Teflon-Tischdecken auf den Plastiktischen vor seiner Bäckerei ab und wandte sich wichtigeren Themen zu. Er blickte in den Pariser Himmel, der grau war wie immer, und äußerte die Vermutung, dass es wohl noch Regen geben werde.

Aus dieser repräsentativen Stichprobe in meinem Quartier folgerte ich, dass die große Debatte über die nationale Identität, die Nicolas Sarkozy mit viel Tamtam losgetreten hatte, bei der Basis nicht recht zündete.

Eigentlich schade, denn es macht ja doch auch immer wieder Spaß, die ein oder andere Bevölkerungsgruppe durch ungerechte Verallgemeinerungen auf ihren vermeintlichen Wesenskern festzunageln, so wie dies meinem Freund Marc gelang, als wir abends auf unserem Viertel-Balkon saßen:

»Diese französische Identitätsdebatte kann schon deshalb nicht funktionieren, weil sie nach drei Worten zu Ende ist: Baskenmütze, Baguette, Camembert.«

»Ha!«, warf ich kritisch ein. »Da erkennt man doch die Notwendigkeit der Debatte, denn Baskenmützen waren in Frankreich nur zwischen 1935 und 1953 à la mode, heute tragen sie höchstens noch 93-jährige Wellblech-Citroën-Lasterfahrer in den Cevennen.«

»Das Einzige, was man daran erkennt«, entgegnete Marc, während er den Sancerre entkorkte, »ist, dass akademische Debatten eher etwas für Deutsche sind: Ihr wollt immer alles genau wissen. Wir Franzosen sind mit einem schönen Bild schon zufrieden.«

III. ETUDES FRANÇAISES

Coup de Foudre.
Wie ich mich in den Eiffelturm verliebte

Der Himmel über Paris hat die Farbe einer Aspirin-Tablette. Das hat Jean-Marie Gustave Le Clézio einmal geschrieben – und eigentlich hat der Mann seinen Literaturnobelpreis schon für diesen Satz verdient, denn er ist nahezu wahr. Der Aspirintablettenvergleich hebt sich zudem trefflich ab von dem beschwingten Quatsch, den Dichter sonst gern über Paris verbreiten.

Insbesondere im November hat der Pariser Himmel an mindestens 23 Tagen exakt die Farbe einer Aspirin-Tablette. An den übrigen sieben Tagen sieht er eher aus wie Alka-Seltzer. Jede Stadt hat ja ihre eigene Durchschnittshimmelsfarbe. In Berlin zum Beispiel ist der Himmel an geschätzten 321 von 365 Tagen im Jahr kanalrattengrau. Dieses Grau ist derart leistungsstark, dass es alle Fassaden in exakt denselben Ton taucht, auch wenn noch so viele Eigentümergemeinschaften die Fassade ihres jeweiligen Hauses in Ocker, Klatschmohn oder Narzissengelb streichen lassen, weil einer der Eigentümer just in der Provence war und die Fassaden dort so lebensbejahend heiter und pastellfarbig fand. Was diese Leute nicht bedenken, ist, dass solche Farben eben nur in der Provence wirken, weil der Himmel da meistens knallblau ist und eben nicht kanalrattengrau.

Das aspirinfahle Paris wiederum steht seltsamerweise in dem Ruf, die *Ville Lumière* zu sein – die Lichterstadt. Man erklärt das in der Regel damit, dass das Licht der Aufklärung im 18. Jahrhundert von hier aus in die Welt hinausstrahlte und dass man im 19. Jahrhundert recht fix mit der Montage von Gaslaternen war. Mit dem Himmel über Paris kann es nichts zu tun haben, denn der ist so konsequent farblos, als hätten die Franzosen ihn in Flandern sehr günstig gebraucht gekauft.

Wenn man sich in Paris nur lange genug in einen Park legt und in den Himmel starrt, bildet man sich früher oder später ein, eine Dogge zu sein, die an einer belgischen Autobahnraststätte ausgesetzt wurde und nun deprimiert neben leeren Pommes-Frites-Schalen im Raststättengrünstreifen auf dem Rücken liegt. Je länger man so daliegt, desto weniger kann man begreifen, wieso ausgerechnet in Paris der Impressionismus entstanden sein soll. Eigentlich wäre es naheliegender, wenn hier immer nur Malewitsch-mäßige »weiße Quadrate auf weißem Grund« gemalt worden wären. Angesichts der Düfte, die einem so um die Nase wehen, erscheint einem allerdings plausibel, dass der Kollege Duchamp ausgerechnet in Paris auf die Idee kam, ein *Urinoir* an die Wand zu hängen und zu deklarieren, das sei Kunst.

Paris ist blass und riecht streng.

Ich wollte trotzdem immer schon in Paris leben. Immer ist übertrieben, aber seit ich elf Jahre alt war. Der Grund war ein Krabbencocktail. Dieser erste Krabbencocktail meines Lebens wurde mir bei den Rosets vorgesetzt – Freunden meiner Eltern, die wir im Herbst

1980 in Paris besuchten. Bei den Rosets fand ich alles ungeheuer vornehm – das Essen wurde (für mich eher überraschend) von einem weißbeschürzten Dienstmädchen und in mehreren Gängen serviert. Eine der Entrées war ein *Cocktail de Crevettes*. Mir war bis dahin nicht klar, dass man Wasserkriechtiere essen konnte. Zusätzlich verwirrte mich die Tatsache, dass sie hier in einer Avocado daherkamen, einer seltsamen Frucht, die mir in Nordrhein-Westfalen während der gesamten siebziger Jahre nie begegnet war. Letzteres will allerdings nicht viel heißen, denn in Nordrhein-Westfalen gab es in den siebziger Jahren ohnehin nur zwei Sorten Obst: Fischstäbchen und Dosenpfirsiche.

Die Crevetten waren zwar schon geschält, doch sie blieben mir zunächst suspekt, weshalb ich sie vorsichtshalber auf den silbernen Unterteller beförderte. Nur das weiche Fleisch der Avocado löffelte ich mit Genuss, vor allem, weil es mit einer mega-mayonnaisigen Cocktailsauce bestrichen war, die ich unwiderstehlich fand. Wobei man damals noch nicht mega sagte, sondern eher turbo. Ich sollte meine Mutter nach unserer Rückkehr noch monatelang damit nerven, dass ich regelmäßig Crevetten-Cocktail, »am liebsten nur mit Sauce und ohne Crevetten« verlangte, »wie bei Rosets«. Zusätzlich wünschte ich mir so ein Dienstmädchen mit Schürze. Wie viele meiner Bitten in jener Lebensphase wurde jedoch auch diese ignoriert. Nicht aus bösem Willen, aber es gab halt keine Avocados bei Edeka.

Erst viele Jahre später aß ich auf einer Konfirmationsfeier den zweiten Krabbencocktail meines Lebens – und als der Löffel meine Zunge berührte und ich den Geschmack der Cocktailsauce wahrnahm, erschienen aus dem Dunkel meiner Erinnerung plötzlich ein paar Paris-Dias vor meinem geistigen Auge. Dieses Erlebnis fand ich derart sensationell, dass ich es gleich meinem Vater schilderte. Der zuckte allerdings nur mit den Schultern und erklärte mir, einem gewissen Proust sei so etwas Ähnliches auch schon passiert, circa siebzig Jahre zuvor beim Lutschen eines muschelförmigen Gebäcks, das *Madeleine* genannt werde. Dieser Proust habe dann einen recht ausdauernden Fortsetzungsroman darüber geschrieben, wie es ist, in Kekse zu beißen und dabei von Erinnerungen übermannt zu werden. Ohne es zu ahnen, war ich da bereits auf eins der Erfolgsgeheimnisse der französischen Kulturnation gestoßen: die Fähigkeit, Geschmackserlebnisse in Weltliteratur zu verwandeln.

Neben dem Crevetten-Cocktail sind mir von meinem Parisbesuch im Jahre 1980 drei Schlüsselmomente in bleibender Erinnerung geblieben: der Eiffelturm, Marmeladen-Croissants und eine Lichtorgel. Und oft beschleicht mich heute der Verdacht, dass ich höchstwahrscheinlich nicht in Paris leben würde, wenn ich den Turm, die Croissants und die Lichtorgel als Kind nicht so berauschend gefunden hätte. Mit ihnen begann eine Art *Amour fou*: eine irrationale, übermäßige Bindung an ein Objekt, das Gefühle nicht erwidert.

Auf meine persönliche Erstbesteigung des Eiffelturms musste ich allerdings drei Tage warten. Vorher streikten die Aufzugführer und die Treppenaufseher. Damals war mir noch nicht klar, dass das Bestreiken von Transportmitteln in Frankreich neben Pferderennen, Boules und Rugby zu den Nationalsportarten gehört. Jahre später, als ich wegen eines Métro-Streiks einmal nicht an einen Ort gelangte, an den ich unbedingt wollte, kam mir der Gedanke, dass hinter den wellenartigen Streikbewegungen vielleicht eine Art philosophisch-pädagogischer Impuls steckte: Indem der Mensch in seiner Eigenschaft als Passagier für einen kurzen Moment nicht befördert wird, zwingt man ihn, innezuhalten und sich zu fragen, was seine Ziele wert sind – und von wie vielen Zufällen es abhängt, ob er sie je erreicht.

Möglicherweise kommen Franzosen auch aufgrund dieser mit einer gewissen Regelmäßigkeit erfolgenden Unterbrechung ihres Alltagstrotts ziemlich oft zu der Erkenntnis, dass so manches *ne vaut pas la peine* – nicht die Mühe wert ist. Der berufstätige Franzose steht eben streikbedingt häufiger an Haltestellen herum und hat mehr Zeit nachzudenken. Dabei kommt er zwangsläufig zu dem Schluss, dass Arbeit vor allem *peine* ist – Strafe und Quälerei.

Im Herbst 1980 fehlte mir allerdings noch der Erfahrungshorizont für derart tiefschürfende kulturanthropologische Überlegungen. Ich war bloß froh, nach drei Tagen des Wartens endlich auf den Eiffelturm zu kommen. Denn mir war natürlich klar, dass ich mich nach dem ersten Parisbesuch meines Lebens unmöglich wieder in der Schule blicken lassen konnte, um dann die zwingende Frage: »Und – warst du auf dem Eiffelturm?« mit dem Satz beantworten zu müssen: »Nee, ging nich'. War zu.«

Ich war deshalb auch immer noch nervös, als wir nach längerem Schlangestehen die Kabine des Hydraulikaufzugs bestiegen, der uns in die erste Etage brachte. Ich traute den Franzosen nämlich inzwischen zu, dass sie einfach ab der zweiten Etage weiter streiken könnten. Und noch erheblich blöder, als gar nicht auf den Turm zu kommen, wäre ja gewesen: nur bis zur ersten Etage zu kommen. Glücklicherweise ersparte mir die Gewerkschaft der französischen Fahrstuhlbetreiber eine derartige Schmach. Die CGT, die FO und all die anderen französischen Streitsportvereine machen sich nicht klar, dass ihre Lust an der Arbeitsniederlegung einem elfjährigen Paris-Touristen den ersten Paris-Aufenthalt gehörig verderben kann. Ausgerechnet den Eiffelturm nicht besuchen zu dürfen ist ein Trauma für einen Elfjährigen. Die langfristigen negativen Auswirkungen auf dessen Frankreichbild kann man sich ausmalen.

In meinem Fall ging die Sache gerade noch einmal gut. Wir gelangten ungehindert auf die Aussichtsplattform in der dritten Etage. 276 Meter über dem Pariser Boden. Der Wind war heftig und plusterte meinen C&A-Anorak auf. Ich wagte mich ans Absperrgitter und war schwer beeindruckt. So hoch war ich noch nie hinausgekommen. Zunächst beschäftigte mich vor allem der Gedanke an die zugegebenermaßen leicht wahnsinnige Möglichkeit eines Sprungs. Mein Vater hatte mir bei der Auffahrt von jener Frau erzählt, die im Jahr 1964 von der Balustrade der ersten Etage in die Tiefe gesprungen und auf einem Autodach gelandet war. Beide überlebten verbeult.

Psychologisch war das eher ungeschickt von meinem Vater. Starr starrte ich in die Tiefe. Die Tiefe war sehr tief. Unten suchte ich nach Autodächern, sah aber keine, offenbar hatte man seit 1964 den Parkplatz verlegt. Es schauderte mich, und um die leichte Grusellust meiner

Freifall-Phantasie zu überwinden, versuchte ich mich auf das Paris-Panorama zu konzentrieren, das sich mir bot. Ich sah mich um. Das war nun also Paris. Von oben. Hmm.

Offen gestanden fand ich die Aussicht ein wenig enttäuschend. Alles schien irgendwie so – blass. Das lag wohl an dem Aspirin-Tablettenhimmel, von dem mir damals noch nicht klar war, dass er zu Paris einfach dazugehört. In Verbindung mit den Gipsfassaden, den verschieferten Dachgeschossen und den zinkgedeckten Dächern bewirkte dieser Himmel, dass Paris von oben auf den ersten Blick weit weniger unvergleichlich wirkte als erhofft.

Möglicherweise lag es aber auch daran, dass der Eiffelturm einen Nachteil hat, der von vielen Paris-Reiseführern verheimlicht wird: Steht man auf dem Eiffelturm, kann man den Eiffelturm nicht sehen. Der Eiffelturm ist aber gerade der Witz an Paris.

Ohne Eiffelturm wirkt Paris ein wenig – na ja: flach. Man sieht zwar Notre-Dame, gut. Den Invalidendom, goldig. Das Panthéon, ganz hübsch – und weiter hinten im Dunst noch die weiße Kuppel von Sacré-Cœur. Aber schon der Triumphbogen ist kaum zu erkennen, vom Eiffelturm aus gesehen liegt der topographisch im toten Winkel hinter dem Trocadéro-Hügel. Und von einer Handvoll gerade noch auszumachender Sehenswürdigkeiten abgesehen – der ganze Rest von Paris verschwindet seltsamerweise fast vor dem Auge. Von oben betrachtet wird die Stadt an trüben Tagen leicht zu einem Häuserbrei, über dem ein Transportflugzeug eine große Ladung Milchpulver verloren hat. Einzig ein Büroturm-

Übel namens Tour Montparnasse drängt sich ins Bild, und je länger man sich den anschaut, desto besser findet man plötzlich Frankfurt.

Zum Glück kannte ich Frankfurt damals aber noch nicht, und trotz des leicht suppigen Ausblicks fand ich den Eiffelturm selbst großartig. Vor allem, weil es auf der mittleren Ausguckplattform eine Art Fotostudio gab. Das bestand aus einem Brett, auf das ein schräggestellter Eiffelturm gemalt war, aus dem ein Raketenantriebsstrahl herausschoss. Auf der Eiffelturm-Rakete saßen drei Astronauten. Sie hatten keine Gesichter. Stattdessen waren drei Löcher in das Brett gesägt worden, durch welche die Kunden von hinten ihre eigenen Gesichter schieben konnten. Genau das taten meine Mutter, mein Vater und ich, und dann wurden wir als Eiffelturm-Astronauten fotografiert.

Da ich in Physik in der Schule nicht besonders gut aufgepasst hatte, erschien mir die Vorstellung, den Eiffelturm als Rakete benutzen zu können, durchaus plausibel. Schließlich gab es in Tim und Struppi auch ein U-Boot, das aussah wie ein Hai. Noch lange Zeit danach hielt ich dieses Modell für ein überzeugendes Indiz der technologischen Leistungsfähigkeit der Grande Nation. Als ich wenig später eine Kinderhörspielplatte mit Jules Vernes Von der Erde zum Mond geschenkt bekam, stellte ich mir das Mondkanonengeschoss als Eiffelturm vor. Und jedes Mal, wenn damals in den Nachrichten gemeldet wurde, der Start einer Ariane-Rakete »vom französischen Weltraumbahnhof Kourou« sei leider kurz vor (oder kurz nach) dem Start ins Wasser gefallen – dann sah ich vor meinem geistigen Auge einen Eiffelturm ins

Meer stürzen, und mir kamen erste zarte Zweifel, ob die Franzosen sich als Technologienation eventuell überschätzten.

Mit dem Eiffelturm-Raketen-Polaroid als unserem neuen offiziellen Familienfoto machten wir uns an den Abstieg, allerdings nicht ohne im Souvenirladen vorbeizuschauen. Dort nötigte ich meine Eltern zum Kauf eines niedlich illustrierten Kinderbuchs über die Geschichte des Turmes und seines Erbauers. Es war praktischerweise sogar auf Deutsch, und ich habe es danach geschätzte 10 000-mal gelesen. Bald konnte ich es auswendig und entwickelte mich zu einem kleinen Eiffelturm-Nerd, der seine Eltern auf längeren Autofahrten gerne mit unnützen Wissenszipfeln an den Rand des Wahnsinns laberte:

»Der Eiffelturm besteht aus 18 038 Eisenteilen, die mit 2,5 Millionen Nieten zusammengestöpselt wurden«, dozierte ich dann. »Für den Bau wurden 5300 Zeichnungen angefertigt, 250 Bauarbeiter wurden beschäftigt. Die erste Etage liegt 57,63 Meter, die zweite 115,73 Meter und die dritte 276,13 Meter und die oberste Plattform 300,51 Meter hoch.«

Bald bereuten meine Eltern, dass sie mir das Eiffelturm-Buch gekauft hatten. Ich hingegen konnte gar nicht genug über diesen seltsamen Riesenturm erfahren, den die Franzosen sich da in den Vorgarten gepflanzt hatten. Ich lernte, dass das Gesamtgewicht 10 100 Tonnen betrug und 7300 Tonnen Eisen verbaut worden waren. Begonnen hatte man mit dem Bau am 26. Januar 1887, zur Einweihung stapfte Gustave Eiffel die 1710 Stufen seines Turms höchstpersönlich hoch und hisste am 31. März 1889 auf der Spitze die französische Flagge.

Die Antwort auf die entscheidende Frage habe ich allerdings bis heute nicht gefunden: Was brachte ein grundsätzlich vernunftbegabtes Volk nur dazu, 7 799 401 Goldfrancs und 31 Centimes für einen 300 Meter hohen Turm auszugeben, der zu nichts wirklich zu gebrauchen ist – und sich das Ding mitten in die Hauptstadt zu stellen?

So ein Turmbau ist ja nicht unbedingt eine zwingende Idee, zumal wenn man schon eine Hauptstadt hat, der es nicht an reizvollen Sehenswürdigkeiten gebricht. In den meisten Büchern steht die relativ lapidare Erklärung, dass man sich Ende des 19. Jahrhunderts eben inmitten der industriellen Revolution befand. Frankreich hatte sich vom deutsch-französischen Krieg einigermaßen erholt, die Wirtschaft – na was wohl? –, sie »brummte«. Bei Eisenkonstruktionen hatte man gerade beachtliche Fortschritte erzielt, das wollte man auch mal zeigen – und außerdem brauchte man noch einen echten Hingucker für die Weltausstellung zum 100. Jahrestag der Französischen Revolution im Jahr 1889. Alles gut und schön, aber dass aus dieser Gemengelage schließlich ein Turm erwächst, der auch 120 Jahre später noch steht und zum Symbol nicht nur für Paris, sondern für ganz Frankreich geworden ist, lag trotzdem nicht direkt auf der Hand. Dass der Eiffelturm zum alles schluckenden Frankreich-Pars-pro-Toto geworden ist, scheint eher einer ganzen Reihe von seltsamen Zufällen geschuldet:

Irgendwann im Frühjahr 1884 kamen die Ingenieure Maurice Koechlin und Émile Nouguier, beide Angestellte im Unternehmen von Gustave Eiffel, auf die Idee, einen ziemlich hohen Turm zu zeichnen. Das wäre doch vielleicht ein hübsches Wahrzeichen für die Weltausstellung, die 1889 in Paris stattfinden sollte, dachten sich Nouguier und Koechlin. Doch ihr Chef war von ihrem Entwurf, der einen vierbeinigen Turm mit sechs Stockwerken vorsah, erst einmal alles andere als begeistert. Daraufhin zogen Nouguier und Koechlin Stephen Sauvestre, den Chefarchitekten der Firma Eiffel, zu Rate. Sauvestre überarbeitete ihren Entwurf und verlieh dem Turm seine zeitlos-elegante Linie. Er reduzierte die Geschosszahl von sechs auf drei, veränderte die Stellung der Fundamente und zog die charakteristischen Rundbögen unter die erste Plattform. Diese Bögen tragen zwar nichts, aber sie sehen gut aus – ein bewährter französischer Trick. Jetzt war plötzlich auch Eiffel von der Turmidee angetan und erkannte das Potential des Entwurfes. Den bestgekleideten Turm der Welt – den könnte Paris vielleicht brauchen.

Gemeinsam mit Koechlin und Nouguier meldete Eiffel ein Patent auf das Konstruktionsprinzip des Fundamentes an – und kaufte seinen Angestellten kurz danach die Urheberrechte an dem Entwurf ganz ab. Koechlin und Nouguier werden vermutlich noch jahrzehntelang jedes Mal ziemlich laut *Merde* geschrien haben, wenn ihnen wieder einfiel, wie dämlich sie gewesen waren, auf diesen Deal einzugehen.

Ohne die Energie, die Gustave Eiffel in den Folgejahren aufwendete, um Politiker und Öffentlichkeit von diesem Turm zu überzeugen, wäre dieser nie gebaut worden. Seinen eifrigsten Unterstützer hatte Eiffel in Édouard Lockroy, dem französischen Handelsminister und Kommissar für die Weltausstellung – der den 300-Meter-Turm unbedingt wollte. Dennoch, eigentlich ist der Eiffelturm gar kein Eiffelturm, sondern ein Koechlin-&-Nouguier-Turm. Oder ein Sauvestre-Turm. Doch diese drei Herren hat die Geschichte, undankbar wie sie ist, vergessen. Und deshalb ist der Eiffelturm heute eben der Eiffelturm.

Paris ohne Eiffelturm ist so undenkbar geworden wie deutsche Fernsehzweiteiler ohne Veronica Ferres. Deshalb kann man sich auch nicht mehr so recht vorstellen, wie groß die Widerstände waren, die Eiffel überwinden musste – und wie entsetzt gerade die Künstler und Intellektuellen waren, dass man das ewige Paris mit dieser »wahrhaft tragischen Straßenlaterne« (Léon Bloy) verschandeln wollte. Höhepunkt der Protestwelle war ein ziemlich bissiger Artikel, den eine Gruppe empfindsamer Schöngeister am 14. Februar 1887 in der Zeitschrift *Les Temps* gegen den Bau des Turms veröffentlichte. Die Künstler, die hier schrieben, warfen dem Eiffelturm lustigerweise vor allem eins vor: Er sei das Gegenteil von französisch.

»Wir, Schriftsteller, Maler, Bildhauer, Architekten und leidenschaftliche Liebhaber der bis jetzt noch intakten Schönheit von Paris, protestieren hiermit mit all unserer Kraft und aus all unserer Empörung, im Namen des falsch verstandenen französischen Geschmacks, im Namen der Kunst und der bedrohten französischen Geschichte, gegen die Errichtung des nutzlosen und monströsen Eiffelturms im Herzen unserer Hauptstadt, den die Öffentlichkeit bereits hämisch den ›Turm zu Babel‹ nennt. Will sich die Stadt Paris mit den Launen und den kaufmännischen Phantasien eines Maschinen-

bauers gemein machen und sich so irreparabel schädi-
gen und entehren?«

Französische Künstler und Intellektuelle tragen traditionell gern dick auf. Und so redeten sich Männer wie
Guy de Maupassant, Leconte de Lisle, Charles Gou-
nod, Alexandre Dumas (der Jüngere) oder Jean-Louis-
Charles Garnier, der Architekt der Pariser Oper, in Rage:
»Schwindelerregend lächerlich« sei dieser Turm, der
wie ein »gigantischer schwarzer Fabrikschornstein« die
Stadt dominieren und all ihre würdevolle Architektur
mit seiner »barbarischen Masse« erdrücken würde.

Der perfideste Vorwurf, den die Parisverteidiger Eiffel machten, war jedoch der, dass ja »nicht einmal das
kommerzielle Amerika« – dem Eiffel immerhin schon
die Eisenkonstruktion der Freiheitsstatue untergejubelt
hatte – »den Eiffelturm haben wollte«. Wenn Amerika –
für Franzosen 1887 ebenso wie heute der Inbegriff des
schlechten Geschmacks – das Ding nicht wollte, dann
könne es ja wohl unmöglich in Paris stehen. Besucher
aus dem Ausland wurden sich sonst künftig »zu Recht«
über die Franzosen lustig machen: »Dieses Grauen ist
nun das, was die Franzosen sich ausgedacht haben, um
uns eine Idee von ihrem großartigen Geschmack zu vermitteln?«

Auf diese wüsten Attacken reagierte Meister Eiffel
vergleichsweise gelassen. »Ich für meinen Teil glaube,
dass der Turm seine ganz eigene Schönheit haben
wird«, antwortete er in einem Interview. Dann erläuterte
er noch sein ästhetisches Programm, das sich in einem
ziemlich modern klingenden Satz zusammenfassen
lässt: Die Form folgt der Funktion. Was Eiffel allerdings

geschickt verheimlichte, war: Sein Turm hatte gar keine Funktion.

Das Wichtigste beim Bau des Turms sei, dass er dem Wind standhält. Wozu, ließ Eiffel allerdings offen. Stabilität werde durch die geschwungenen Stützen, deren perfekte Form man *errechnet* habe, erzielt, die aus einem enorm dicken Fundament in den Himmel wachsen und sich nach oben verjüngen. Das werde schon klasse aussehen, versuchte Eiffel alle Skeptiker zu beruhigen.

Und dann hatte er noch ein letztes Argument gegen seine kleingeistigen Kritiker parat: BIG IS BEAUTIFUL. Oder wie der Franzose sagt: »C'*est gros, c'est beau.*« – »Im Kolossalen liegt eine Attraktion, ein eigener Charme, vor dem die gängigen Kunsttheorien versagen«, behauptete Eiffel und führte eher unbescheiden die Pyramiden als Vergleich an: Die beschäftigten die Vorstellungskraft der Menschen auch nicht, weil sie künstlerisch besonders wertvoll, sondern vor allem, weil sie immens seien. Der Turm werde das größte Bauwerk, das Menschen je errichtet hätten. Und schon deshalb grandios. Eiffel sollte recht behalten.

Was man mit einem nutzlosen Turm anstellen kann

Als die Weltausstellung am 6. Mai 1889 eröffnet wurde, entwickelte sich der Eiffelturm rasch zur Zugnummer. Schon in der ersten Woche erklommen ihn 28 922 Besucher – und das, obwohl die Aufzüge noch nicht richtig funktionierten. Am Ende des Jahres waren es fast zwei Millionen, und der Eiffelturm galt als Weltwunder der Neuzeit. Er war um mehr als 130 Meter höher als das bis dahin höchste Bauwerk der Welt – das Washington Monument (169,5 Meter) – und wurde erst im Jahr 1930 durch das Chrysler Building (319 Meter) übertroffen.

Selbst einige der Künstler, die das Bauwerk zuvor so heftig verrissen hatten, freundeten sich nun mit ihm an. Unversöhnlich blieb allerdings Guy de Maupassant. Der Schriftsteller ging zwar regelmäßig im Restaurant des Turms essen, aber nur, weil dies, wie er sagte, »der einzige Ort in Paris ist, wo man den Turm nicht sehen kann«. Allzu lange scheint der Trick jedoch nicht funktioniert zu haben, denn nur ein Jahr nach der Einweihung des Turms floh Maupassant aus Paris – weil er, wie er behauptete, den Anblick des Eiffelturms einfach nicht mehr ertragen konnte:

»Ich habe Paris verlassen und sogar Frankreich, weil der Turm mich am Ende zu sehr genervt hat. Nicht nur sieht man ihn von überall, man findet ihn auch überall, aus allen möglichen Materialien gefertigt, ausgestellt in sämtlichen Schaufenstern, ein unausweichlicher und quälender Alptraum«, schreibt der Autor von *Bel-Ami* im Jahr 1890 in seiner Autobiographie *La vie errante*. Richtig erholt hat sich Maupassant von diesem Alptraum nicht mehr. Drei Jahre später starb er umnachtet in einer Nervenklinik.

Auf die meisten anderen Kulturschaffenden wirkte sich der Turm jedoch weniger gesundheitsschädlich aus. Im Gegenteil: Viele inspirierte die Kühnheit des Bauwerks. Georges Seurat, Jean Beraud, Henri Rousseau (»Der Zöllner«), Robert Delaunay und Marc Chagall gehörten zu den Malern, die sich früh für ihn begeisterten. Blaise Cendrars schrieb ihm ein Gedicht, Jean Giraudoux ein Gebet, und Jean Cocteau verfasste ein verrückt-surrealistisches Theaterstück, das auf dem Eiffelturm spielt: *Die Verheirateten vom Eiffelturm*. So blieb der Eiffelturm eben nicht, wie die protestierenden Künstler befürchtet hatten, ein unfranzösischer Fremdkörper im Herzen von Paris, sondern wurde im Gegenteil zum neuesten Beleg dafür, dass Paris der Mittelpunkt der Welt war. Der Turm wurde besungen, gemalt, besucht und gefeiert und galt im Handumdrehen als 300 Meter hoher Beweis der Überlegenheit der französischen Zivilisation.

Der Eiffelturm war Viagra für die Volksseele, und gewitzte Psychoanalytiker brauchten nicht lange, um auf den Gedanken zu kommen, dass das etwas mit der phallischen Form des Objektes zu tun haben könnte. Wie großartig sich ein Volk mit Eiffelturm findet – nämlich in jedem Fall toller als die Nachbarn –, lässt sich hübsch an einem Gedicht von Apollinaire ablesen, das der Autor passenderweise gleich als Eiffelturm-Kalligramm drucken ließ:

```
        S
        A
       LUT
        M
      O   N
      D   E
      DONT
     JE SUIS
     LA LAN
     GUE É
    LOQUEN
   TE QUESA
   BOUCHE
  O  PARIS
 TIRE ET TIRERA
 TOU        JOURS
 AUX         A L
LEM.          ANDS
```

Salut Monde / Dont je suis / La Langue éloquente / Que sa bouche / O Paris / Tire et tirera toujours / Aux Allemands

... liest man da, was so viel heißt wie:

Sei gegrüßt, Welt / deren beredte Zunge ich bin / die dein Mund / O Paris / den Deutschen / herausstreckt und immer herausstrecken wird.

Mit anderen Worten: »Liebe Deutsche, erstens sind wir der Nabel der Welt, und zweitens haben wir den Eiffelturm – und ihr kriegt so etwas nie im Leben hin. Ätsch.«

Man mag Apollinaire zugutehalten, dass er dieses Gedicht im Jahr 1918 schrieb, nachdem ihm im Ersten Weltkrieg ein deutsches Schrapnell den Schädel halb zerschossen hatte. Das ändert nichts daran, dass die meisten Franzosen die Sache heute nach wie vor in etwa so sehen wie Apollinaire.

Die wachsende Begeisterung der französischen Künstler schlug sich nicht in konstanten Besucherzahlen nieder. Nachdem im Eröffnungsjahr noch zwei Millionen gekommen waren, ebbte der Zustrom bald deutlich ab. 1899 wollten nur noch knapp 150 000 zahlende Besucher auf den Turm, obwohl Eiffel die Eintrittspreise bereits deutlich gesenkt hatte. Zur nächsten Weltausstellung in Paris im Jahr 1900 zogen die Zahlen zwar noch einmal an, doch das blieb ein Strohfeuer. Danach gingen sie gleich wieder zurück. Der Neuheitseffekt war verklungen, die »eiserne Dame« war nun allseits akzeptiert, aber die Pariser sparten sich die Mühe, ihr regelmäßig ihre Aufwartung zu machen – sie sahen sie ja eh dauernd. Und Easyjet-Touristen gab es noch nicht.

Nun hatte Gustave Eiffel ein kleines Problem: Die Stadt Paris hatte ihm die Nutzungsrechte für den Turm auf zwanzig Jahre übertragen und sich das Recht vorbehalten, das Ding wieder abtragen zu lassen. Vereinzelt fragten auch schon ambitionierte Schrotthändler bei Monsieur Eiffel an, die ein größeres Geschäft witterten. Eiffel aber wollte sein Meisterwerk für die Nachwelt bewahren, und dafür brauchte der Turm etwas, was er bislang noch nicht hatte: einen Zweck. Eiffel setzte deshalb alles daran, seinem Turm irgendeinen halbwegs plausibel erscheinenden wissenschaftlichen Nutzen aufzupfropfen: Er installierte eine meteorologische und eine astronomische Beobachtungsstation und ließ zahlreiche physikalische Experimente durchführen. Er ließ einen Windkanal errichten und betrieb Studien zum freien Fall, er ließ ein Foucaultsches Pendel aufhängen ... Alles, was irgendwie wissenschaftlich und zukunftsträchtig klang, kam auf den Turm: Barometer, Anemometer, Manometer, Blitzableiter, ein optischer Telegraph. Eiffel wurde außerdem nicht müde, seinen Turm als strategischen Beobachtungsposten zu preisen – »Die Deutschen ... man kann ja nie wissen«.

1898 erfolgte die erste kabellose Telegraphenübertragung zwischen dem Eiffelturm und dem Panthéon. Mit wem da kommuniziert wurde, bleibt allerdings fraglich, denn im Panthéon liegen bekanntlich die verblichenen Geistesgrößen Frankreichs.

1903 bot Eiffel der französischen Armee die Turmspitze als Sendemast an, für die Kosten war er sogar bereit selbst aufzukommen. Tatsächlich fing die Armee im Ersten Weltkrieg auf dem Eiffelturm einige deutsche Funksprüche ab – die unter anderem zur Verhaftung der angeblichen Spionin Mata Hari führten. 1909 wurden erste drahtlose Telefonexperimente auf dem Eiffelturm durchgeführt. Außerdem propagierte Eiffel den Eiffelturm geschickt als Zielpunkt für die neueste Trendsportart – die Luftschifferei. 1901 gewann der brasilianische Luftfahrtpionier Santos Dumont 100 000 Francs im Wettbewerb für den »größten Fortschritt in der Aviation«: Er hatte sein Luftschiff zweimal um den Eiffelturm herumgesteuert, ohne anzudötschen.

1908 gelang dem Grafen Lambert die erste Umrundung mit einem Flugzeug. All diese fortschrittlichen Aktivitäten, die vom Eiffelturm auszugehen schienen, überzeugten die Behörden schließlich: Anfang 1910 sprach niemand mehr vom Abriss, Eiffels Konzession wurde gleich um siebzig Jahre verlängert.

Zwischenzeitlich fand auf dem Eiffelturm allerdings auch allerlei Unfug statt: Im Jahr 1905 etwa organisierte die Zeitschrift *Le Sport* das erste Treppenrennen auf dem Turm. Der Sieger, ein gewisser Forestier, meisterte die 345 Stufen bis in die erste Etage in drei Minuten und zwölf Sekunden und erhielt als Belohnung passenderweise ein Fahrrad. Diese Veranstaltung begründete die Tradition relativ sinnfreier und teilweise fataler Extremsport-Events auf dem Turm: Im Jahr 1923 etwa fuhr der Journalist Pierre Labric mit einem Fahrrad die Treppen von der ersten Etage hinunter. Was er damit beweisen wollte, blieb unklar, aber die Popularität, die er dadurch erlangte, half ihm einige Jahre später dabei, Bürgermeister von Montmartre zu werden.

Weniger hilfreich für die weitere Karriereplanung war dagegen die Aktion von François Reichelt im Jahre 1912. Der aus Österreich stammende Damenschneider wähnte, eine Art anziehbaren Fallschirm erfunden zu haben. In dem Kostüm, das sich mit Luft füllen und ihn so sanft zur Erde hinabgleiten lassen sollte, sprang Reichelt am 4. Februar 1912 aus dem ersten Stock des Turms in die Tiefe. Sein selbstgeschneiderter Fallschirmanzug war technisch leider nicht ganz ausgereift. Reichelt knallte ungebremst auf den gefrorenen Boden.

Die Polizei stellte ein wenig übergenau fest, dass er durch den Einschlag einen 14 Zentimeter tiefen Krater hinterlassen hatte. Die Gerichtsmedizin verbreitete nach der Obduktion die tröstliche Nachricht, Reichelt sei bereits vor dem Aufprall an einem Herzinfarkt gestorben, vermutlich in dem Moment, als ihm der Gedanke durch den Kopf schoss: »Vielleicht bin ich doch nicht Batman.« Der fliegende Schneider hatte vor seinem desperaten Stunt die Presse informiert. So kam es, dass Dutzende Journalisten und Hunderte Schaulustige dem Unglückssprung beiwohnten. Es gibt sogar einen bizarren Film von dem Sprung, der auf YouTube zu finden ist und aussieht wie der historische Prototyp eines Red-Bull-Werbespots.

Dadurch genießt François Reichelt heute einen gewissen Nachruhm. Die Base-Jump-Szene ehrt ihn als einen ihrer frühen Helden.

In den folgenden hundert Jahren seines Daseins erlebte der Eiffelturm noch so manch seltsames Spektakel, einige davon mit tragischem Ausgang. 1926 verunglückte der Pilot Léon Collot tödlich beim Versuch, unter dem Turm hindurchzufliegen, weil er – von der Sonne geblendet – mit seinem Flugzeug gegen eine Antenne donnerte. Es hat Einbeinige gegeben, die den Turm bezwangen; Hitler, der es nicht hinaufschaffte, weil einer der ersten französischen Widerstandsakte gegen die deutschen Besatzer darin bestand, die Aufzüge des Eiffelturms lahmzulegen, als der Führer sich eine Stadtrundfahrt durchs frisch eroberte Paris genehmigte und als Reiseführer auf den Bildhauer Arno Breker vertraute. Die Nazis verzichteten später gnädigerweise darauf, den Turm zu sprengen, als sich ihre Niederlage abzeichnete. Am 24. August 1944 ersetzte eine aus Bettlaken zusammengenähte Trikolore nach vier Jahren die Hakenkreuzfahne der Besatzer und verkündete der Welt die Befreiung von Paris.

Einer der ersten Höhepunkte in der Nachkriegs-geschichte des Eiffelturms war 1948 der Besuch eines 85 Jahre alten Elefanten, der es im Gegensatz zu Hitler in die erste Etage schaffte. Damit wurde die heitere Tradition »schwachsinnige Aktionen auf dem Eiffel-turm« munter fortgeführt. 1964 kletterten Alpinisten an der Fassade hoch, die sich offenbar in der Materie geirrt hatten. 1983 fuhren Charles Coutard und Joel Descuns mit Cross-Motorrädern in den dritten Stock und, da es dort nichts Gescheites für sie zu tun gab, gleich wieder hinunter. 1984 sprangen die britischen Fallschirmsprin-ger Amanda Tucker und Mike MacCarthy »heimlich« mit Fallschirmen aus der dritten Etage, und 1987 zeigte der Neuseeländer A. J. Hackett, was man mit einem 150 Meter langen Gummiseil so alles anstellen kann, und sorgte dafür, dass Bungee-Jumping in den Ekstase-orientierten neunziger Jahren zu einer Trendsportart wurde, die man schließlich auf fast jeder Dorfkirmes ausüben konnte.

1989 dann, zum 100. Jubiläum des Eiffelturms, spa-zierte Philippe Petit die 700 Meter vom Trocadéro bis in die zweite Etage auf einem gespannten Drahtseil. Das war zwar hübsch anzusehen, aber dann doch ein müde wirkender Abklatsch jener Aktion, die Petit zur Legende gemacht hatte: 1974 war er über ein Seil von einem der noch nicht eingeweihten Türme des New Yorker World Trade Centers zum anderen getänzelt. Spätestens mit Petits Jubiläumsaktion kam das Gefühl auf, dass es langsam aber auch mal gut sein müsse mit all diesen albernen Hüpf-, Kraxel- und Springaktionen auf dem Eiffelturm.

Aber da hatte man die Rechnung ohne die leicht entwicklungsverzögerten Mountainbiker gemacht, die erst jetzt zu Hochform aufliefen. Bis weit in die nuller Jahre brachen sie eifrig Rekorde im Treppaufradeln.

Bislang der Letzte, der den Eiffelturm als Sportanlage instrumentalisierte, war der Inlineskater Taig Khris, der Ende Mai 2010 von der ersten Etage des Eiffelturms zwölf Meter in die Tiefe sprang, um zunächst auf einer dreißig Meter hohen Rampe zu landen, dann auf die Schnauze zu fallen und schließlich mit Karacho in einen Berg Schaumstoffwürfel zu rutschen. Damit ist Khris nun Halter des Weltrekords im »Mit Rollschuhen vom Eiffelturm springen«.

All diese sportlichen Leistungen sind wacker, lobenswert und beachtlich, indes: Je mehr zweckfreie Rekordversuche im Laufe der Jahrzehnte auf dem Eiffelturm abgeleistet wurden, desto deutlicher schälte sich die Einsicht heraus: Der Eiffelturm ist nicht dazu da, damit man auf ihm irgendetwas tut. Der Sinn des Eiffelturms besteht darin, dass er da ist. Dass er Paris ist. Dass er Frankreich ist.

Das Baguette meines Lebens

Beim ersten Paris-Besuch meines Lebens im Herbst 1980 wohnte ich mit meinen Eltern im Hotel Lux in der Nähe vom Place de la Nation. Das Établissement bot nicht ganz so viel Glamour, wie sein Name verhieß. Monsieur Roset hatte es für meine Eltern ausgesucht, und Monsieur Roset war ein erfolgreicher Kaufmann, was daher rührte, dass er es verstand, die Kosten in jeder Lebenslage so niedrig wie möglich zu halten.

Das Hotel war verkehrsgünstig gelegen. Es befand sich genau über dem U-Bahn-Schacht der Métrolinie 6 nahe bei der Station Picpus. Morgens um halb fünf fuhr die erste Métro durch mein Kopfkissen. Das Zimmer teilte ich mir mit meinen Eltern, die etwas überrascht waren, dass Monsieur Roset ein Zimmer ohne Bad und Toilette reserviert zu haben schien. Das Missverständnis klärte sich auf, als meine Mutter den Wandschrank öffnete. Es handelte sich nicht um einen Wandschrank, sondern um die *Salle d'eau* – eine Spitzenleistung französischer Klempnerkunst, die darin besteht, eine Toilette, eine Duschtasse und ein Waschbecken auf engstem Raum zu installieren. Dass diese Nasszelle über eine Lamellentür direkt in unser Hotelzimmer entlüftet wurde, garantierte eine angenehm mollige Raumtemperatur und gewährleistete eine optimale Übertragung sämtlicher Geräusche und Gerüche, die in einer Nasszelle produziert werden können. Als Familie hat uns diese Erfahrung näher zusammengebracht.

Der Aufenthalt im Hotel Lux vermittelte mir somit in jungen Jahren zwei Erkenntnisse, die ich später noch häufiger machen sollte: Raum zur Entfaltung individueller Bedürfnisse ist in Paris ein rares Gut. Und: Klempner ist in Frankreich ein Kreativberuf.

Die Flure im Hotel Lux waren so eng, dass zwei Reisende mit zwei Koffern nicht aneinander vorbeikamen. Einer musste dann umständlich rückwärtsgehen, bis er sich in eine Türschwelle quetschen konnte, um den anderen vorbeizulassen. Einen Frühstücksraum gab es nicht, deshalb brachte uns jeden Morgen ein Zimmermädchen ein Tablett mit drei Croissants, Café au lait für meine Eltern und Chocolat chaud für mich auf das Zimmer.

Das Zimmermädchen hieß Nadine, und ich fand es großartig, denn es hatte etwas, was ich von Mädchen in Deutschland nicht kannte: eine Frisur. Nadine trug ihre brünetten Haare schulterlang und leicht gestuft. In meinem Deutschland gab es 1980 nur Mädchen mit Haarspangen und Mittelscheitel. Die Frühreifen hatten Dauerwelle, aber die waren dann mindestens zwölf.

Wenn Nadine das Tablett mit den Croissants in unserem Zimmer abstellte, lächelte sie mich an und strich sich auf raffinierte Weise eine Strähne hinter das Ohr. Sie trug eine weiße Schürze über einer schwarzen Bluse und einem schwarzen Rock. Dazu flache College-Schuhe und Strümpfe, wie ich sie noch nie gesehen hatte: Sie waren nicht fleischfarben, sondern schwarz. Darunter zeichnete sich keinerlei plattgedrückte Beinbehaarung ab. Ich verliebte mich unsterblich in Nadine. Leider wurde aus der Sache nichts. Ich vermute, es lag am Altersunterschied, möglicherweise aber auch an den kulturellen Differenzen. Mein Französisch war damals nicht besonders. Der einzige Satz, den ich beherrschte, lautete: »Avez-vous des autocollants?«

Das heißt auf Deutsch: »Haben Sie Aufkleber?«

Den Satz hatte mir mein Vater zuvor auf meinen dringenden Wunsch für die Reise übersetzt. Ich war zu der Zeit im Aufklebermarkt sehr aktiv und wollte meine

Sammlertätigkeit unbedingt auf Paris ausdehnen – allein um die anderen Aufklebersammler in meiner Klasse nach meiner Rückkehr mit exotischen Trouvaillen übertrumpfen zu können. Aufkleber waren Ende der siebziger, Anfang der achtziger, was Ende der neunziger, Anfang der nuller Jahre zeitgenössische Kunst wurde: Sie spiegelten das Lebensgefühl einer Generation wider. Zugleich waren sie Statussymbol und Kapitalanlage. Deshalb ließ ich in Paris keine Gelegenheit aus, jedes beuteträchtige Geschäft zu betreten und meinen Satz aufzusagen.

Leider war mein Erfolg gering. Meist blickten mich die Verkäuferinnen ratlos an, sei es, weil meine Aussprache zu wünschen übrig ließ, sei es, weil man in Paris 1980 keine Kinder gewöhnt war, die ihre Nachmittage damit verbrachten, Fußgängerzonen hinauf- und hinabzulaufen und in jedem Geschäft nach Abziehbildern zu fragen. Ungünstig war auch, dass ich bei Nachfragen nichts Gescheites antworten konnte. Außer den Satz »Avez-vous des autocollants?« noch mal zu wiederholen. Mein Französisch war damals alles andere als sattelfest.

Bis auf »Avez-vous des autocollants?« konnte ich eigentlich nur Bonjour, au revoir, oui, non, merci und pourquoi. Ungünstig wirkte sich auch aus, dass ich bei »Avez-vous des autocollants?« manchmal das »auto« vergaß. »Avez-vous des collants?« heißt aber leider etwas anderes als »Haben Sie Aufkleber?«. Es bedeutet: »Tragen Sie Strumpfhosen?«

Diese Frage, vorgetragen von einem deutschen Elfjährigen mit Unschuldsmiene, kurz nachdem Volker Schlöndorff mit der Verfilmung der Blechtrommel den Oscar gewonnen hatte, sorgte beim weiblichen Verkaufspersonal für sehr unterschiedliche Reaktionen. Während eine junge Blumenverkäuferin mit »*Bien sûr que non*« antwortete und spontan den Rock anhob, bekam ich von einer rundlichen Metzgersfrau links und rechts eine getafelt. Danach vergaß ich das »*auto*« nicht mehr.

Erst am letzten Tag unseres Aufenthaltes hatte ich endlich Glück: In der Total-Tankstelle, die mein Vater ansteuerte, bevor wir uns auf den Boulevard Périphérique wagten, wurde ich verstanden. Ich ergatterte zwei umwerfende Aufkleber des Radiosenders *Europe* 2. Außerdem lernte ich, dass man in Paris eher selten »*autocollants*« sagte, sondern zumeist »*sticker*« mit Betonung auf der letzten Silbe – wie bei »*Schlequère*«. Aber da war es zu spät, denn wir waren so gut wie auf dem Heimweg.

Über die Geschichte mit Nadine hatte ich mich im Hotel Lux mit den Croissants hinweggetröstet, zu denen es stets kleine, in Goldfolie abgepackte Président-Butterstücke und zwei Sorten Marmelade in Portionspackungen gab: Aprikose und Erdbeere. Die Croissants waren warm, außen kross und innen buttrig weich. Jedes einzelne hatte circa 1900 Kalorien. Den Duft konnte man schon durch die Zimmertür riechen, wenn Nadine mit dem Tablett die Treppe hochkam. Jedenfalls bildete ich mir das ein. Möglicherweise werden in französischen Hotels auch Raumsprays mit Croissantduft eingesetzt. An guten Tagen aß ich jedenfalls alle drei Croissants, die Nadine uns brachte, denn sie waren unfassbar lecker, und ich war unglücklich verliebt. Im Nachhinein betrachtet, ist meine irrationale Zuneigung zu Frankreich sicherlich durch Nadine, aber bestimmt in gleichem Maße durch die überdurchschnittliche Qualität französischer Backwaren befeuert worden.

Schon bei meinem allerersten Frankreichbesuch fünf Jahre zuvor hatte ich ein eindringliches Geschmackserlebnis, das mir unvergesslich blieb. In meiner Erinnerung wird es nur überragt von meiner ersten Begegnung mit einer französischen Frau, die sich ebenfalls in jenem Sommer zutrug. Doch dazu später.

Es war im Sommer 1975, ich war sechs Jahre alt, und wir besuchten die Rosets in ihrem Ferienhaus an der Côte d'Azur. Gleich nach der Ankunft am Flughafen von Nizza kaufte mir meine Mutter ein Schinkenbaguette, ein *Jambon Beurre*. Ich biss hinein und war im Nu überzeugt, dass es nichts Köstlicheres auf der Welt geben konnte. Die schlichte Kombination aus leicht salzigem Baguette, dessen Kruste außen hart und knusprig ist, dem weichen, leicht süßlichen Teig im Innern, dem saftigen Jambon de Paris und dem etwas kräftigeren Salzton einer grobkörnigen normannischen Démi-Sel-Butter versetzten mich in einen Zustand ungekannter kulinarischer Euphorie. Ähnlich ging es mir fünf Jahre später mit den Marmeladen-Croissants im Hotel Lux.

Heute weiß ich, die Strategie der Franzosen, scheinbar simples Gebäck schmackhafter zu produzieren als ihre Nachbarn, war ein genialer Marketingschachzug. Der Besucher kommt an und stellt fest, dass schon die einfachsten Dinge total lecker sind. Noch bevor er das erste Glas Champagner geleert, Austern geschlürft oder Foie gras probiert hat. Die Folge: Er will unbedingt wiederkommen und preist nach seiner Rückkehr in die Heimat die Franzosen für ihre kulinarischen Talente, ihr *Savoir Vivre*. Die Sache spricht sich herum. In Deutschland bekam man zur Begrüßung jahrhundertelang eine

Scheibe trockenes Graubrot. So was spricht sich halt auch herum.

Man fragt sich schon, wieso es unmöglich ist, außerhalb des französischen Staatsgebietes eine ordentliche Stange Weißbrot zu backen. Ein deutsches Stangenbrot ist kein Baguette, sondern ein gebackenes Erektionsproblem.

Allerdings sollte man nicht verschweigen, dass die Franzosen heute Gefahr laufen, ihren traditionellen Kompetenzvorsprung beim Backen und Belegen schmackhafter Brote leichtfertig zu verspielen. Erste Alarmzeichen waren spätestens bei der Baguette-Back-Weltmeisterschaft 1999 erkennbar – da siegte zum Entsetzen aller Franzosen ausgerechnet ein amerikanisches Bäckerteam. 2002 fiel die Demütigung ähnlich schmerzhaft aus – es gewannen allen Ernstes Japaner. Zwar konnte der Titel in den vergangenen Jahren einige Male zurückerobert werden – dennoch sind die Chancen, in einer Bäckerei in Frankreich auf ein zu trockenes oder zu lusches Baguette zu stoßen, in den vergangenen Jahren massiv gestiegen. Und wie überall in der Welt bekommt man vielerorts nur dieselben lieblos zusammengeschmierten Aufbackprodukte, die man schon aus Tankstellen-Bistros in Sachsen-Anhalt kennt.

Selbst in Paris lungern inzwischen Auftau-Baguettes mit Schinkenplagiat in den Auslagen von Snackbuden herum, die irreführende Namen wie Brioche d'orée tragen. Eine ubiquitäre Sandwichkette in Frankreich heißt Paul, und auf ihrem Firmenschild steht »*Maison de qualité fondée en* 1889«. Damit gaukelt die Firma langjährige Erfahrung im Backhandwerk vor, aber wenn man ein durchschnittliches Paul-Baguette verzehrt, drängt sich eher der Eindruck auf, dass es sich um das Jahr handeln muss, in dem in Frankreich die Tiefkühltruhe erfunden wurde. Manchmal schmeckt man beim Hineinbeißen sofort, dass das Ding noch nicht ganz zu Ende aufgebacken war, und wenn man Pech hat, und das hat man meistens, gibt es statt Beurre irgendeine fiese Mayonnaise.

Damals aber, bei meinem allerersten Frankreich-besuch an der Côte d'Azur im Sommer 1975, schien die Sandwich-Welt in Frankreich noch in Ordnung zu sein. Mal abgesehen davon, dass man so etwas wie »*Sonnt-Wisch*« sagen musste, damit die Bedienung kapierte, was man wollte. Bei meinem Paris-Besuch fünf Jahre später fixten mich meine Croissant-Orgien im Hotel Lux endgültig an. Danach wollte ich allein schon deshalb so schnell wie möglich wieder nach Frankreich, weil es mir wie ein einziges Backwarenparadies vorkam. Der gut-gemeinte Versuch meiner Mutter, mich in Deutschland mit Auftau-Croissants von Knack & Back zu trösten, war daher zum Scheitern verurteilt.

Noch stärkeren Eindruck als die Croissants im Hotel Lux machte auf mich 1980 in Paris die Lichtorgel im Keller der Rosets. Die Rosets hatten drei Kinder, alles Jungs, die ein paar Jahre älter waren als ich – und die hatten sich ihrem Hormonhaushalt entsprechend einen Kellerraum zu einer *Boîte de nuit* ausgebaut, einer Heimdisco, die sich aus meiner damaligen Sicht auf absolutem Weltniveau bewegte. Die Wände waren mit jenem tropfsteinhöhlen-artigen Strukturputz gespachtelt, wie man ihn aus italienischen Restaurants mit Capri-Grotten-Optik kennt. In Vertiefungen waren farbige Spots eingelassen, die an eine mikrophongesteuerte Lichtorgel angeschlossen waren. Deren einwandfreies Funktionieren demonstrierte mir Marc, indem er einen Disco-Kracher auflegte: Ça plane pour moi von Plastic Bertrand.

Der Sound riss mir fast die Ohren ab. Leicht verschüchtert fragte ich Marc, was das denn bitte sei.

»C'est du punk«, erklärte mir Marc, den ich schon wegen des Altersunterschieds für einen echten Checker halten musste.

»Pönk?«, fragte ich interessiert zurück.

»Pönk«, schien Marc zu bestätigen.

Was ich damals noch nicht wissen konnte, war, dass bis heute circa 98 Prozent der Franzosen einfach jedes weltweit existierende Wort aussprechen, als sei es ein französisches, ungeachtet der tatsächlichen Sprachzugehörigkeit der Vokabel. Ich habe bis heute keine plausible Erklärung dafür gefunden, ob diese Haltung auf mangelndes Sprachtalent, Mundbewegungsfaulheit oder auf kulturelle Arroganz und die Überzeugung zurückzuführen ist, dass man Fremdworte letztlich doch nur adelt, indem man sie französisch ausspricht. Die Marotte führt leider dazu, dass man als nicht-französischer Radiohörer auf mehrstündigen Überlandfahrten durch Frankreich keine Chance hat, einen englischen Liedtitel oder Bandnamen zu verstehen, wenn ein französischer Radiomoderator ihn ansagt. Oder kennen Sie das Lied Ong von Ü Döh? –

Nein?

Doch: One. Von U2.

Die meisten französischen Moderatoren scheitern schon regelmäßig beim Versuch, die Namen ihrer Stationen auszusprechen, denn die heißen *Kiss*, *NRJ* oder *Fönn-Radio*. Pardon: *Fun-Radio*. Bei meiner Erstbegegnung mit Plastic Bertrand führte die französische Labialrenitenz gegen alles Angelsächsische dazu, dass ich fortan eine Weile glaubte, bei »Pönk« handele es sich um eine kindgerechte belgische Sonderform von Punk. Es war vermutlich der Moment, wo ich begann, Pönk als Protestbewegung nicht mehr vollkommen ernst zu nehmen. Möglicherweise war die Aussprache auch mit ein Grund dafür, weshalb Pönk in Frankreich weit weniger langlebig war als »Pank« in Deutschland. Man trifft jedenfalls in den Fußgängerzonen französischer Großstädte heute deutlich weniger Straßenhundezüchter mit Irokesenfrisur als bei uns.

Die Lichtorgel erzeugte in Marcs Pariser Grottendisco beeindruckende optische Effekte. Marc führte mir mit einigem Stolz noch eine Stroboskoplampe vor, die er aus Gründen, die sich mir damals nicht erschlossen, »*Lampe LSD*« nannte. Ich verstand »Lomp LSD«. Diese sei super für den optimalen Verlauf einer »*Boum*«, bei der es in erster Linie darum ging, »*Slows*« mit »*Nanas*« zu tanzen, erklärte mir Marc. Ich verstand nicht hundertprozentig, was er meinte.

Eine Bildungsreise nach Paris sei eine großartige Sache, hatten meine Eltern vor unserer Fahrt angekündigt, und sie hatten nicht zu viel versprochen. Zahllose kulturelle Impulse griff ich umgehend auf und versuchte sie in Deutschland umzusetzen. Unmittelbar nach unserer Rückkehr wünschte ich mir eine Lichtorgel für unseren Keller und eine Plastic-Bertrand-Platte. Außerdem war ich davon überzeugt, dass meine Heimatstadt dringend so einen Weltraumbahnhof benötigte, wie ihn die Franzosen in Kourou hatten. Diese brillante Idee trug ich sogar einem Freund meiner Eltern vor, der in der Lokalpolitik aktiv war. Er versprach, sich um die Sache zu kümmern. Natürlich wurde nichts daraus – und heute hat die Stadt erheblich mit dem Strukturwandel zu kämpfen.

Der Kater nach La Boum

Ein Jahr nachdem mir Marc in seiner Grottendisco die Vorzüge der Lomp LSD erläutert hatte, kam La Boum – Die Fete in die deutschen Kinos. Nun erschloss sich mir der Gesamtzusammenhang.

»Wahrscheinlich hat kein anderes französisches Kulturprodukt die Frankreich-Phantasien männlicher Wesen der Geburtsjahrgänge 1955 bis 1999 so sehr angeheizt wie La Boum – Die Fete«, behaupte ich gerne bei weinseligen Kolloquien über die deutsch-französischen Beziehungen. Monamour widerspricht an dieser Stelle stets vehement und verlangt, »Geburtsjahrgänge 1955 bis 1999« durch »1955 bis 1981« zu ersetzen.

Mein Verdacht ist aber, dass der Film generationsübergreifend wirkt. Die meisten, die ihn im Knabenalter sahen, träumen auch heute noch von Sophie Marceau. Sie haben jahrelang irgendwelchen halbwegs Vic-verdächtigen Mädchen auf Partys Kopfhörer mit Schnulzpop aufgesetzt und mehr als einmal in ihrem Leben versucht, Reality auf einem Casio-Keyboard nachzuspielen.

Dabei haben sie ernüchtert festgestellt, dass der Kopfhörertrick natürlich nur im Film klappt, weil in echt die Musik draußen viel zu laut ist. Es sei denn, man benutzt schallschluckende Bose-Quietcomfort-Kopfhörer für 350 Euro. Aber die hatte halt in den Achtzigern noch niemand. Die meisten der Kandidatinnen beim »Wirst du meine Vic?«-Kopfhörerspiel reagierten daher mit einem patzigen »Ey, was soll denn das jetzt?«, wenn man ihnen einen klapprigen Schiebebügel mit den leicht speckigen, orangenen Schaumstoffohren auf die Haarspangen schnallte.

Der Vorteil an Sophie Marceau ist, dass sie im Gegensatz zu ihrem damaligen Filmpartner Alexandre Sterling (der Matthieu mit den Kopfhörern) heute immer noch da ist. Vor einer Weile durfte ich sie sogar mal interviewen, als sie Werbung für eine Art zeitgenössische Fortsetzung von La Boum machte – LOL –, ein Film, in dem sie nun altersgerecht die Mutter einer permanent SMS tippenden Göre spielt. Ich hatte also ein Rendezvous mit Sophie Marceau. Wenngleich leider ungefähr 25 Jahre zu spät. Bei dem Interview war ich eigenartigerweise trotzdem so aufgeregt, als sei ich dreizehn und Sophie Marceau fünfzehn. Dabei war das Ambiente keineswegs besonders romantisch, denn wir saßen in einem Konferenzraum ihrer Agentur im 7. Arrondissement. Ich drückte den falschen Knopf meines Aufnahmegerätes. Auf dem Band war hinterher nichts drauf.

Leider konnte ich mich nach dem Gespräch auch nur noch vage daran erinnern, was sie eigentlich gesagt hatte, weil ich sie die ganze Zeit nur leicht debil anlächelte und darauf wartete, dass irgendeiner Reality auflegt. Allerdings erzählte Sophie Marceau auch allerlei wirres Zeug über japanische Gärten und Silvio Berlusconi, das hat meine Konzentration nun auch nicht gefördert. Zum Glück habe ich ihr nicht plötzlich meine Kopfhörer aufgesetzt. Sophie Marceau hat das Interview mit dem dummglotzenden deutschen Journalisten trotzdem ziemlich professionell abgespult. Wahrscheinlich passiert ihr das häufiger, dass sie Leuten gegenübersitzt, die sie anstarren und denken: »Schade, dass jetzt nicht 1982 ist.« Ich habe mir jedenfalls auf dem Weg zu dem Interview die ganze Zeit vorgestellt, dass es 1982 ganz gut gekommen wäre, hätte ich in der großen Pause so eher beiläufig den Satz fallen lassen: »Heute Nachmittag um drei? Nee, da kann ich leider nicht. Da treffe ich Sophie Marceau.« Womöglich habe ich aufgrund dieser verspäteten Pubertäts-Triumph-Phantasie vergessen, den Aufnahmeknopf zu drücken.

Im Gegensatz zu Sophie Marceau war die Wirkung ihres Partners Alexandre Sterling etwas weniger nachhaltig. Jedenfalls auf mich. Aber ich kenne auch kaum Frauen meines Alters, die heute noch von ihm schwärmen. Interessant bleibt allerdings die Frage, inwieweit sein Sexappeal sich seltsamerweise auf beinahe alle französischen Austauschschüler seiner Generation übertrug und diesen in den achtziger Jahren bei Studienaufenthalten in Deutschland unverdiente Erfolge ermöglichte. Auffällig war schon, dass all diese nicht einmal überdurchschnittlich gutaussehenden François, Antoines, Philippes und Pascals, die unter dem Vorwand, Städtepartnerschaften zu pflegen, in unsere Heimatdörfer einfielen, alle nach maximal zwei Abenden mit jenen

Biancas, Kerstins und Martinas wild herumknutschten, um die wir jahrelang vergeblich mit Autoscooterfahrten, Zettelpost und selbstaufgenommenen Mix-Kassetten geworben hatten.

Alexandre Sterling hingegen wurde schon in *La Boum 2 – Die Fete geht weiter* durch Pierre Cosso abserviert. Der brachte es immerhin noch zu einem *Bravo*-Starschnitt in einer Bundfaltenjeans. Die Kussszene auf dem Bahnhof spielte Pierre in dieser Sequel so lebensecht, dass er sogar kurzzeitig Sophie Marceaus *Petit Ami* werden durfte. Die *Bravo* berichtete über den Schlüsselmoment in einer eindringlichen Reportage mit der Überschrift »Und plötzlich war die Zunge drin«. Pierre Cosso hatte in diesem Augenblick den Zenit seiner Laufbahn erreicht. Kurz danach war der aufregendste Punkt in seinem Lebenslauf der Eintrag: »Sophie Marceaus Ex-Freund«. Schauspielerisch ging es auch nicht richtig weiter. In der Fernsehserie *Cinderella 80* durfte er seinen Schmachtblick noch einmal an dem eher dürftigen Sophie-Marceau-Ersatz Bonnie Bianco ausprobieren. Gemeinsam hatte das Paar auch noch so eine Art Hit, die Schmonzette hieß *Stay*, und Cosso klimpert dabei natürlich auf einem Casio-Synthesizer herum.

Je länger man darüber nachdenkt, desto deutlicher wird, wie groß der Kollateralschaden war, den *La Boum* im Beziehungsleben deutscher Pubertierender anrichtete: Mädchen wollten nun auf einmal alle einen Mofa fahrenden Bundfaltenhosenträger mit dunkeläugigem Schmachtblick, Jungs wollten einen brünetten und möglichst sinnlichen Vic-Verschnitt. In Frage kommende Kandidaten für beide Geschlechter sollten natürlich in jedem Fall einen sexy französischen Akzent aufweisen, was die Trefferquote massiv verringerte, wenn man gerade in – sagen wir mal – Quakenbrück pubertierte. Langfristig führte dies auf beiden Seiten zu Unzufriedenheit und am Ende vermutlich zu zahlreichen trostlosen Vernunftehen in ländlichen Gebieten ohne französische Austauschschüler. Was die Jungs im Übrigen ignorierten, war die offenkundige Warnung, die der Film vor dem Mädchentyp Vic am Ende ausspricht. Während sie da nämlich mit Matthieu *Slow* tanzt, sieht sie über dessen Schulter hinweg bereits den nächsten Typen im Zielfernrohr, dem sie das Herz brechen wird. Diesmal ist es ein Blonder.

Ich erinnere mich noch gut daran, dass mich auch das in *La Boum* gezeichnete Familienleben verwirrte, als der Film im Herbst 1981 in Deutschland herauskam. Während in der westdeutschen Provinz, in der ich aufwuchs, die Verhältnisse alles in allem doch noch recht geordnet zu sein schienen – Eltern hatten noch nicht dauernd Affären, und Kinder unter vierzehn mussten ins Bett, bevor um 21.45 Uhr *Dallas* begann –, ging es in Frankreich ganz offensichtlich drunter und drüber.

Die sittlichen Auswirkungen der 68er-Bewegung schlagen sich in dem Film deutlich nieder. Erkennbar ist das schon allein daran, dass die Hauptdarsteller (Vic, ihre Mutter und ihr Vater) in dem Film alle mindestens einmal Latzhosen tragen. Die Grundeinstellung der gesamten Familie ist lebenslustig bis lotterhaft. Die Oma spielt Harfe und fährt so rasant Auto wie eine Nonne in einem Louis-de-Funès-Film. Ihr Stammlokal ist die einstige Künstlerkneipe *La Coupole* auf dem Boulevard du

Montparnasse, und für ihre hormonell verwirrte Enkelin hat sie allerlei praktische Verführungs- und Beziehungstipps parat. Das trifft sich insofern gut, als Vics Eltern ohnehin meist mit ihrer Ehekrise und den diese begleitenden Affären beschäftigt sind: Die Mutter ist schwer kreativ und erfolgreiche Comic-Zeichnerin. Ein bisschen erinnert sie an Claire Bretécher, die von 1975 bis 1980 die inzwischen als Klassiker der Comicliteratur geltende Serie Les Frustrés für das Magazin Nouvel Observateur zeichnete. Außerdem hat Maman, die von Brigitte Fossey gespielt wird, eine Affäre mit Vics Deutschlehrer (dem 2010 verstorbenen Schauspieler Bernard Giraudeau).

Monamour, die La Boum I nach eigenen Angaben 53- und La Boum II 48-mal gesehen hat – und am Ende von La Boum II immer seufzt, er sei nicht so gut wie der erste –, steht auf dem Standpunkt, Vics Mutter hätte diese Affäre mit dem Deutschlehrer nie begonnen, wenn Vics Vater nicht seinerseits eine Affäre mit einer Patientin gehabt hätte. Ich bin da nicht so sicher. Für mich sah das damals so aus, als bräuchte niemand in Paris eine Begründung, um eine Affäre anzufangen. Zumal, wenn der Deutschlehrer gut aussieht.

Dass Vic ausgerechnet Deutsch lernt, ist bezeichnend für die Zeit, aus welcher der Film stammt. In den Achtzigern stand Deutsch in Frankreich noch in dem Ruf, Karrierechancen zu befördern, damals gab es ja auch praktisch noch keine Chinesen. Außerdem galt Deutsch als schwierige Sprache und war schon deshalb prestigeträchtig. Man mutete es in der Regel den eigenen Kindern nur zu, wenn man sie für überdurchschnittlich schlau hielt. Während bürgerliche Familien in Deutschland ihre Kinder gern Latein lernen ließen, quälte die französische Bourgeoisie ihre Kinder mit Deutschunterricht. Heutzutage hat das allerdings spürbar nachgelassen. Waren es 1980 noch mehr als 25 Prozent der französischen Gymnasiasten, die Deutsch lernten, sind es heute gerade noch 15 Prozent. 25 Jahre lang ging die Zahl kontinuierlich zurück – bis sie Ende der nuller Jahre auf einmal wieder sachte anstieg. Dabei handelte es sich jedoch lediglich um eine vorübergehende Erholung, die von Sprachstatistikexperten auch gern die »Tokio-Hotel-Delle« genannt wird.

Diese Magdeburger Manga-Knaben-Kapelle erfreute sich nämlich auch in Frankreich für kurze Zeit einer schwererklärlichen Beliebtheit. Eine Zeitlang liefen Elfjährige in La Roche-sur-Yon und Cavaillon allen Ernstes als Bill-Kaulitz-Imitatoren durch die Gegend und wählten im hormonellen Überschwang freiwillig Deutsch als Fremdsprache. Die Realität holte sie jedoch bald wieder ein, als die ersten Vokabeltests kamen und Tokio Hotel ihre dritte Platte veröffentlichten. Die letzte Tokio-Hotel-Tour im Frühjahr 2010 war in Frankreich allenfalls noch ein mäßiger Erfolg, was vermutlich nicht zuletzt auf die traditionell heftigen Stimmungsschwankungen und Abgrenzungsbemühungen von Pubertierenden zurückzuführen ist. Die Dreizehnjährigen, die Tokio Hotel vor zwei Jahren als Elfjährige noch cool fanden, behaupten nämlich jetzt perfiderweise, Tokio Hotel sei nur etwas für Neunjährige. Deutsch haben sie deshalb meist schon wieder abgewählt. Nur die Anbieter von deutschem Lehrmaterial, die seit zwanzig Jahren nach einem jugendtauglichen deutschen Thema suchen, das ein bisschen aktueller ist als Günter Schabowski, drucken immer noch fleißig Tokio-Hotel-Texte in ihren Übungsbüchern nach, um sich an die französische Jugend ranzuschmeißen. Trendsprache für Kinder global ambitionierter Eltern ist allerdings auch in Paris inzwischen eher Mandarin.

Möglicherweise liegt der langsame, aber stetige Deutschschwund auch daran, dass beim Deutschunterricht der Franzosen mittelfristig nie viel herauskam. Denn die Zahl der Franzosen, die berichten, dass sie erstaunlich lange Zeit in Deutschklassen verbracht haben – »Isch atte ge 'abt sechs Jahre Allemand auf der Lycée« – ist beeindruckend hoch. Sie steht aber in krassem Gegensatz zur Zahl derer, die in der Lage sind, mehr als drei deutsche Sätze hervorzubringen. Wenn die kurze Unterrichtsszene in La Boum nur ansatzweise die pädagogische Wirklichkeit Frankreichs in den achtziger Jahren widerspiegelt, ist das allerdings kein Wunder:

In Vics Deutschklasse wird nämlich Schillers Ode an die Freude rezitiert: »Seid umschlungen, Millionen/Diesen Kuss der ganzen Welt«, sagt Vic tapfer auf – und der Lehrer antwortet darauf allen Ernstes mit: »Ach so. Sehr gut.«

Nun ist gegen das Auswendiglernen von Schiller-Gedichten – zumal wenn es sich um den Text der EU-Hymne handelt – grundsätzlich nichts einzuwenden. Er hilft fünfzehnjährigen Nachwuchseuropäern im Schüleraustausch in Alltagssituationen jedoch auch nicht weiter als eine Tokio-Hotel-Liedzeile der Sorte:

»Ein halber Mond versinkt vor mir / war der eben noch bei dir?«

Mal abgesehen davon, dass 80 Prozent aller französischen Gymnasiasten jetzt überzeugt davon sind, dass es in Deutschland regelmäßig monsunartig regnet.

Während sich Vics Mutter also mit dem Klassik-interessierten Deutschlehrer amüsierte, hatte der Vater (Claude Brasseur) – ein Zahnarzt – eine Affäre mit einer Patientin, die gemäßigt sadomasochistische Vorlieben pflegte. Claude Brasseur genoss im Übrigen das Privileg, dass er, relativ kurze Zeit, nachdem er Sophie Marceaus Vater spielte, gleich auch ihren Liebhaber geben durfte – sechs Jahre nach *La Boum* in dem Streifen *Descente aux enfers* (auf Deutsch: *Abstieg zur Hölle*). Das sorgte 1986 selbst im moralisch eher entspannten Frankreich für einen *petit scandale*. Kurz wurde die Frage erörtert, ob das nun Zelluloid-Inzest sei, aber die Debatte endete wie die meisten moralischen Debatten in Frankreich mit einem herzhaften »Na und?« – *Eh alors*?

Der Film geriet darüber rasch in Vergessenheit. Zu Recht. Denn er ist ziemlich grauenhaft. Der Höhepunkt besteht aus einer Liebesszene zwischen dem damals fünfzig Jahre alten, dicken Brasseur und der zwanzig Jahre jungen, gerade nackt den Fluten entstiegenen Sophie Marceau am Strand.

Als französische Jungschauspielerin mit ernsthaften Karriereambitionen kommt man um diese Schlüsselerfahrung selten herum: Eher früher als später muss man eine Rolle spielen, in der man mit einem mindestens dreißig Jahre älteren Mann ins Bett geht, der zwanzig Kilo Übergewicht und mehr Haare auf dem Rücken als auf dem Kopf hat. Ein famoses Exempel dieser Konstellation bietet etwa Vanessa Paradis, die in *Noce blanche* (*Weiße Hochzeit*) aus dem Jahr 1989 das Vergnügen mit dem jüngst im Alter von 80 Jahren verstorbenen Bruno Cremer hat. Vanessa Paradis war damals 17. Cremer spielt in dem Film ihren Philosophielehrer, der laut Drehbuch 47 Jahre alt ist. Tatsächlich war der Schauspieler damals knapp 60.

Das Muster erfreut sich nach wie vor großer Beliebtheit. Französische Geistesarbeiter im fortgeschrittenen Alter verfügen ganz offensichtlich über eine unwiderstehliche Anziehungskraft – ungeachtet ihrer nicht zu übersehenden körperlichen Defizite. Zumindest scheinen davon französische Drehbuchautoren überzeugt zu sein, die vermutlich mehrheitlich männlich, fortgeschrittenen Alters und körperlich nicht mehr ganz so gut in Schuss sind. Um sich zu trösten, schreiben sie dann Sex-Märchen wie diese: Mélanie Laurent (Jahrgang 1983) verfällt als Studentin in Cédric Klapischs Episodenfilm *So ist Paris* aus dem Jahr 2008 einem 32 Jahre älteren Sorbonne-Professor für Stadtgeschichte, der gerade die SMS als Flirt-Instrument für sich entdeckt. Der Professor wird von Fabrice Luchini gespielt, der inzwischen 60 ist.

Je mehr Filme dieser Güte man im Laufe der Jahre sieht, desto dringender wird der Verdacht, dass möglicherweise die französische Frau als solche ihren Ruf als unwiderstehliche Verführerin nicht unbedingt verdient hat und die eigentlichen Meister auf dem Gebiet der *Séduction* kugelige alte französische Männer mit Epilationsangst sind.

Allerdings fehlte mir für derartige Betrachtungen Anfang der Achtziger zwangsläufig noch der kritische Blick. Damals interessierten mich eher die offenkundigen Unterschiede im Alltag einer Pariser Heranwachsenden zu meiner eigenen Existenz. Mit einem gewissen Neid stellte ich beim Betrachten von *La Boum* fest, dass Pariser Eltern geduldig und tolerant vor der Haustür warteten, wenn sie ihre Kinder von einer Boum abholten, während meine Eltern noch einige Jahre später dadurch auffielen, dass sie bei sogenannten Engtanzpartys hereinplatzten, das Licht anmachten und mich mit einem in den Saal posaunten »Wer hat an der Uhr gedreht?« am Schlafittchen von der Tanzfläche holten, wenn sie fanden, es sei an der Zeit.

Nachdem ich *La Boum* gesehen hatte, wollte ich in jedem Fall auch 68er-Eltern, obwohl ich damals noch nicht wusste, dass die so hießen, und nicht ahnen konnte, dass 68er-Eltern, wenn man sie hat, ganz andere Probleme verursachen.

Vor allem aber wünschte ich mir, mein Vater hätte auch so ein cooles Auto wie Vics Vater im Film: einen Talbot Matra Rancho X 3010 mit Suchscheinwerfer. Der sah aus wie ein Geländewagen. Als ich meinem Vater vorschlug, er sollte dieses Modell bei der nächsten Neuwagenanschaffung ins Auge fassen, lehnte er jedoch dankend ab: »Ein französisches Auto? Ich kaufe mir ja auch keine holländischen Ski.«

Im Nachhinein muss ich zugeben, er hatte nicht ganz unrecht. Man findet den Wagen heute nicht einmal mehr als Oldtimer. Die 56 000 Stück, die zwischen 1977 und 1983 gebaut wurden, sind fast alle vollständig weggerostet. Möglicherweise haben sich die Franzosen auch deshalb lange Zeit geweigert, bei der Mülltrennung mitzumachen. Sie gingen aufgrund ihrer Erfahrungen davon aus, dass sich Industrieprodukte ohnehin weitgehend rückstandslos auflösen.

Trotzdem war die Karre als Vorläufer der Fahrzeugklasse SUV (Schluckt Unmengen Vernunft) natürlich absolut stilbildend, wenn man sich vergegenwärtigt, dass heute jede besserverdienende Hausfrau Porsche Cayenne fährt. Der Talbot Matra Rancho war allerdings ökologisch vernünftiger als ein Cayenne, nicht nur weil man ihn nicht recyceln musste: Er sah nur so aus, als hätte er Allradantrieb, und er benötigte nicht gleich zwei Frauenparkplätze.

Die Geschichte von Justine oder die Nachteile meiner Tugend

Wie viele andere überhörte auch ich geflissentlich die eindeutige Warnung, die La Boum vor der fatalen Femme française aussprach: »Le jour où un mec sera amoureux de moi, je le ferais souffrir horriblement«, sagt Samantha, die kleine Schwester von Vics Freundin Pénélope, nämlich an einer Stelle des Films, ohne mit der Wimper zu zucken: »Wenn sich eines Tages ein Typ in mich verliebt, werde ich ihn schrecklich leiden lassen.« Aber das wollten wir alle nicht hören.

Dabei hatte ich zu jener Zeit längst schon einschlägig schmerzhafte Erfahrungen gesammelt. Bei meinem ersten Frankreichurlaub 1975 in Saint-Raphaël hatte ich Justine kennengelernt. Justine hatte lange braune Haare, braune Augen und lustige Sommersprossen auf ihrer Stupsnase. Sie trug meistens ein rosa kariertes Vichy-Kleid wie Brigitte Bardot – und am Strand gern *Monokini*, wie er damals à la mode war. Also kein Oberteil. Justine war eine echte Pariserin. Mir gefiel das.

Justine war schon etwas reifer als ich. Sie war sieben. Wir spielten den lieben langen Tag mit unseren Schaufeln und Plastikeimern am Strand. Wir sammelten Muscheln, Orangina-Dosen, Peugeot-Radkappen und was man sonst noch so an französischen Stränden findet. Aus den weißen Muscheln bauten wir stundenlang kunstvolle Mosaike. Justine fragte zwischendurch immer wieder mal »*Ça te plaît?*« – was ich dummerweise nicht auf Anhieb verstand. Vorsichtshalber antwortete ich dann mit »*non*«, weil ich befürchtete, sie hätte irgendein anderes Spiel vorgeschlagen. Dass »*non*« nein heißt und »*oui*« ja, wusste ich. Irgendwann klärte mich mein Vater bei einem seiner Kontrollbesuche in unserer Spielzone darüber auf, dass Justine mich einfach nur fragte, ob mir unser Spiel gefiel. Seither antwortete ich auf all ihre Fragen mit »*oui*«.

Besonders gerne ließ Justine den Sand durch ihre Finger auf meine braungebrannte Haut rieseln. Manchmal bat sie mich, ihr den Rücken mit Piz-Buin-Sonnencreme einzureiben. Ich hielt das für ein besonderes Privileg, das mir gewährt wurde. Erst Jahre später, als ich circa 1993 den Sophie-Marceau-Film *Fanfan & Alexandre* sah, ging mir ein Licht auf.

Offenbar, so erkannte ich jetzt, handelte es sich bei der Rückeneinreibenummer um einen Verführungstrick, der bei Französinnen serienmäßig eingebaut ist. In *Fan-*

fan & Alexandre entsteigt Sophie Marceau wieder einmal quasi nackt den Fluten und begegnet am Strand Alexandre (Vincent Perez), der dort zufälligerweise schon im Trenchcoat sitzt. Anfang der Neunziger war das in Frankreich noch üblich – im Trenchcoat an den Strand zu gehen. Fanfan – also Sophie Marceau – legt sich auf den Bauch und reicht Alexandre/Vincent die Hawaiian-Tropic-Sonnencreme. Irgendwann dreht sie sich sogar auf den Rücken um. So weit ging Justine damals zum Glück nicht. Ich weiß auch nicht, ob ich das verkraftet hätte. Es war schon aufregend genug, ihr den Rücken einzucremen.

Eines Tages jedoch legte sich eine Wolke über unser junges Glück. Die Wolke hieß François. François war schon neun, einen Kopf größer und entsprechend stärker als ich. Obwohl er Franzose war.

Während ich in einer formlosen Frottee-Badehose über den Strand tollte, trug er bereits einen jener knackigen Tangas, die bis zum Aufkommen von Vilebrequin-Bermudas in den neunziger Jahren für französische Männer, die sich in Ufernähe aufhielten, *de rigueur* waren. François, so viel begriff ich schnell, war mein Feind. Er kämpfte mit mir um die Gunst Justines, und er hatte nicht nur körperliche Vorteile. Vor allem sprach er ihre Sprache. Ständig formte er mit den Händen einen Trichter um seinen Mund und flüsterte Justine irgendetwas ins Ohr. Sie kicherte dann meistens. Mich machte das rasend. Justine ihrerseits verstand es instinktiv, aus der neuen Konstellation Nutzen zu ziehen.

Sie rief Muschel- und Seeigelsuchwettbewerbe aus, bei denen François und ich uns bis zur Erschöpfung bekämpften. Wahrscheinlich habe ich dabei damals in meiner Altersklasse sämtliche Landesrekorde im Apnoe-Tauchen gebrochen. Dass diese Disziplin existierte, erfuhr ich aber leider erst zwölf Jahre später – als Luc Bessons Film *Le Grand Bleu – Im Rausch der Tiefe* ins Kino kam. Trotzdem zog ich meistens den Kürzeren, denn erstens konnte François länger die Luft anhalten als ich, und zweitens entschied sich Justine als einziges Mitglied der Muschel- und Seeigel-Jury fast immer für die Schätze, die François ihr geborgen hatte. Ich grämte mich und begann, das Konzept der »Erbfeindschaft« zu begreifen. Eines Nachmittags sah ich François, wie er wieder mal eifrig in Justines Ohr tuschelte. Sie kicherte. François wisperte deutlich länger als sonst. Justine, so schien mir, kicherte auch lauter als sonst. Jetzt war sie es sogar, die in François' Ohr flüsterte. Ich wurde grün vor Eifersucht.

Wenig später jedoch war Justine ungewöhnlich nett zu mir. Sie ließ mich sogar von ihrem *Beignet aux pommes* abbeißen – einer der famosen Apfeltaschen, die von den laut rufenden Händlern am Strand verkauft wurden. Dann stellte Justine mir eine Frage. Ich verstand nichts, aber vorsichtshalber antwortete ich mit »*oui*«. Justine schien erfreut. Sie bedeutete mir, dass ich mit meiner Schaufel anfangen sollte, ein Loch zu graben. Sie selbst grub eifrig mit. Ich schöpfte auch noch keinen Verdacht, als François sich zu uns gesellte und noch eifriger mitgrub. Schließlich hatte Justine mich gebeten, ein Loch mit ihr auszuheben. Ich war überzeugt, dass er jetzt bloß versuchte, sich rasch wieder bei Justine einzuschmeicheln, nachdem ich ihn kurzfristig in den Sympathiewerten überholt hatte. Wir schaufelten ein Loch, das etwa

60 Zentimeter tief, 1,20 Meter lang und 40 Zentimeter breit war – also alles in allem etwa so groß wie ich.

Nun wunderte ich mich allerdings doch ein wenig, als Justine mich aufforderte, mich kurz in das Loch hineinzulegen. »*Juste comme ça*«, sagte sie noch.

Ich zweifelte, ob ich sie korrekt verstanden hatte, aber bevor mir das Wort »*pourquoi*?« einfiel, hatte François mich bereits mit einem ansatzlos ausgeführten Schulterwurf in die Grube befördert. Ich staunte dann doch, wie entschlossen François und Justine nun gemeinsame Sache machten. Es sah fast so aus, als hätten sie sich abgesprochen. Wie Tagebaubagger wirbelten ihre Schäufelchen durch den Sand und begruben mich binnen weniger Sekunden unter einem halben Meter grobkörnigem Côte-d'Azur-Sand.

Meinen Kopf ließen sie am Ende gnädigerweise herausragen. Justine putzte mir sogar mit ihrem Papiertaschentuch einige Körner vom Mund ab, während François mit kräftigen Schaufelschlägen den Sand über meinem Körper festklopfte. Als er die Planierarbeiten beendet hatte, dekorierte er mein Strandmausoleum demonstrativ mit der kleinen Deutschlandfahne, die meine Eltern mir einige Tage zuvor in der Strandboutique gekauft hatten. Dann füllte er meine Gießkanne in der Brandung und goss mir zum Abschluss ein Algen-Abfall-Wassergemisch über den Kopf. Justine kicherte begeistert. Ich prustete traurig.

François und Justine verabschiedeten sich nun unter reichlich Gewinke von mir. »*Au re-voir, au re-voir*«, singsängelten sie dabei. Dann ließen sie mich zurück. Sie entfernten sich rasch. Ich blickte ihnen nach. Ab und an wandten sie sich um, schauten zu mir und lachten dabei schallend, weil mein Kopf im Sand aus der Ferne immer kleiner wurde. Irgendwann hörten sie auf, sich umzudrehen. Sie gingen in Richtung Miko-Eisstand. Im Gegenlicht war mir, als gingen sie Hand in Hand. Mein Rachebedürfnis war in diesem Moment in etwa in einer Liga mit dem des Grafen von Monte Christo.

Ich weiß nicht mehr, wie lange ich dort eingebuddelt blieb. Der Beignet-Verkäufer entdeckte mich auf seiner Runde eher zufällig und exhumierte mich netterweise.

Abschweifung: Theorie der Pariserin

> Französische Frauen sind so *oh, là là là*
> Sie haben dieses gewisse *Je ne sais quoi*
> Sie haben Chic, Charme und Esprit
> Und kommen nicht aus Hoyerswerda
> Sondern aus Paris
>
> Thomas Pigor

Ich habe Männer reifen Alters erlebt, die schlagartig begannen zu sabbern und zu hecheln, als ich ihnen eröffnete, dass ich in Paris lebe. Dann folgte zumeist ein ekstatischer Brunstschrei:

»Aaaaaaaaahhhh, Pa-riiiiiiiihhh!«

Die zweite Silbe des Ortsnamens betonten sie dabei übertrieben lustvoll, weil sie das offenbar für besonders französisch hielten. Es folgte ein unvermeidliches »*oh, là là là*« – dabei rissen die Männer die Augen auf, spitzten den Mund und fuchtelten wild mit der linken Hand, als hätten sie sich gerade an einer viel zu heißen Tarte aux Pommes verbrannt.

Mir ist nie klargeworden, was genau diese Männer mit dieser Gesten- und Tonfolge ausdrücken wollten, aber ich ahne, was sie sich so vorstellten. Wahrscheinlich hatten auch sie zu viele französische Filme gesehen, in denen dicke alte Männer mit attraktiven und aufregenden jungen Frauen ins Bett gehen durften. Deshalb hatte sich bei ihnen irgendwann der Glaube verfestigt, dass Paris eine superheiße Stadt sei. Insbesondere für dicke alte Männer wie sie selbst.

Sie konnten zumeist nicht wissen, dass in Wirklichkeit attraktive junge Frauen in Paris genauso ungern mit dicken alten Männern ohne Geld ins Bett gehen wie überall sonst auf der Welt. Französische Frauen gehen nur in französischen Filmen gerne mit rückseitig behaarten, welkfleischigen Durchschnittsverdienern ins Bett. Aber dieses häufig wiederkehrende Drehbuchelement war ganz offensichtlich eine verdammt wirksame virale Marketingmaßnahme, die dazu beigetragen hat, den Mythos der Pariserin weltweit in Männerhirne einzubrennen.

Ich selbst muss gestehen, dass mich meine frühen schmerzhaften Erlebnisse mit Justine am Strand von Saint-Raphaël einigermaßen immunisiert haben. Jedenfalls scheine ich seither für die sagenumwobenen Reize der Pariserinnen weniger empfänglich zu sein als der durchschnittliche männliche Gelegenheits-Paris-Besucher. Möglicherweise liegt das an dem Trauma, welches die Erfahrung hinterließ, von einer attraktiven Pariserin kaltherzig abserviert, verbuddelt und der herannahenden Flut überlassen zu werden. Möglicherweise liegt es aber auch an der Gewissheit, dass sich keine noch so aufgedonnerte Pariserin je mit Monamour wird messen können.

(Den letzten Satz des vorherigen Absatzes hat mir übrigens Monamour diktiert, während sie mir die Doppelspitze unseres Rösle-Camembertmessers von hinten zärtlich zwischen die dritte und vierte Rippe bohrte.)

Sei es, wie es sei, meine fehlende sentimentale Empfangsbereitschaft hat den Vorteil, dass ich mich dem Sujet der *Parisienne* seit geraumer Zeit leidenschaftslos und mit nahezu wissenschaftlicher Objektivität widmen kann. Bei diesen Feldforschungen gelangte ich mittlerweile zu einigen vorläufigen Hypothesen, die ich im Folgenden ungeschützt ausbreiten werde.

Der Ruf der Pariserin scheint ein für alle Mal festzustehen, ist aber interessanterweise offenbar »gegendered«, wie man das heute auf Geschlechterforschungsneudeutsch nennt. Das heißt: Männer und Frauen sehen nicht dasselbe, wenn sie die Pariserin sehen.

Männer sehen in der Pariserin in erster Linie eine distinguierte Schlampe. Eine Frau, die hinter ihrer Fassade aus geföhnter Bürgerlichkeit jederzeit bereit scheint zu außerehelichen Abenteuern aller Art.

Die Pariserin weiß natürlich, dass die Welt ihr nachsagt, leicht zu haben zu sein. Deswegen ist sie permanent bemüht, genau das Gegenteil zu beweisen. Die größte Sorge der Pariserin ist nämlich, dass man sie persönlich für eine dieser Schlampen halten könnte. Weil die Pariserin sich gegen den Ruf verwahrt, der ihr vorauseilt, läuft in Paris letztlich weit weniger, als man landläufig phantasiert.

Frauen, will sagen: Nicht-Pariserinnen, sehen in der Pariserin vor allem eine in puncto Eleganz uneinholbare Konkurrentin. Neid und Eifersucht ruft die Pariserin nicht zuletzt dadurch hervor, dass sie angeblich nicht nur besseren Sex hat als alle Nicht-Pariserinnen, sondern darüber hinaus Crème brûlée essen und Champagner trinken kann, so viel sie will, und trotzdem lebenslang in Kleider der Größe 36 passt.

Léon-Paul Fargue, jener Autor, der nach Meinung von Walter Benjamin mit *Le Piéton de Paris* das beste Paris-Buch überhaupt geschrieben hat, äußerte 1932 die nach wie vor gültigen Sätze: »Es ist ziemlich schwierig zu sagen, was eine Pariserin ist. Umgekehrt ist eine Frau leicht zu erkennen, die keine Pariserin ist.«

Die Pariserin bildet die perfekte Projektionsfläche, die Männern wie Frauen aus aller Welt die Gelegenheit bietet, ihre jeweiligen Minderwertigkeitskomplexe zu spiegeln und zu vergrößern. Männer stellen sich mit der Pariserin den wilden Sex vor, den sie zu Hause nie erleben; Frauen träumen sich mit ihr in die Kleider, in die sie selbst niemals passen werden.

Einem durchschnittlich sexphantasiebegabten Mann schwebt unter »Pariserin« dabei in der Regel ungefähr der Typ vor, den Catherine Deneuve 1967 in Luis Buñuels Film *Belle de Jour* verkörpert: Die Pariserin ist dieser Phantasie zufolge eine ordentlich frisierte und dezent geschminkte Hausfrau in Yves-Saint-Laurent-Kleidern, die mit einem sterbenslangweiligen Chirurgen verheiratet ist. Das Eheleben verläuft sexuell entsprechend unbefriedigend, weshalb Catherine Deneuve unter dem Künstlernamen *Belle de Jour* bald einer Halbtagstätigkeit im Bordell der Madame Anaïs nachgeht und dabei die eine oder andere masochistische Phantasie ausleben darf. Der Film hatte zur Folge, dass man fortan die Deneuve gern mit ihrer Rolle verwechselte und darüber hinaus offenbar den Kurzschluss zog, alle Pariserinnen seien wenigstens ein bisschen Belle de Jour.

Zu dieser nachhaltigen Verwirrung trugen möglicherweise auch Interviews wie jenes bei, das die Journalistin Margret Dünser 1970 für das ZDF mit der Deneuve führte: »Immer nach der neuesten Mode gekleidet«, »kühl nach außen, innen Lava« sei die Deneuve und deshalb »prädestiniert für den verderbten Typ«, fand Frau Dünser.

Catherine Deneuve tut dann in dem Gespräch das ihrige, um den Mythos der Pariserin zu bekräftigen: Sie erklärt, sie sei nicht nur »gegen Funktionsunterwäsche«, sondern auch »gegen die Gleichheit der Geschlechter«. Zwar sei sie »für eine gewisse Emanzipation«, aber »gegen alles, das anti-feminin ist und das in Richtung einer Maskulinisierung der Frau geht«.

Der männliche ZDF-Zuschauer, der Anfang der siebziger Jahre begann, sich vor Alice Schwarzer zu fürchten, wird gerne vernommen haben, dass die Pariserinnen die Nummer mit der Gleichberechtigung offenbar nicht so bierernst nahmen wie ihre deutschen Kolleginnen – und vor allem unter keinen Umständen bereit waren, auf Reizwäsche zu verzichten.

Nun ist die Legende der sexuell allzeit verfügbaren Pariserin nicht erst in den sechziger Jahren entstanden, sondern erheblich früher. Der Roman zum Film von Joseph Kessel stammt aus dem Jahr 1930. Fünf Jahre zuvor verfasste ein ehemaliger Reichswehrmajor namens Maximilian Delmar ein heute von der Kulturgeschichte weitgehend verdrängtes Werk zum Thema: *Französische Frauen. Erlebnisse und Beobachtungen, Reflexionen, Paradoxen.* Darin findet sich im Prinzip dieselbe Verheißung wie in *Belle de Jour*: »Je erlesener sich die Französin die Glieder bekleidet, umso lieber, mein Freund, steigt sie mit dir nackt ins Bett«, behauptet Delmar.

Der Autor hatte anscheinend während des Ersten Weltkrieges regelmäßig nach Dienstschluss anregende Begegnungen mit der französischen Weiblichkeit und ließ sich dadurch zu seinem etwas überschwänglichen, philosophisch verbrämten Traktat hinreißen. Schon in der »Klimatik Frankreichs« sieht er einen erotisierenden Faktor, der dafür sorge, dass es »Honigmond feiernde« Paare »unermüdlich aus dem Heckenbusch in die heimische Kammer« zieht.

So ziemlich alles, was Delmar in Frankreich entdeckt, dient ihm als Beweis, dass es der französischen Nachbarin immer nur um das Eine geht. Besonders beeindruckt ist er von den Betten in Frankreich: In den Quartieren der vergangenen Kriegszeit habe er »wahre Wunderdinge der Federung und der Vibration« kennengelernt:

»Die natürliche Anlage der an diesem Körperteil vom Schöpfer so vorsorglich mit Fettpolstern versehenen Frau wird dadurch noch bedeutend erhöht. Die mechanischen Nebengeräusche übertönen niemals die animalischen Töne der Liebe und stören ihre Weltvergessenheit nicht mit der kreischenden Litanei höhnischer

Spiralfedern. Die Überlegenheit der französischen Kultur lässt sich im Hinblick auf die glänzende Mechanik des Ehebetts, die bei aller Gründlichkeit doch eine sehr diskrete Behandlung der Umarmung ermöglicht, nicht verleugnen.«

Der delirierende Delmar wäre heute höchstwahrscheinlich völlig vergessen, wenn ihm damals nicht Kurt Tucholsky einen deftigen Verriss gewidmet hätte, in dem er Delmar als durchgeknallten Erotomanen abtat. Tucholsky gab sich als Paris-Korrespondent für die Zeitschrift *Weltbühne* Mitte der zwanziger Jahre allergrößte Mühe, hartnäckige Frankreichklischees zu zertrümmern. In einem Text mit dem hübschen Titel *Wie sich der deutsche Stammtisch Paris vorstellt* karikiert er die landläufigen Vorstellungen über Paris so:

»Paris ist eine Stadt, deren weibliche Bewohner meist in horizontaler Lage anzutreffen sind und deren männliche, champagnerbesoffen, hysterisch nach dem Kopf Hindenburgs rufen. Das degenerierte Volk der Franzosen wälzt sich in nackten Paaren auf den Boulevards und ruft abwechselnd ›gloire‹ und ›à Berlin‹.«

Vorstellungen wie diese, vermutete Tucholsky, wurden nicht nur vom *queue*-gesteuerten Major Delmar, sondern auch von diversen Dichtern wie etwa Fritz von Unruh verbreitet, der 1913 in seinem Drama *Louis Ferdinand Prinz von Preußen* eine Hofdame den folgenden Satz zum Prinzen sagen lässt:

»Komm mit, du kennst Paris nicht, da laufen die Leute nackt herum.«

Tucholsky waren Sätze wie diese der Beleg dafür, dass sich auf Paris »die sexuelle, erotische und modische

174

Sehnsucht von Kontinenten« konzentriert. Und alles, was das enge Zuhause nicht dulde oder nicht zur vollen Entfaltung kommen lasse, »wird im Wunschtraum hierher verpflanzt«.

Betrachte man hingegen die Pariser Wirklichkeit, werde man unweigerlich ernüchtert. Dann stelle man nämlich Folgendes fest:

»Der Frauentypus, der auf den Straßen zu sehen ist, ist nicht hübsch und hat zum allergrößten Teil nicht den Flair, den man ihm heute noch andichtet.« Tucholsky hatte nur das Pech, dass er ein ziemlich einsamer Rufer in der Wüste blieb. Alle anderen, so scheint es, schrieben das Parisienne-Klischee munter fort.

Dabei war die zügellose Schwärmerei für die Pariserin ein vergleichsweise neues Phänomen. Noch im 19. Jahrhundert hatte die Pariserin eine ziemlich schlechte Presse. Alles, was man heute an ihr sexy findet, warf man ihr damals vor. Sie verkörperte Eitelkeit, Oberflächlichkeit und Habgier. Sie galt als frivol und verschlagen – die Pariserin ist im 19. Jahrhundert das schlangenartige Gegenstück zur reinherzigen Provinzlerin. Balzac nannte sie »eitel in der Toilette und im Geiste«, für Maupassant war sie der »ungeheure und elegante Triumph der Falschheit«, und Henry de Montherlant sah das noch 1929 ganz ähnlich: »Falsche Augen, falscher Mund, falscher Teint, alles falsch, mit dem Ziel zu gefallen.« Die Pariserin erregte bei ihm nichts als »Abscheu und Ekel«. Allerdings musste selbst Balzac, der die Pariserinnen wahrlich nicht mochte, einräumen, dass bei aller Niedertracht »jenem ein Sinn fehlt, der sie nicht bewundert«.

Den überraschenden Karrieresprung vom Luder zur

Göttin vollzog die Pariserin nach dem Ende der Monarchie 1871. In der Republik machten die Franzosen die Pariserin zur neuen Ersatzkönigin der Herzen. Die Republik war es, die die *Marianne* zu ihrer Symbolfigur erwählte. Die Herkunft dieser Marianne ist zwar umstritten, womöglich stammt sie sogar aus der Provinz, aber dass sie sich früher oder später in eine waschechte Pariserin verwandelt hat, steht außer Zweifel. Marianne ist jene Frau, die auf dem berühmtesten Gemälde des Malers Eugène Delacroix als »Freiheit« porträtiert wird, die das Volk anführt. Diese verantwortungsvolle Aufgabe erfüllt sie selbstverständlich oben ohne.

Es kommt nicht von ungefähr, dass heute noch alle paar Jahre die aktuell attraktivste Französin auserkoren wird, als Modell zu dienen für die Büste der Marianne, die in Frankreich in sämtlichen Rathäusern steht. Bislang widerfuhr Brigitte Bardot, Catherine Deneuve, Inès de la Fressange und Laetitia Casta diese Ehre. In den siebziger Jahren war unerklärlicherweise auch Mireille Mathieu einmal an der Reihe, deren sexuelle Ausstrahlung jene einer durchschnittlichen Blockflötenlehrerin aus Osnabrück nicht unbedingt übertrifft. Eine von Mireille Mathieu angeführte Revolution möchte man jedenfalls vorsichtshalber lieber nicht zu Ende denken.

Ihren Aufstieg zum globalen Sexsymbol erlebte die Pariserin also mit dem Ende des Zweiten Kaiserreichs und dem Beginn der Republik. Schon in Offenbachs Operette *La vie parisienne* 1866 bemerkte der Baron: »Es gibt nur die Pariserinnen, die so aufzutreten wissen.«

Dass die Pariserin im letzten Drittel des 19. Jahrhunderts unter genauerer Beobachtung stand, lag auch daran, dass zu dieser Zeit in Paris dank der populären, glitzernden Passagen rege flaniert wurde. Die Pariserin hatte in diesen Galerien des Luxus die ideale Bühne, um sich auszustellen, und im Flaneur einen aufmerksamen Beobachter, der ihre Reize registrierte. Damit wuchs auch die Zahl ihrer Bewunderer. Ihr Aufstieg fiel in jene Periode, in der auch die Mode zu einer immer wichtigeren Industrie wurde, die ihre Neuheiten immer schneller auf den Markt brachte. Die Pariserin war ihre wichtigste Vermarkterin und zugleich ihr einziger Maßstab. Die Pariserin ist à la mode. Sie ist die Mode.

In den schwärmerischen Beschreibungen der Pariserin der folgenden Jahrzehnte findet sich immer wieder die Bemerkung, dass die Pariserin stets das richtige Maß findet, sie ist modisch gekleidet, aber nie zu modisch: »*jamais trop*«, sie ist auch niemals zu stark geschminkt, sondern so perfekt, dass es fast wieder natürlich wirkt. Dieser Perfektionismus ist dann wiederum nicht allzu überraschend, wenn man sich vergegenwärtigt, dass es gerade diese Pariserin ist, die die Maßstäbe selbst setzt.

Ihren Aufstieg zur weltweit gültigen Eleganz-Benchmark hat die Pariserin ungefähr mit der Weltausstellung im Jahr 1900 abgeschlossen. Sie ist als moderner Mythos nur unwesentlich jünger als der Eiffelturm. Wurde sie zuvor für ihre Flatterhaftigkeit und ihre materiellen Gelüste gescholten, sehen ihr ihre Verehrer ab sofort beinahe alles nach und glauben vor Liebe blind an ihr gutes Herz. Léon Gozlan, der ein lesenswertes Standardwerk mit dem Titel *Les Maîtresses à Paris* verfasst hat, würdigt die Ausstrahlung der Pariserin, die weit über die

Grenzen Frankreichs hinausreicht: »Für die Russen ist die Pariserin der schlagendste Beweis der Überlegenheit der Franzosen über andere Nationen. Sie ist die Frau, von der man mit sechzehn träumt und an die man sich mit sechzig erinnert.« Hubert Juin, der ein Buch mit dem Titel *La parisienne, les élegantes, les célébrités et les petites femmes* schreibt, kommt zu dem Schluss: »Was ist die Pariserin? Frau mit großem F.« Und Jean-Louis Bory erklärt Paris zur »weiblichsten Stadt der Welt«.

Ungefähr zur selben Zeit, da Tucholsky über den Kontrast zwischen hartnäckigen Pariserinnen-Klischees und der weit weniger erregenden Realität schreibt, Mitte der zwanziger Jahre, gerät die Pariserin in eine Imagekrise. Plötzlich hat sie als weltweites Sexsymbol und Muster an Eleganz vorerst ausgedient. Der Aufstieg der globalen Massenkultur Anfang der zwanziger Jahre raubt ihr die Besonderheit. Die New Yorkerin macht ihr ernsthaft Konkurrenz. »Hollywood killed the Parisienne«, könnte man behaupten, zumindest vorübergehend. Hinzu kommt, dass die Zeit des urbanen Müßiggangs vorbei ist, es wird nicht mehr flaniert, sondern Auto gefahren. Die Passagen und Boulevards – die Bühnen der Pariserin – haben ihre große Epoche hinter sich.

Doch die Pariserin beweist in dieser Phase Steherqualitäten. Das hat sie mit einer ihrer herausragenden Vertreterinnen gemein, die sie zuerst miterschaffen und dann modernisiert hat: Coco Chanel. Nach dem Zweiten Weltkrieg sind beide plötzlich wieder da. Coco Chanel, die sich während der Besatzungszeit in Frankreich einen Nazi als Liebhaber leistete und deswegen nach Kriegsende vorübergehend zur Persona non grata geworden war, kehrt aus der Schweiz zurück und beginnt, die neue Pariserin anzuziehen.

1953 erscheint ein neues Monatsmagazin mit dem Namen *La Parisienne*. Im Editorial des ersten Heftes verweisen die Herausgeber auf den antiken Tempelfries aus Knossos, der vermutlich eine stolze Priesterin zeigt. Man hatte ihr den Namen »La Parisienne« verpasst, denn das Bildnis zeigt »eine adrette Figur mit leicht gerümpfter Nase«.

Kurz darauf beginnt der aus Ägypten nach Frankreich eingewanderte Illustrator Kiraz für das Wochenblatt *Aujourd'hui en France* eine Cartoonserie mit dem Titel *Les Parisiennes* zu zeichnen, in der er Woche für Woche den Prototyp der modernen Pariserin karikiert. Eine pausbäckige Kindfrau mit langen Beinen, deren egomanische Dämlichkeiten doch stets irgendwie so charmant rüberkommen, dass man ihr umgehend noch die größten Herzlosigkeiten verzeiht. Kiraz zeichnet die Pariserin zumeist an der Seite ihrer überforderten Liebhaber oder im Zwiegespräch mit ihrer besten Freundin, der sie Sachen anvertraut wie: »Ich suche einen reichen Mann, den ich nicht wegen seines Geldes heirate.«

Kiraz' Cartoons sind seit Jahrzehnten im amerikanischen *Playboy* und der japanischen *Vogue* zu bewundern und haben erheblich dazu beigetragen, ein spezifisches Pariserinnen-Bild weltweit zu verfestigen. Der Modemacher Christian Lacroix beruft sich ausdrücklich darauf, wenn er die Pariserin so definiert:

»Die Pariserin? Eine Zusammenstellung von Klischees, die Wirklichkeit geworden sind. Die Rotzigkeit und Eleganz von Arletty, eine Baskenmütze, ein langes

179

Paar Beine in Seidenstrümpfen, eine Zeichnung von Kiraz. Alles in Gegensätzen, sie ist ewig jung, aber sie weiß alles vom Leben. Sie schwebt zwischen Volkstümlichem und Gehobenem, zwischen Montmartre und dem Faubourg Saint-Germain, sie ist oberflächlich, aber belesen. Ihre Eleganz besteht aus Konvention und Unabhängigkeit. Sie ist unnachahmlich.«

Gelegentlich hört man auch einige weniger enthusiastische Beschreibungen der Pariserin. Die Autorin Caroline Rochet, die selbst ein heiteres und nützliches Handbuch mit dem Titel *Comment (ne pas) devenir parisien* – also in etwa: »Wie man (k)ein Pariser wird« – veröffentlicht hat, sieht die Pariserin eher nüchtern:

»Ach ja, die Pariserin. Das ist ein nettes Mädchen, das es auf etwas abgesehen hat. Sie will entweder Schauspielerin werden oder einen reichen Mann kennenlernen, der für sie sorgt. In aller Regel endet sie allein als Alkoholikerin mit mehreren Katzen.«

Dass derart skeptische Stimmen weitgehend ungehört verhallen, liegt wahrscheinlich auch daran, dass in den letzten Jahren insbesondere auf dem amerikanischen Buchmarkt Dutzende Titel erschienen sind, die die französische Frau – und mit »Französin« ist hier so gut wie immer die Pariserin gemeint – als nachahmenswertes Vorbild für die Frauen der Welt anpreisen. Auslöser dieses Trends war Mireille Guiliano, eine Französin, die lange in den Vereinigten Staaten als Managerin für die Champagner-Firma Veuve Clicquot arbeitete.

Nachdem sie sich offenbar jahrelang den Unsinn angehört hatte, den Amerikanerinnen so über französische Frauen glauben, kam Madame Guiliano auf die pfiffige

Idee, genau das einmal als Buch aufzuschreiben. Sie nannte ihr Werk *French Women Don't Get Fat: The Secret of Eating for Pleasure* und traf damit einen Nerv bei übergewichtigen Amerikanerinnen mit Schuldgefühlen beim Kühlschranktüröffnen und Minderwertigkeitskomplexen beim *Vogue*-Lesen. Madame Guiliano empfiehlt einfach allen, es so zu halten wie die Französinnen: Die machten nie Diät und ernährten sich im Wesentlichen von Baguette, Mousse au chocolat und Champagner. Außerdem liefert Madame Guiliano einige sensationelle Enthüllungen: Französische Frauen, verrät sie in ihrem Buch, »lieben Mode«.

Darüber hinaus sei die französische Frau eine »sture Individualistin«, verweigere sich Massenbewegungen und vermeide alles, was zu viel Aufwand für zu wenig Vergnügen bedeute. Die französische Frau nehme stets drei Mahlzeiten am Tag ein. Die Präsentation der Speisen sei dabei »enorm wichtig«. Ansonsten sei die französische Frau erwachsen und für ihr seelisches Gleichgewicht selbst verantwortlich. Sie vermeide harten Alkohol, und was ihr Liebesleben betrifft, so streune die Französin zwar gelegentlich ein wenig, aber sie käme immer wieder zurück. Ihre Lebensklugheit sage ihr nämlich, dass es »nur Umwege gebe«, aber keine »Sackgassen«.

Diese bahnbrechenden Erkenntnisse verkaufte die geschäftstüchtige Madame Guiliano rund drei Millionen Mal. Das Buch stand monatelang auf der *New-York-Times*-Bestsellerliste. Inzwischen wurde es in 37 Sprachen übersetzt. Mireille Guiliano ist in Amerika regelmäßiger Gast in Talkshows und beantwortet dort die Sinnfragen lebenstechnisch verunsicherter Zuschauerinnen nach der Devise: »What would a French Woman do?« Der beeindruckende kommerzielle Erfolg ist kaum mit der Ansammlung von Plattitüden zu erklären, die das Buch enthält. Er ist eher ein Zeichen dafür, dass »die Französin« beziehungsweise »die Pariserin« längst zu einem frei schwebenden Zeichen geworden ist, von dem sich Frauen in aller Welt ihre je eigene Idealvorstellung ausmalen.

Der Erfolg von *Warum französische Frauen nicht dick werden* hat insbesondere im angelsächsischen Raum eine ganze Reihe von Trittbrettfahrerinnen auf den Plan gerufen, die munter immer neue Bücher über die Champagner schlürfende, Mousse au chocolat löffelnde, fröhlich herumvögelnde Pariserin schreiben – und damit zur Verfestigung des Mythos beitragen. Diese Bücher heißen dann:

French Women Don't Sleep Alone

Fatale. How French Women Do It

What French Women Know About Love, Sex, and Other Matters of the Heart and Mind

Oder:

Chic & Slim. How Those Chic French Women Eat All That Rich Food and Still Stay Slim

Die Grundthese ist bei all diesen Werken immer dieselbe: Französische Frauen werden nicht dick und haben mehr Sex. Umstritten ist unter den Autorinnen lediglich, ob sie mehr Sex haben, weil sie nicht dick werden, oder ob sie nicht dick werden, weil sie mehr Sex haben.

Wie alle Mythen hat auch jener der Pariserin möglicherweise einen wahren Kern. Darauf scheint zumindest auf den ersten Blick das Ergebnis einer Umfrage einer britischen medizinischen Fachzeitschrift hinzudeuten.

Da antworten 33 Prozent der Britinnen im Alter von Ende vierzig auf die Frage, ob sie noch Sex hätten, leicht resigniert mit: ein »aktives Sexualleben« sei nicht mehr so wichtig – während 90 Prozent der Französinnen dieselbe Frage mit »*Mais bien sûr!*« beantworten.

Ähnliche Erhebungen verbreiten seit Jahren die Kunde, dass das aktive Sexleben aller Nichtfranzösinnen ungefähr mit fünfzig endet. Ausnahmen bestätigen die Regel. In Frankreich hingegen wird angeblich bis ins hohe Alter weiter kopuliert. 2004 ergab eine Umfrage der französischen Gesundheitsämter, nur 27 Prozent der Frauen über sechzig hätten in den vergangenen zwölf Monaten keinen Sex gehabt. In England hingegen waren es 54 Prozent. Wie verlässlich solche Umfragen sind, sei dahingestellt. Denkbar wäre auch, dass das Klischee inzwischen derart etabliert ist, dass eine befragte Französin sich in jedem Fall genötigt fühlt, es bestätigen zu müssen.

Allerdings ist nicht zu übersehen, dass Frankreich ein Land ist, in dem Frauen über vierzig Sex nicht nur gegönnt, sondern auch zugetraut wird. Manchmal hat man gar den Eindruck, dass in Paris für Frauen ein ernstzunehmendes Sexleben erst mit vierzig beginnt. Der ehemalige Chefredakteur der Illustrierten *Paris Match*, Gilles Martin-Chauffier, hat vor einigen Jahren einen Roman mit dem Titel *Eine echte Pariserin* geschrieben und es so zusammengefasst: »Mit vierzig Jahren löschen die Pariserinnen den Rest der Welt aus. Sie haben ihre Frisur gefunden, ihre Figur, ihren Schneider, ihren Ton, und sie gehen auf die Jagd in einem Alter, wo die anderen beginnen, es sich als Oma gemütlich zu machen.«

Der Eindruck verfestigt sich, wenn man sich die Zahl der Schauspielerinnen in Frankreich anschaut, die ein reiferes Alter erreicht haben und dennoch weiter glaubhaft in der Rolle der Verführerin auftreten. Und das betrifft nicht nur Mitt-Vierzigerinnen wie etwa Emmanuelle Béart (geb. 1963) oder Béatrice Dalle (1964), sondern auch reifere Semester wie Isabelle Adjani (1955), Isabelle Huppert (1953), Fanny Ardant (1949) oder Catherine Deneuve (1943). Selbst Anouk Aimée (1932) oder Jeanne Moreau (1928) werden nicht in erster Linie als »alte Damen« betrachtet, sondern als nach wie vor attraktive Frauen. Und meistens benehmen sie sich auch so:

Als ich vor einigen Jahren nach einem Konzert in Berlin einmal Juliette Gréco interviewte, ging diese bereits auf die achtzig zu, sang aber weiterhin sehr überzeugend »Déshabillez-moi« – »Ziehen Sie mich aus«. Während des Interviews setzte sie nach einigen Minuten ihre Brille auf, schaute mir tief in die Augen und sagte dann mit einem neckischen Lächeln: »Ich dachte mir doch, dass Sie ganz niedlich sind.« Ich verlor vorübergehend die Fassung.

Die Erotik reiferer Frauen ist in Frankreich literarisch etabliert, seit Colette in den zwanziger Jahren über ihren jugendlichen Liebhaber schrieb. In Deutschland hingegen hat für Schauspielerinnen spätestens ab Ende vierzig meist eine unumkehrbare Mutter-Beimerisierung eingesetzt. Für reifere Erotik scheinen allein Hannelore Elsner und Iris Berben zuständig – und das bereits seit Jahren. Wenn Andreas Dresen dann einen Film dreht, in dem Leute jenseits der sechzig tatsächlich noch Sex haben, schreibt die Kritik, das sei wahnsinnig mutig.

In Frankreich hingegen ist man über die Feststellung, dass auch Rentner sich paaren, nicht allzu überrascht. Man fragt sich eher, was Menschen über sechzig sonst den ganzen Tag machen sollen, außer Liebe. Sie haben schließlich Zeit.

Dass Französinnen in fortgeschrittenerem Alter noch aktive Verführerinnen sind, scheint auch jene Statistik zu belegen, die den Verkauf von Unterwäsche in Frankreich erfasst. Demnach gaben im Jahr 2009 die 45- bis 54-jährigen Französinnen erstmals mehr Geld für Tangas, Strapse und Spitzen-BHs aus als die 15- bis 34-Jährigen, die diese Statistik jahrelang anführten. Insgesamt verwenden Französinnen im Durchschnitt pro Jahr knapp 20 Prozent ihres Bekleidungsbudgets für *Lingerie* aus, das entspricht 93 Euro. Zwar geizten auch die Französinnen krisenbedingt etwas mit ihren Reizen – das Lingerie-Budget sank um 4,5 Prozent im Vergleich zum Vorjahr –, aber damit liegen sie immer noch weit vor den Britinnen, Italienerinnen und Amerikanerinnen – und um Lichtjahre vor den Deutschen.

»Durch die Aufmerksamkeit, die sie ihrem Putz widmet, durch die Sorge, mit der sie ihre Schönheit pflegt, die ihr Putz hervorhebt, macht sich eine Frau selbst zum Objekt, das sie ohne Unterlass der Aufmerksamkeit der Männer anbietet«, schrieb der französische Philosoph Georges Bataille in seinem Buch über die Erotik. Er hatte dabei zweifellos die Pariserin vor Augen.

Une vraie Parisienne

Wir hatten Sophie bei einem Abendessen kennengelernt, wobei: kennengelernt ist ein wenig übertrieben,
denn unsere Begegnung verlief recht kurz. Unser Freund
Patrice hatte uns Sophie als seine neue Flamme angekündigt, die er uns unbedingt vorstellen müsse. Wir waren im *Train Bleu* verabredet, einem Restaurant im Gare
de Lyon, in dem das Essen zwar wenig aufregend traditionell französisch ist, doch das Dekor ist den Besuch
allemal wert. Das Train Bleu ist eine opulente Belle-
Époque-Phantasie mit Stuck, Goldbrokat und Wand-
malerien aus der Jahrhundertwende. Das Restaurant
erinnert an die goldene Zeit der Eisenbahnspekulation,
die den PLM hervorbrachte – den Zug, der Paris via Lyon
mit Marseille verband und irgendwann zum Train Bleu
wurde, einer Art Vorläufer des TGV.

Etwa so schnell wie dieser Zug durchs Land braust,
war unser Rendezvous mit Patrice und Sophie auch
schon wieder zu Ende. Wir hatten gerade den Apéritif
hinter uns, die Vorspeisen wurden gebracht, da schlid-
derten Sophie und Patrice in eine Auseinandersetzung,
deren Auslöser wir gar nicht recht mitbekommen hatten, weil alles viel zu rasch ging und unser Französisch
dafür einfach nicht flott genug war. Sophie jedenfalls
war urplötzlich von null auf hundert geraten, und als
Monamour und ich den seltsamen Verlauf des Abends
hinterher rekonstruierten, waren wir uns einig, dass es
irgendetwas mit der Sommelière zu tun gehabt haben

musste, mit der Patrice, während diese den Chablis öffnete, für Sophies Geschmack zu intensiv gefachsimpelt hatte.

Dass er es vor ihrer Nase wage, mit einer Kellnerin – Sophie sprach das Wort »*Serveuse*« mit der größtmöglichen Verachtung für Domestiken aus – derart schamlos zu flirten, sei an Nicht-Galanterie nicht zu überbieten, sagte Sophie ruhig, aber ernst. Patrice versuchte, die Angelegenheit zunächst noch einigermaßen charmant lächelnd herunterzuspielen, doch Sophie war nicht so einfach ruhigzustellen. Offenbar hatte sie Prinzipien. Wir saßen etwas verlegen daneben, ohne zu wissen, wie wir in dieser Lage konfliktschlichtend hätten eingreifen können.

Dann machte Patrice einen folgenschweren Fehler. Er nahm nämlich Sophies Hand, lächelte sie an und bat sie freundlich, sie möge ihm doch bitte wegen solch einer Lappalie keine Szene machen.

»Du findest also, dass ich dir eine Szene mache?«, fragte Sophie daraufhin gefühlte achtzehn Grad kühler als zuvor.

»Nun ja, ich meinte doch nur …«, stammelte Patrice, der in diesem Moment ahnte, dass er einen schönen Abend kaputtgetextet, aber noch nicht wusste, dass er eine größere Katastrophe herbeigeredet hatte.

»Das hier war bis jetzt noch keine Szene. Ich zeige dir jetzt mal, was eine Szene ist. Das hier ist eine Szene«, sprach Sophie und schüttete Patrice ihr Chablis-Glas ins Gesicht. Dann kippte sie ihm noch die Kastaniencrème in den Schoß, die er als Vorspeise bestellt hatte, stand auf, warf ihre Serviette auf den Tisch und ging. Ihre

Elf-Zentimeter-Louboutin-Absätze klackten über das Parkett, und selbstverständlich schaute ihr jeder nach. Ich hatte das seltsame Gefühl, genau diese Szene, die sich da gerade vor meinen Augen abspielte, irgendwann schon einmal in einem französischen Film gesehen zu haben. Da Sophie ein schulterfreies kleines Schwarzes trug, erinnerte sie, während sie entschlossen auf den Ausgang des Restaurants zusteuerte, an Anne Parillaud in Luc Bessons Film Nikita, die exakt hier, im Train Bleu, ihren ersten Auftragsmord fachfraulich erledigte. Zum Glück hatte Sophie an diesem Abend keine Schusswaffe dabei. Patrice brauchte einige Sekunden, um sich von dem Schreck zu erholen, dann entschuldigte er sich bei uns mit dem Satz: »Wir sollten dieses Meeting vielleicht doch noch mal re-schedulen« und hastete Sophie hinterher, so schnell seine nasse Kleidung dies erlaubte. Besonders erfolgreich war er allerdings nicht. Als wir ihn eine Woche später wieder trafen, waren Patrice und Sophie kein Paar mehr.

Wir begegneten Sophie, die bei einer französischen Frauenzeitschrift arbeitete, später auch noch einige Male wieder, und bei diesen Gelegenheiten wirkte sie um einiges entspannter als an unserem ersten Abend. Sie war stets bestens gestylt, immer – aber nie zu grell – geschminkt, ziemlich schlagfertig, nie mit irgendetwas zufrieden und allzeit flirtbereit. Wenn wir uns fragten, wer aus unserem Bekanntenkreis denn am ehesten eine »typische Pariserin« verkörpern würde, fiel uns Sophie als Erste ein. Eine Weile nach ihrem beeindruckenden Abgang trafen wir sie bei einem Abendessen bei Bekannten. Ich erzählte ihr, dass ich mich gerade mit einem Text abmühte, in dem das Geheimnis der Pariserin endgültig gelüftet werden sollte, und erbat ihren Beistand.

»Die Pariserin?«, fragte Sophie. »Die ist wie das Einhorn. Jeder kennt sie, aber keiner hat sie je gesehen.«

»Das ist schon mal ganz gut«, sagte ich, dankbar für das hübsche Zitat. »Was fällt dir noch ein?«

»Im *Figaro* war neulich eine Umfrage, in der Inès de la Fressange zur ›Pariserin des Jahres‹ gewählt wurde. Aber ehrlich gesagt, wenn ich zwanzig Jahre lang Lagerfelds Muse gewesen wäre und man mich von morgens bis abends gezupft und gepudert und immer in die neuesten Chanel-Klamotten gesteckt hätte, hätte ich wahrscheinlich auch ganz gute Karten, Pariserin des Jahres zu werden. Und dann würden die *Figaro*-Leser heute auch an mir meine ›große Klasse‹, ›das perfekte Äußere‹ und meine ›bemerkenswerte Kultur‹ loben – und im Übrigen hervorheben, dass ich keinesfalls ein ›hastiges, leichtfertiges Mädchen‹ bin.«

»Da ist möglicherweise etwas dran«, stimmte ich ihr zu.

»Als richtige Pariserin hat man aber auch so kaum eine Chance, keine Pariserin zu werden. Insbesondere dann nicht, wenn deine Großmutter schon Pariserin war und deine Mutter auch. Die wissen schließlich, wie das geht – Pariserin sein – und geben dieses Wissen an ihre Töchter weiter. Eine richtige Pariserin hat meistens eine leicht kokette Großmutter und eine Mutter, die modisch archi-kompetent ist. Das verringert den Raum für eigene Fehler erheblich.«

»Und niemand schert aus dem System aus?«

»Doch klar, alle. Oder jedenfalls die meisten. Sie

durchlaufen so eine Phase, in der sie es mit selbst-gebastelten Röcken aus Mülltüten, Tiger-Stretchhosen oder Dr.-Scholl-Schlappen versuchen. Inzwischen ziehen viele auch mal nach Berlin und probieren da aus, wie es sich so ein, zwei Jahre lang in Motorradstiefeln und Kapuzenpullovern lebt. Aber die meisten kommen wieder zurück.

Beziehungsweise: Sie ziehen sich irgendwann wieder vernünftig an, selbst wenn sie in Berlin hängenbleiben. Das Höchstmaß an Punk, das sich eine Pariserin auf Dauer gestattet, sind Kleider von *Zadig & Voltaire*. Damit sieht man zwar auch aus, als wäre man von der Vespa gefallen, aber die sind wenigstens für 600 Euro zerfetzt worden. Als Pariserin hat man nämlich überall auf der Welt einen Ruf zu verspielen. Und was man auf keinen Fall hören will, ist der Satz: ›Ach, du bist aus Paris? So siehst du überhaupt nicht aus.‹«

»Verstehe. Und wieso ist die Pariserin so ein arroganter Snob?«

»Arrogant?« – Sophie bot mir jetzt ein sehr überlegen pariserisches Lächeln an: »Chouchou, das sieht nur von unten so aus.«

Dann setzte sie fort: »Die Pariserin ist ein Snob, denn sie hat ganz einfach: *tout vu, tout lu, tout bu* – alles gesehen, alles gelesen, alles getrunken. Die Pariserin ist schwer zu begeistern, weil sie immer so tun muss, als sei sie nicht zu beeindrucken. Deshalb zieht sie meistens eine Flappe. Sie lächelt eigentlich nur privat. Und wenn sie etwas wirklich umwerfend findet, dann sagt sie so etwas wie ›*Ouais, c'était pas mal*‹ – Och ja, war nicht übel.«

»Was liest die Pariserin?«, wollte ich wissen.

»Die Pariserin liest eigentlich fast nichts, aber sie weiß stets genug über das, was alle anderen gerade lesen. Ein paar kluge Sätze über den neuesten Houellebecq kommen ihr leicht über die Lippen, denn alles, was sie darüber wissen muss, hat sie in Magazinen wie *Télérama* oder *Les Inrockuptibles* gelesen. Wenn sie überhaupt mal ein Buch anfasst, dann so ein Zeug wie Anna Gavalda oder Marc Levy. Allerdings würde sie sich damit nie erwischen lassen. Die Pariserin hat einen Hang zum Seichten, aber sie ist schlau genug, dabei einigermaßen tief auszusehen.«

»Sport?«

»No Sports. Sport ist nur etwas für hysterische Amerikanerinnen. Oder für Personenschützer. Allenfalls Yoga.«

»Métro oder Bus?«

»Weder noch. Lieber im Smart im Stau stehen. Ansonsten höchstens Vespa oder Vélib.«

»Jemals ungeschminkt und in Jogginghose einkaufen gegangen?«

»Was für eine Frage. Ich besitze keine Jogginghose.«

»Jemals ungeschminkt und ohne Jogginghose auf dem Markt gewesen?«

»Die Tugend ist künstlich. Deshalb ist die Frau in ihrem Recht und erfüllt eine Pflicht, wenn sie das Bestreben hat, magisch und übernatürlich zu erscheinen. Sie soll erstaunlich sein und voller Reiz. Daher muss sie den Künsten die Mittel entleihen, sich über die Natur hinwegzusetzen, denn umso leichter wird sie die Herzen unterjochen, wird sie die Geister jäh betroffen sehen.«

»Das ist aber gut gesagt.«

»Das ist auch nicht von mir. Ist von Baudelaire. So ungefähr jedenfalls. Aus dem ›Lob der Schminke‹. Das ist im Übrigen auch so ein Pariserinnen-Trick: Im Zweifel ein passendes Angeberzitat parat zu haben. Das lässt einen gleich erheblich intelligenter erscheinen.«

»Du kannst mir dann sicher auch die Frage beantworten, die alle Nicht-Pariserinnen sich stellen: Wieso habt ihr alle Größe 36?«

»Du täuschst dich. Wir tragen alle 34. Unsere 36 ist eure 34. Deshalb fühlt ihr euch gleich noch eine Nummer dicker, sobald ihr eine Umkleidekabine im Bonmarché betretet. Wir sind so schlank, weil wir die Finger von dem Zeug lassen, das Touristen hier permanent in sich hineinstopfen: Croissants, Pain au chocolat, Crème brûlée. Und wenn das nicht reicht, machen wir Dukan.«

»Dukan?«

»Die Methode von Dr. Dukan. Das mit Abstand populärste Diätprogramm in Frankreich.«

»Ich dachte, ihr macht nie Diät?«

»Das erzählen wir nur den Amerikanerinnen, um sie fertigzumachen. Dukan hat in Frankreich zwei Millionen Diät-Bücher verkauft. Wahrscheinlich nicht, weil er so schön schreibt.«

»Ihr werdet von morgens bis abends von euren Parisern angebaggert. Wie haltet ihr das aus?«

»Ach, *la drague*. Das gehört hier einfach dazu. Flirten ist in Frankreich eine Kulturtechnik.«

»Nervt das nicht auf Dauer?«

»Solange es originell ist, kann es ja durchaus ganz nett sein. Und selbst wenn nicht, ist es meistens unterhaltsam. Wenig ist ja so lustig wie ein schlechter *Dragueur*.

Und ansonsten wartet man halt immer darauf, dass sich jemand einmal wirklich etwas Neues einfallen lässt.«

»Wie sieht denn ein absolut indiskutabler Anbaggerversuch aus?«

»Oh, da gibt es unzählige. Neulich hat es bei mir einmal jemand mit dem Satz ›T'*as de beaux yeux, tu sais?*‹ probiert. – ›Du hast schöne Augen, weißt du?‹ – Das reicht wirklich nicht. Den Satz sagt Jean Gabin zu Michèle Morgan in dem Film H*afen im Nebel*. Sie antwortet darauf mit ›*Embrasse-moi*‹ – ›Küss mich‹. So hat sich der Typ das wahrscheinlich auch vorgestellt. Ein bisschen zu einfach.«

Dann verabschiedete sich Sophie. »Ich muss zeitig ins Bett, denn morgen früh öffnet H&M in der Rue de Rivoli bereits um acht. Es gibt die neue Kollektion von Alber Elbaz, dem Lanvin-Designer.«

»C'*est un must*«, sagte Sophie dann noch. »Must« sprach sie dabei mit einem sehr weichen Ö.

Auf der Oder schwimmt kein Balken

Manchmal wundert man sich ja beim Schreiben des Lebenslaufes, dass die eigene erratische Existenz – zusammengestaucht auf einer DIN-A4-Seite – fast schon wieder aussieht, als hätte man sie prima geplant. Jahre studentischer Orientierungslosigkeit verschwinden auf dem Papier, und eine Zufallsreihe mäßig spannender Praktika sieht plötzlich aus wie durchdachte Berufsvorbereitung. In meinem Fall drängt sich so bei flüchtiger Betrachtung meines CV der Eindruck auf, als hätte ich spätestens seit 1981 ein *autocollant* auf der Stirn getragen: wird später einmal Frankreich-Korrespondent. Doch dem war nicht so.

In den frühen achtziger Jahren erlitt meine Frankreichbegeisterung nämlich einen erheblichen Dämpfer. Ich bin nicht sicher, woran das lag. Mit dem Wahlsieg von François Mitterrand 1981 hing es nicht zusammen – wenngleich ich diesen bedauerlich fand.

Nicht aus politischen Gründen, sondern allein, weil mir der Name »Valéry Giscard d'Estaing« so gut gefallen hatte, wenn Karl-Heinz Köpcke ihn in der Tagesschau aussprach. Dieser Name klang einfach wunderbar französisch – und gab einen idealen Kontrapunkt ab zu »Helmut Schmidt«. »Helmut Schmidt« war irgendein Name. Deshalb heißen ja auch ungefähr 300 000 Leute so. Bloße Benennung, völlig schmucklos, in etwa so wie das Land, das er regierte. Das hieß auch bloß B-R-D. Wahrscheinlich hatten Schmidts knauserige Eltern ihm überhaupt nur einen Vornamen gegeben, weil sie gesetzlich dazu verpflichtet waren. Am liebsten hätten sie da aber auch noch gespart und ihr Kind einfach nur »Schmidt« genannt. In »Helmut Schmidt« gab es keine überflüssigen Extras, keinen Schnickschnack, keinen Glamour. Das Kind brauchte halt einen Namen, nun hatte es einen, und der versprach Spaßfreiheit und Haushaltsdisziplin.

»Valéry Giscard d'Estaing« hingegen war ein schwebender Ton, der Genuss und Lebensfreude zu garantieren schien. Elegant und nobel wie eine Wellenbewegung. Ich wusste damals noch nicht, dass Giscard gar kein richtiger Adeliger war, sondern erst im Nachhinein, nämlich 2005, in der Auvergne das passende Schloss zum Namen d'Estaing erworben hatte. Den Namen wiederum hatte sein bürgerlicher Vater Edmond Giscard, der alte Filou, seinerseits 1922 gekauft. Franzosen investieren eben gern in Objekte mit Stil.

Giscard ist bis heute mein Lieblingspräsident geblieben, was vermutlich an meiner frühkindlichen Prägung und dem Wohlklang seines Namens liegt. »François Mitterrand« dagegen klang für mich immer wie ein Renault-Motor, der kurz aufjault und dann doch nicht anspringt: »*FRONG-swah* Mitt-*RRONG*, *FRONG-swah* Mitt-*RRONG*«.

Bei Giscard kam zudem nach Ende seiner Amtszeit noch imagefördernd hinzu, dass man *peu à peu* viele heitere Anekdoten über sein recht animiertes Präsidentenleben erfahren konnte – etwa die Geschichte mit dem Milchlaster: Eines sehr frühen Morgens im September 1974 wurde die Pariser Polizei gerufen, um einen Verkehrsunfall am Place de la Concorde aufzunehmen. Dort hatte ein Ferrari-Cabriolet im Morgengrauen einen Milchlaster gerammt. Der Ferrari gehörte dem Regisseur Roger Vadim – dem ersten Ehemann von Brigitte Bardot, der diese mit dem Film U*nd ewig lockt das Weib* zum Star gemacht hatte. Auf dem Beifahrersitz saß angeblich die Schauspielerin Marlène Jobert – Mutter von Eva Green. Nun wäre es nicht unbedingt überraschend, wenn ein anerkanntermaßen der Bohème angehörender Starregisseur morgens um fünf in Begleitung einer attraktiven Schauspielerin mit einem Sportwagen einen Milchlaster perforiert. Allerdings saß in diesem Fall nicht Vadim am Steuer – sondern Monsieur le Président höchstpersönlich, der sich den schnittigen Wagen offenbar für ein Schäferstündchen geborgt hatte.

Monamour weist mich in diesem Moment darauf hin, dass wir über das Wort »Schäferstündchen« aus der Genderstudies-Perspektive unbedingt noch einmal reden sollten. Es steht hier also nur provisorisch, bis wir ein theoriefesteres gefunden haben.

Giscard jedenfalls war für seine nächtlichen Ausflüge damals derart berüchtigt, dass über ihn der Satz kursierte, man wisse wenigstens, »wo der Präsident jede Nacht *nicht* schläft« – nämlich im Élysée-Palast.

Nun stelle man sich einmal kurz vor, etwas Vergleichbares hätte sich 1974 in Deutschland zugetragen: Also Helmut Schmidt hätte sich von einem bekannten zeitgenössischen Filmregisseur – sagen wir mal: Rainer Werner Fassbinder – einen Porsche ausgeliehen, um damit nachts in Bonn seine Geliebte zu beeindrucken. Und wäre dann morgens um fünf am Endenicher Ei mit einem Ei-Ei-Ei-Verpoorten-Laster zusammengestoßen. Manche Dinge kann man sich einfach nicht vorstellen.

Bei französischen Präsidenten ist ungebremstes Balzverhalten hingegen keineswegs unüblich. François Mitterrand leistete sich eine ganze Zweitfamilie, Jacques Chirac pflegte so enge Bindungen zu ihm freundlich gesinnten Journalistinnen, dass seine Gattin Bernadette sich routinemäßig beim Sicherheitspersonal mit dem Satz erkundigte: »Machen wir es kurz, wo steckt mein Mann heute Nacht?«

Und der berühmteste Fall präsidialer Schwerenöterei war jener des Präsidenten Félix Faure, der 1899 im

196

Élysée-Palast in den Armen seiner Mätresse verstarb, nachdem sein Herz ein Aphrodisiakum nicht verkraftet hatte.

Vor diesem kulturgeschichtlichen Hintergrund überraschte es nicht allzu sehr, dass Giscard d'Estaing sich noch im rüstigen Alter von 83 Jahren bemühte, seine Reputation als erfolgreicher Verführer literarisch zu zementieren. 2009 veröffentlichte er einen Roman, in dem ein französischer Präsident eine leidenschaftliche Affäre mit einer britischen Prinzessin auslebt – die unschwer als gering verfremdete Version der seligen Diana zu erkennen ist: *La Princesse et le Président*.

Valéry und Diana trennten übrigens 35 Jahre – die literarische Phantasie des Ex-Präsidenten liegt also etwa im Spektrum jener agilen Senior-Seduktoren, die man auch im französischen Kino regelmäßig vorgesetzt bekommt.

Im Mai 1981 war der wohlklingende Giscard d'Estaing jedenfalls vom Stottermotor Mitterrand abgelöst worden. Dieser hatte damals zum Schrecken der westlichen Welt eine Koalition mit den Kommunisten gebildet, und – um diese glücklich zu machen – erst einmal testweise die halbe französische Wirtschaft verstaatlicht. Im Gegensatz zu den Ostdeutschen hatten die Franzosen allerdings das Glück, dass der Test nur drei und nicht vierzig Jahre dauerte. Dann legte Mitterrand den Rückwärtsgang ein. Da ich mich wie die meisten Vierzehnjährigen Mitte der achtziger Jahre nicht übermäßig für französische Wirtschaftspolitik interessierte, ging all das jedoch eher an mir vorbei. Meine vorübergehende Abwendung von Frankreich stand daher nicht in engerem Zusammenhang mit Kabinettsumbildungen in Paris.

Eher schon damit, dass es, nachdem *La Boum* 2 – *Die Fete geht weiter* 1983 in die deutschen Kinos gekommen war, erst einmal nicht mehr weiterging. Sophie Marceau war inzwischen mit irgendeinem polnischen Regisseur mit Kunstanspruch verheiratet und machte nur noch Filme, die entweder stinklangweilig oder erst ab achtzehn waren. Es fehlten die positiven kulturellen Impulse, die mein Frankreichinteresse hätten wachhalten können. Außerdem war ich naturgemäß zu dieser Zeit mit anderen Dingen beschäftigt, vor allem mit Pubertieren – was bekanntermaßen selten der Konzentration aufs Wesentliche dient. Damit sich meine schlummernde Zuneigung zu Frankreich wieder entfalten konnte, musste das Sprachproblem überwunden werden. So viel war mir bei den letztlich unbefriedigenden Begegnungen mit Justine und Nadine ebenso klargeworden wie beim Aufklebersammeln. Man kommt nicht wirklich weiter, wenn man keine gemeinsame Sprache findet. Ohne Französisch ist Frankreich ein einziges kulturelles Missverständnis.

Meine schulische Laufbahn sah allerdings vor, dass ich mich erst einmal durch mehrere Jahre Latein zu quälen hatte, eine mausetote Sprache, die meine Eltern mir mit dem wenig tröstlichen Hinweis aufzwangen, sie sei »eine gute Grundlage« für alles, was später käme. Das Problem ist nur, wenn man zehn Jahre alt ist, will man etwas, das sofort zu gebrauchen ist, und nicht eine »gute Grundlage« für später. Sonst würden ja auch viel mehr Zehnjährige Bausparverträge abschließen.

Es sollte zwei Jahre dauern, bis ich wenigstens Englischunterricht bekam. Erst in der sogenannten »Differenzierungsstufe« in der neunten Klasse gab es schließlich Französisch. Aber unser Französischbuch war nicht dazu prädestiniert, die Begeisterung neu zu entfachen. Es hieß *Etudes Françaises Cours Intensif* 1. Das Cover hatte einen grünen Rand und zeigte ein Foto vom Place du Tertre, dem Marktplatz unterhalb der Kirche Sacré-Cœur in Montmartre. Vor einem Bistro mit dem Namen *La Bohème du Tertre* stand eine nicht sehr bohemienhaft wirkende Rentnergruppe in braunen Anoraks etwas ratlos auf dem Platz herum. Vielleicht war ihnen gerade der Reiseführer abhandengekommen. Drum herum standen ein klappriger Wellblechlieferwagen und ein weißer Renault 4, der auch schon einige Jahre auf dem Buckel hatte. Irgendwie sah dieses Frankreich im Schulbuch leicht abgestanden aus. Der Eindruck setzte sich auf den Innenseiten des Buches fort. Auf den beiden Innenumschlagsseiten sah man ein grob gepixeltes Foto einiger langhaariger Personen, die dem ungekämmt-studentischen Milieu zuzurechnen waren. Sie saßen an einem Seine-Quai herum und hatten offenbar nicht allzu viel zu tun. Möglicherweise planten sie gerade die Weltrevolution.

Ein *Bateau-Mouche* zog auf der Seine vorbei. Und ein älterer Herr versuchte, sich mit einem dicken Hund an der Leine einen Weg durch das Studentengrüppchen zu bahnen. Vermutlich fluchte er dabei auf Französisch irgendetwas über langhaarige Studenten.

Wir schrieben das Jahr 1984, aber unser Französischbuch versuchte uns die Reize unseres Nachbarlandes mit einer ziemlich angestaubten Optik näherzubringen. Alles sah ein bisschen danach aus, als seien die Uhren in Frankreich irgendwann zwischen 1958 und 1969 stehengeblieben – und als werde das Land von Louis de Funès regiert.

Vermutlich lag das daran, dass die Erstauflage des Buches Mitte der Siebziger erschienen war und es halt ein paar Jahre gedauert hatte, bis sich die Oberstudienräte, die das Werk ausgetüftelt hatten, auf die richtigen Übungen zum *Subjonctif* einigen konnten. Als es endlich so weit war, war dann allerdings die Bildauswahl leicht überholt. Insgesamt wirkte die ganze Ausstattung wenig opulent und vermittelte nicht den Eindruck, dass es sich bei Frankreich um ein Land der Sinnenfreude handelt. Die einzige Schmuckfarbe war ein blasses Grün, ein Großteil der Bilder bestand aus Tuschezeichnungen, auf denen die Mädchen Pferdeschwanz und Rock, die Jungs Baumwollhosen und Rollkragenpullover trugen. Außerdem hatten sie alle jene Pilzkopffrisur, die just zu dieser Zeit völlig aus der Mode war. In den Achtzigern wurde schließlich geföhnt wie blöd, und alle schmierten sich unvernünftig hohe Dosen »Stu-Stu-Studioline«-Gel von L'Oréal in die Haare. Es war die Zeit nach den Beatles und vor Oasis. Das Frankreich in diesem Buch war von gestern.

Kapitel eins hieß *Salut – Famille et amis; dire bonjour* und begann mit dieser ungemein ungestellten Gesprächssituation. Ein Mädchen (mit Pferdeschwanz) und ein Junge (mit Pilzkopf) sitzen im Bistro. Es entspinnt sich der folgende naturähnliche Dialog:

»*Voilà Nicole. Nicole Dubois.*

Voilà Philippe. Philippe Dubois.«

– »*Nicole? Qui est-ce?*«

– »*C'est la sœur de Philippe.*«

– »*Et qui est Philippe? C'est le frère de Nicole?*«

– »*Oui, c'est le frère de Nicole.*«

Das ganze erste Kapitel des Buches bestand inhaltlich vor allem aus Versuchen, elementare Strukturen der Verwandtschaft sowie sehr unübersichtliche Bekanntschaftsverhältnisse zu entschlüsseln. Es sah so aus, als liefen Franzosen ständig Leuten über den Weg, die sie nicht kannten, die aber zumeist der Bruder von irgendeiner Nicole oder die Schwester von irgendeinem Philippe, ein *ami* von Philippe oder eine *amie* von Pascal waren. Gespräche zwischen diesen Personen bestanden zu 89 Prozent aus den drei Worten »*voilà*« und »*ça va*«.

Pascal: »*Salut, Nicole, ça va?*«

Nicole: »*Oui, ça va.*«

Pascal: »*Et toi, Philippe?*«

Philippe: »*Ça va, merci. Nicole, voilà papa et maman.*«

Und so ging das fröhlich weiter. Ich kann nicht behaupten, dass ich umgehend hingerissen war von dieser Sprache, die für meinen Geschmack viele unpraktische Labiallaute aufwies, die ich einfach nicht über die Lippen brachte. Besonders unsympathisch war mir daher die regelmäßige Präsenz von Madame und Monsieur Dubois in den E*tudes Françaises*. Sie gingen mir zunehmend auf die Nerven, denn ich konnte den halboffenen U-Laut in »Dubois« einfach nicht aussprechen. Heraus kam entweder »Dyba« *oder* »Dü-bwa«. Was immer ich probierte, es klang nie wie Dubois. Noch schlimmer wurde es, wenn ein Mitglied der Familie Dubois in Zusammenhang mit »*voilà*« auftauchte – was in 80 Prozent der Fälle vorkam:

»*Voilà madame Dubois. Et voilà monsieur Dubois.*«

Diese Sätze waren für mich die reinste Lippenfolter. Wenig angetan war ich außerdem von der Tatsache, dass man beim Schreiben ständig darauf achten musste, ob ein Wort nun einen *Accent aigu* (´) oder einen *Accent grave* (`) oder noch schlimmer: einen *Accent circonflexe* (^) erhielt.

Wie so oft in diesem Alter sah ich nicht ein, wieso es jetzt meine Verantwortung sein sollte, mich darum zu kümmern, ob irgendwelches Zubehör auf Buchstaben gehörte oder nicht. Ich war der Meinung, die Franzosen hätten von Anfang an eindeutige und vollständige Buchstaben erfinden sollen. Was war das nur für eine Sprache, in dem ein Wort wie »ou« gleichzeitig »oder« oder aber (in Form von »où«) »wo« heißen konnte, je nachdem, ob man nun einen schiefen Strich drüber malte oder nicht? Auch eingängige Eselsbrücken, die man offenbar in der DDR erfunden hatte – »Auf der Oder schwimmt kein Balken« – linderten meine Unzufriedenheit nicht. Mir schien, der Franzose hatte seine Sprache einfach nicht zu Ende gedacht – und als die Sache dann nicht ganz aufging, hat er sich halt so durchgehudelt und zum Verdruss aller ausländischen Sprachschüler diese lästigen Akzente erfunden.

Aber mit dieser Position stand ich ziemlich alleine da und schaffte es deshalb auch, selbst in meiner allerersten Französischarbeit – deren Schwierigkeitsgrad überschaubar war – gerade eben eine Drei zu schreiben. Ich hatte den *Accent grave* über dem a von »*voilà*« vergessen. Und die Cedille unter dem C von »*ça va*?«. Mir kam der beunruhigende Verdacht, dass Französisch eine Sprache sein könnte, zu deren Meisterung eine gewisse Disziplin vonnöten ist – und deshalb für eine schludrige Natur wie mich nicht das Richtige.

Salopp formuliert

Lustlos schleppte ich mich so in den folgenden zwei Jahren durch meine Französischkurse und die *Etudes Françaises*. Pascal und Nicole trafen sich weiterhin mit Philippe und Monique im Café, begrüßten Monsieur und Madame Leroc, die ihrerseits wiederum die blöden Dubois begrüßten. Sie fuhren mit dem *Vélomoteur* durch die Gegend und verbrachten ihre Freizeit damit, *disques* auf dem *électrophone* zu hören oder *cassettes* auf dem *magnétophone*. Ein Kilo Bananen kostete auf dem Markt drei Francs und ein *petit déjeuner* 4,50 Francs im Café mit dem unrealistisch ehrlichen Namen »Au *Rendez-vous des Touristes*«.

In Bildergeschichten stand Madame Neveu in der Küche, denn die Neveus hatten gerade gefrühstückt, und nun machte Madame Neveu »*la vaisselle*« – den Abwasch. Unterdessen saß Monsieur Neveu »*dans son bureau*« und diktierte einen Brief an seine »*secrétaire*«. Nebenan verkaufte Monsieur Leroc einen Citroën GS, während seine Frau, also Madame Leroc, vor ihrer »*machine à écrire*« saß und einen Brief für ihren Mann tippte. »Sie war lange Sekretärin bei Air France. Jetzt arbeitet sie nicht mehr«, stand unter dem Bild. Simone de Beauvoir hatte man bei der Themenauswahl für *Etudes françaises* offensichtlich nicht zu Rate gezogen. Das Frauenbild, das das Buch vermittelte, war eher frühneuzeitlich. Die Mutter des französischen Feminismus hatte einst gesagt: »Man kommt nicht als Frau zur Welt, man wird es.« In meinem Französischbuch aber schienen die Frauen alle schon als Hausfrauen, Stewardessen oder frühpensionierte Air-France-Sekretärinnen zur Welt gekommen zu sein. Was Geschlechterfragen betraf, überraschte mich außerdem, dass die Franzosen »*la voiture*« sagten – also »die Auto« statt das – und Automarken konsequent einen weiblichen Artikel bekamen. »*La 2 CV*« – die Ente – konnte ja noch angehen. Aber »*la* BMW«? Wie sollte so ein Auto eine Frau sein?

Gelegentlich lernten wir auch nützliche Dinge: Es wurde zum Beispiel erklärt, wie man eine original-französische »*surprise-partie*« organisiert. Laut E*tudes Françaises* brauchte es dazu unbedingt einen »*salade niçoise*«. Das Rezept für den Nizzasalat wurde gleich mitgeliefert und den traurigen Zuständen im deutschen Lebensmittelhandel angepasst, wo frische grüne Bohnen damals eine echte Rarität waren. Deshalb stand im Rezept gleich »*haricots verts: une boîte*«. Eine Dose. Ansonsten sah Frankreich auf den Listen, mit denen wir in E*tudes françaises* landestypisch einkaufen üben durften, so aus, wie man es sich eh immer schon vorgestellt hatte:

»*Vin rouge* (1 *litre*)

Carottes (1 *kg*)

Aubergines (2)

Camembert

Gauloises (2 *paquets*)«

Bei dieser Liste liegt der Verdacht nahe, dass sie von

einem etwas zu genussfreudigen deutschen Studien-
rat verfasst worden sein könnte und nicht von einem
Franzosen. Ein Franzose hätte nämlich vermutlich eher
aufgeschrieben, *welchen* Wein er zum Essen trinken will.
Nicht wie viel. Außerdem sind Literflaschen auch heute
noch schwer zu finden.

So schleppte ich mich durch meine Differenzierungsstufe, ohne dass mein Frankreichbild differenzierter
geworden wäre. Die *Etudes Françaises* wurden auch im
zweiten Band nicht interessanter. Es kam allen Ernstes
irgendwann die ausführliche Beschreibung einer »*Cen-
trale nucléaire*«, wahrscheinlich, um uns auf Atomkraft-
debatten mit französischen Austauschschülern vorzubereiten, die dann natürlich schon deshalb nie stattfanden,
weil Franzosen gar nicht sehen, was es denn bei einer
so praktischen Erfindung wie Atomkraft zu diskutieren
geben soll: »*Le risque du reste? Quel risque?*«

Meine Noten wurden schlechter. Als sich das zehnte
Schuljahr dem Ende zuneigte, bekam ich in Mathe und
Französisch einen Blauen Brief. Meine Liebe zu Frankreich war erkaltet. Meine Eltern waren entsetzt. Dass ich
in Mathe ein Problemkind war, war ihnen nicht neu –
aber Französisch? Mein Vater, der selbst einige Jahre in
Frankreich gearbeitet hatte und ärgerlicherweise nahezu
perfekt Französisch sprach, sah die Familienehre in Gefahr. Unter Androhung eines lebenslänglichen Fußball-
verbots wurde ich angespornt, mich mit dem Subjonctif
und mit Si-Sätzen intensiver zu befassen. Ich schaffte
schließlich die Versetzung in die Oberstufe und freute
mich schon darauf, Französisch nun endlich abwählen
zu dürfen.

Da hatte ich allerdings die Rechnung ohne meine Eltern gemacht, an denen das Jahr 1968 und seine angeblichen Folgen spurlos vorbeigegangen waren. Wo kämen wir denn da hin, wenn Kinder einfach auswählten, was ihnen Spaß macht? Damals konnte sich ja noch kein Mensch vorstellen, dass es irgendwann in Berlin ein ganzes Stadtviertel namens Prenzlauer Berg geben würde, in dem Kinder von morgens bis abends bestimmen dürfen, was ihnen Spaß macht, während ihre Eltern zu willenlosen Latte-Macchiato-Schlürfern degeneriert sind. Wenn meine Eltern mir damals ein Dialogangebot unterbreitet hätten, das mit einer Formulierung etwa dieser Art begonnen hätte:

»Du, wenn du jetzt Französisch abwählst, sind Mami und Papi aber schon ein bisschen traurig ...« –

Ich wäre vermutlich ohne Rücksicht auf die Gefühle meiner Eltern zur Tat geschritten. Bei uns begann und endete die Diskussion über meine weitere Schullaufbahn aber mit einem Satz, der in etwa lautete:

»Solange du die Füße unter meinen Tisch stellst ...«

Und so hatte ich eben in der elften Klasse immer noch Französisch. Hier vollzog sich aber nun ein kleines Wunder: Ich bekam eine neue Französischlehrerin und wurde auf einmal besser. Diese Leistungsexplosion war mir selbst ein Rätsel. Ohne auch nur einen Schlag mehr getan zu haben, hatte ich statt einer Vier plötzlich eine Drei. Zugleich wurde die Pop-Musik aus Frankreich endlich wieder besser: Stéphanie von Monaco hatte ihren ersten großartigen Singlehit *Ouragan* und bewies, dass es möglich war, ohne Stimme zu singen. In dem reizenden Video verzieht sie beim Singen auf sehr schnuckelige Weise den Mund und stiefelt danach in einem creme-farbenen Schulterpolsterblazer grundlos durch einen Country Club auf Mauritius. Dass sie sich später eher zu subproletarischen Lebensformen hingezogen fühlen sollte, war damals so noch nicht abzusehen. Ich erinnere mich jedenfalls dunkel daran, dass Thomas Gottschalk ihr in seiner Sendung N*a so was*! ein Candle-Light-Dinner ausrichtete und ich nur dachte: So einen Job wie dieser Gottschalk, den will ich später auch mal haben. Es war ja nicht damit zu rechnen, dass Gottschalk ein Vierteljahrhundert später seinen Job immer noch haben würde.

Neben Stéphanie von Monaco hörte ich in dieser Zeit ständig C'*est la ouate* von Caroline Loeb – obwohl auch in diesem Titel wieder dieser Labiallaut steckte wie bei Dubois, den ich nach wie vor nicht aussprechen konnte. Ich begeisterte mich plötzlich für Les Rita Mitsouko, mochte Lacoste-Hemden, Le Coq-Sportif-Turnschuhe und fand den Tennisspieler Henri Leconte sympathisch. Kurzum, es kamen einige motivierende Faktoren zusammen, die mich etwas übermütig stimmten. Da ich zur gleichen Zeit den langweiligsten Englischlehrer der Welt hatte, Naturwissenschaften aufgrund der mir vererbten Intelligenzsorten nicht in Frage kamen und ich dringend einen Leistungskurs fürs Abitur wählen musste, nahm ich eines Tages meinen Mut zusammen und fragte meine Französischlehrerin, ob sie mich in Französisch für leistungskurstauglich hielt. Frau Bolte, eine kräftig bebaute Berlinerin, sah mich durch ihre Brillengläser süffisant lächelnd an und sagte nach einer Weile: »Ick dachte, Sie wollten Abitur machen.«

Ich betrachtete das als motivierende Provokation,

nahm die Herausforderung an und buchte, um meine Ambitionen zu unterstreichen, einen Französischkurs an der Sommeruniversität von Toulon. Mit Hilfe meines Diercke-Atlas hatte ich herausgefunden, dass Toulon am Mittelmeer lag. Leider traf das nicht auf das Universitätsgelände zu. Das befand sich in einem urbanistischen Nirwana namens La Valette. Ich bekam ein Zimmer in einem Studentenheim im elften Stock eines Plattenbaus und hatte einen hübschen Ausblick auf die Autobahn A 57 und das nahe gelegene Centre Commercial *Le Grand Var*. Der Französischunterricht war ungefähr so langweilig wie zu Hause, aber nachmittags konnte ich immerhin mein Englisch verbessern. Denn erstens waren einige Engländer und Amerikaner da, und zweitens sprachen so gut wie alle anderen auch miserabel Französisch.

Jahre später machte ich eine ähnliche Erfahrung beim Versuch, einen Sprachkurs in Spanien zu absolvieren. Da waren ziemlich viele Franzosen, und am Ende des Urlaubs hatte sich zwar nichts an meinem Spanisch getan, dafür war mein Französisch um einiges flüssiger. Mir war das eine Lehre. Wenn meine Kinder im entsprechenden Alter sind, werde ich sie jedenfalls gleich zum Englischlernen nach Frankreich und zum Französischlernen nach Spanien schicken.

Dass mein Aufenthalt in Toulon mich auf dem Weg zum Französisch-Abitur dennoch voranbrachte, lag daran, dass einer der drei Söhne der Rosets – Alain – inzwischen zufällig in der Nähe wohnte, nämlich in Gardanne. Jeden Freitagnachmittag sammelte er mich mit seiner Frau Lisa in La Valette ein. Oft verbrachten wir das Wochenende dann in ihrem Landhaus in Gardanne, das meistens ohnehin schon gut gefüllt war mit Freunden und Verwandten. Im Garten gab es unter Olivenbäumen eine lange Tafel, und in meiner Erinnerung wurde eigentlich den ganzen Tag gegessen und Rosé getrunken. Alles palaverte auf Französisch und Provenzalisch, ich verstand nicht viel, aber ich quatschte mit, so gut es eben ging. Außerdem entdeckte ich im Haus von Lisa und Alain eine französische Zeitschrift, die in etwa mein Sprachniveau bediente: *VSD*. *VSD* steht für *Vendredi-Samedi-Dimanche* (Freitag-Samstag-Sonntag) und ist so eine Art Mischung aus *Hörzu* und *Bunte* auf Französisch. Für mich war das genau das Richtige. Noch heute gehört das Blatt zu den primären Informationsquellen meiner Frankreich-Berichterstattung.

Alain hieß übrigens nicht nur Alain – er sah auch genauso aus: wie Alain Delon in dem Film *La Piscine*. Das Haus in Gardanne ähnelte zudem dem Haus in Saint-Tropez in dem Film von Jacques Deray aus dem Jahr 1969 – allerdings gab es leider kein *piscine*. Und weder Romy Schneider noch Jane Birkin. Aber Alain unterstrich seine Alain-Delon-Haftigkeit dadurch, dass er sehr coole Sonnenbrillen zu tragen verstand und einen weißen Porsche 911 Targa fuhr. Außerdem hatte er noch einen Citroën Oldtimer in der Garage herumstehen, an dem er in seinen Mußestunden herumschraubte. Wenn er sich im ölverschmierten Unterhemd auf einem Rollbrett unter dem Wagen hervorschob, sah er aus, als wäre er einer Levi's-Reklame entsprungen. Er war eine ziemlich coole Sau.

Wenn wir nicht gerade endlos tafelten, zeigten mir Alain und Lisa die Reize der Region. Wir kletterten auf den Pont du Gard und bewunderten römische Baukunst. Wir erklommen die hoch über Marseille liegende Schutzkirche aller Seefahrer Notre-Dame-de-la-Garde. In Cassis bekam ich die erste *Bouillabaisse* meines Lebens serviert. Dabei erweiterte ich meinen Wortschatz um einige Fischsorten, von denen ich auch auf Deutsch noch nie etwas gehört hatte. Jedenfalls wusste ich nach dem Mahl – und nach einigen Vokabelrepetitionen –, dass *Rascasse* (Drachenkopf), *Galinette* (Knurrhahn), *Filéas* (Meeraal), *Chapon* (Kapaun), *Saint-Pierre* (Petersfisch) und *Lotte* (Seeteufel) auf jeden Fall in eine ordentliche Bouillabaisse gehören. Risikofreudige Köche verarbeiten auch noch einen Fischfiesling, der auf Französisch *Vive* heißt und von dem ich bis heute nicht weiß, wie er auf Deutsch heißt. Ich will es auch gar nicht wissen, denn der Vive ist äußerst unsympathisch. Er buddelt sich im Sand ein und hat giftige Rückenstacheln. Tritt man auf ihn drauf, tut es höllisch weh. Wenn man Pech hat, halten die Schmerzen noch jahrelang an, und man bleibt fußlahm.

Selbst tot ist dieser Fisch noch giftig, weshalb sich die Köche bei der Zubereitung vorsehen müssen. Trete man am Strand auf eine eingebuddelte Vive, helfe nur eins, erklärte mir der saucoole Alain: drei Minuten lang eine brennende Zigarette auf die Wunde halten. Die Hitze mache das Gift unschädlich. Ich war schwer beeindruckt und wollte die Bouillabaisse dann lieber doch nicht probieren. Der Koch allerdings konnte mich beruhigen: In seiner Bouillabaisse-Version sei gar keine Vive drin. Und außerdem sei der Zigarettentrick nur etwas für Angeber: Man könne auch einfach den Fuß zwanzig Minuten lang in 40 Grad warmes Wasser halten. Dann hätte man auch gute Überlebenschancen. Ich war beruhigt und traute mich nun doch an die Suppe.

Der Koch redete mit einem derart provenzalischen Akzent, dass ich kein Wort verstand. Lisa übersetzte alles zurück in mir halbwegs verständliches Französisch, wobei mir klarwurde, dass *Pain* (Brot) hier offenbar »Peng« hieß und *lendemain matin* (morgen früh) entsprechend »lende-meng ma-teng«. Immerhin hatte ich danach gelernt, dass die Bouillabaisse Bouillabaisse heißt, weil sie erst kurz hochgekocht (*bouillir*) und danach auf kleine Flamme gesetzt (*abaisser*) wird. Dass *Bulots* (Meeresschnecken) und *Moules* (Muscheln) in ihr nichts verloren haben, man zu besonderen Anlässen aber notfalls mal eine Languste oder gar einen Hummer hineinwerfen darf. Eigentlich gehört sich das aber auch nicht, denn die Bouillabaisse war ursprünglich mal ein Arme-Leute-Gericht. Das wiederum erstaunte mich etwas. Denn auf der Speisekarte schlug die Suppe mit 180 Francs für zwei Personen zu Buche. Das waren damals für mich astronomische 60 Mark. Offenbar schauten die Franzosen beim Essen nicht so aufs Geld.

Lisa erklärte mir, dass ich erst die Croutons mit *Rouille* – einer Aioli-Mayonnaise mit Safran – bestreichen und in den Teller legen sollte. Darüber schichtete sie einige Kartoffelscheiben, dann goss sie eine Kelle Bouillabaisse-Fond auf, dann erst folgte eine Kelle mit Fisch und noch mehr Fond. Ich löffelte mich wacker durch Fisch und Fond. »*C'est délicieux, n'est-ce pas?*«, fragte mich Lisa erwartungsfroh. Nun ja. Das Ganze schmeckte, wie soll ich sagen, ziemlich fischig. Und ziemlich sämig. Bouillabaisse war eher nicht so mein Ding. Aber das konnte ich jetzt natürlich nicht sagen. Also schwärmte ich: »Oui, *c'est délicieux*.« Und prompt hatte ich die nächste Knurrhahn-Kelle auf dem Teller.

Meine Wochenendausflüge mit Lisa und Alain waren in vielerlei Hinsicht eine lehrreiche Veranstaltung. Unter anderem lernte ich dabei, dass man sich vokabeltechnisch vor falschen Freunden hüten sollte, also vor Worten, die auf Deutsch so klingen, als seien sie französische Worte – die aber dann auf Französisch etwas ganz anderes bedeuten. Wir bummelten in Marseille durch einige Geschäfte auf der Canebière, der einstigen Prachtstraße, die zum alten Hafen hinunterführt und die nicht so heißt, weil in Marseille seit eh und je viel gekifft wird, sondern weil hier früher einmal die meisten Hanflagerhäuser der Welt standen. Lisa probierte einige madonnamäßige Kleidchen an – wir befanden uns damals in der *Like a Virgin*-Periode. Alain blätterte betont gelangweilt in einem Oldtimermagazin, während mein Expertenurteil bei der Kleiderauswahl gefragt war. »*Tu trouves que cela me va bien?*«, fragte mich Lisa. Wie ihr das Kleid stünde. Ich muss gestehen, ich hatte mit solchen Situationen noch nicht allzu viel Erfahrung. Schon gar nicht auf Französisch. Ich wollte irgendetwas Nettes sagen, etwas, das wie ein Kompliment klang, aber auch nicht zu forsch. Ich krampfte ein wenig herum. Ich suchte nach einem passenden Adjektiv, irgendetwas, das so viel bedeutete wie »Ja, das ist ziemlich locker.« Komischerweise sagte man damals ja öfter schon mal »locker.« Also salopp, locker, so was in der Art.

»*C'est très salope*«, sagte ich.

Der Verkäuferin fielen einige Kleiderbügel aus der

Hand. Alain blickte aus seinem Oldtimermagazin hoch. Lisa starrte mich an.

»Comment?«, fragte sie nach.

»C'est très salope«, wiederholte ich. Die Verkäuferin schnappte nach Luft. Lisa fing laut an zu lachen. Alain sagte irgendetwas zur Verkäuferin, das so viel bedeuten musste wie: Er meint es nicht so. Er kann eigentlich gar kein Französisch. Er ist ein kleiner, dummer Deutscher.

Ich ahnte, dass ich einen gröberen Fehler gemacht haben musste. Lisa entschied sich spontan, das Kleid nicht zu kaufen. Als wir vor dem Laden standen, klärte sie mich auf, was salope auf Französisch heißt. Im weitesten Sinne kann man das Wort auch mit »locker« übersetzen. Locker wie in: sehr lockeres, leichtes Mädchen. Aber eigentlich hatte ich gerade zu Lisa gesagt, dass sie in dem Kleid aussah wie eine Schlampe. Dafür nahm sie die Sache ziemlich locker.

Nach vier Wochen stieg ich in Toulon in den Zug und rumpelte kulturell bereichert wieder nach Hause. Ich wusste jetzt, was in eine Bouillabaisse gehörte und wie man sie aß, und ich hatte das Wort salope, erst einmal aus meinem französischen Wortschatz gestrichen. Dreizehn Stunden später kam ich in Köln an und robbte mich in den nächsten Monaten in meinem »Franz-LK«, wie wir damals neckisch sagten, Richtung Abitur.

Sous le Pont d'Avignon

Meine Abiturklausur durfte ich über Ionescos *Rhinocéros* schreiben. So ziemlich jeder, der im letzten Drittel des zwanzigsten Jahrhunderts Französisch im Abitur hatte, durfte seine Abiturklausur über Ionescos *Rhinocéros* schreiben. Es geht in dem Stück um einen Typen namens Bérenger, der irgendwann feststellt, dass sich alle Menschen um ihn herum einer nach dem anderen in Nashörner verwandeln. Bérenger möchte aber lieber Mensch bleiben, deshalb steht er am Ende ziemlich alleine da:

»Gegen die ganze Welt werde ich mich verteidigen. Ich bin der letzte Mensch, ich gebe nicht auf. Ich kapituliere nicht.« (Vorhang)

Das Stück hatte Ionesco während des Algerienkriegs zunächst als Erzählung geschrieben, auf die Bühne kam es 1959. Charles de Gaulle war gerade wieder an die Macht gekommen, und so mancher Gegner des Generals in Frankreich fürchtete sich vor einem autoritären Regime. In Deutschland, wo das Stück 1959 am Düsseldorfer Schauspielhaus uraufgeführt wurde, hat man *Rhinocéros* immer gern als Parabel auf die Nazizeit gelesen – und so schrieb auch ich in meiner Abiturklausur, dass ich genau wie Bérenger und Ionesco total gegen Totalitarismus und ganz besonders gegen Nazis und Nashörner sei. Kurz nachdem ich meine Klausur abgegeben hatte, ging die Zahl rechtsradikal motivierter Gewalttaten in Nordrhein-Westfalen auch drastisch zurück. Trotzdem bekam ich nur eine Drei.

Danach war die Schule plötzlich zu Ende, und ich wusste nichts mit mir anzufangen.

Der Sommer fing an – und er fing nicht gerade gut an: Am 21. Juni 1988 kam Jürgen Kohler ein einziges Mal einen Schritt zu spät gegen Marco van Basten: 1:2 gegen Holland. EM zu Ende.

Am gleichen Abend fand unsere Abifete statt. Ich baggerte glücklos an meiner alten Tanzschulliebe herum, die mich zwar immer schon ganz nett fand, aber stets je ein bis zwei andere gerade netter. Bevor ich in die Sommerferien fuhr, wollte ich es wissen. Ich lockte sie auf die Loreley zum Sting-Konzert. Freilichtbühne, Sonnenuntergang, Feuerwerk. Das volle Programm. Wir knutschten bei der Zugabe (*Mackie Messer* auf Deutsch) und auf der Rückfahrt. Es lief ganz gut. Als ich vor ihrer Haustür den Motor abstellte, erklärte sie mir dann, dass sie ein paar Tage zuvor auf einer Party – na ja, da hätte sie mit einem anderen aus meiner Jahrgangsstufe … und sie wisse nicht genau, den fände sie ganz süß. Dann stieg sie aus.

Auf der Heimfahrt drehte ich mein Kenwood-Radio bis zum Anschlag auf. Das Plastikarmaturenbrett meines karmesinroten Fiat Uno jaulte mit. Drei Tage später fuhr ich mangels originellerer Ideen mal wieder in einen »Sprachurlaub« nach Frankreich, diesmal nach Avignon, mit dem festen Vorsatz, Britta endgültig zu vergessen und eine tolle Frau kennenzulernen – und zwar idealerweise eine umwerfende Französin, mit der ich zu Hause mächtig Eindruck schinden und Britta rasend eifersüchtig machen würde. Um dieses Ziel zu erreichen, war ich sogar bereit, mein frühkindliches Justine-Trauma vorübergehend zu verdrängen.

Gleich hinter der französischen Grenze hielt ich an einem Tabac, denn ich wollte mit dem Rauchen anfangen, um existenzialistischer auszusehen und um den Uno-Aschenbecher zu nutzen, den man am Armaturenbrett so prima hin- und herschieben konnte. Ich kaufte mir eine Schachtel *Silk Cut*, weil ich glaubte, die seien cool. Ich war neunzehn, kam aus Westfalen, und meine Bundfaltenjeans von Boss hielt ich für ein angesagtes Kleidungsstück. Womöglich hatte ich auch deshalb Pech mit Mädchen.

Ich fuhr ausschließlich über Landstraßen, denn ich wollte die Autobahngebühren sparen. Mir war nicht klar, wie lang Frankreich war. Und wie viele Wellblechlieferwagen mit 2CV-Motor seine Routes Nationales verstopften.

Je tiefer ich in den Süden vorstieß, desto heißer wurde es. Als ich abends in Avignon ankam, stand die Luft, und ein erschöpftes Thermometer zeigte 33 Grad. So blieb es die nächsten vier Wochen. Meine Gastfamilie bestand aus Madame Chantal, ihren zwei kleinen Töchtern und fünf weiteren Sommersprachkurslern, die hier Quartier nahmen. Brooke aus New York, Tiara aus Ohio, Gloria aus Alicante, Sonia aus Valenza und Marco mit dem Suzuki-Jeep aus Kehl. Avignon ist im Juli wie Florenz oder Salamanca, überlaufen von Studenten aus aller Welt, die gekommen sind, um die Landessprache zu lernen.

Ich hatte mich für einen vierwöchigen Französischkurs an der *Faculté des Lettres* eingeschrieben. Kaum hatte der begonnen, stellte ich fest, dass ich überhaupt keine Lust auf Sprachkurs hatte. Schließlich hatte ich gerade entgegen den Wünschen meiner Franz-LK-Lehrerin das

Abitur bestanden. Es gab objektiv keinen Grund mehr, weiterhin Lebenszeit in Lehrveranstaltungen von begrenztem Unterhaltungswert zu verplempern.

Stattdessen trieb ich mich in der Stadt herum. Avignon im Juli ist eine einzige Bühne. Das Theaterfestival bespielt jede Nische zwischen den mittelalterlichen Mauern. Turnhallen, Krämerläden, Papstpalast, die engen Gassen, alles wird zum Theater. Im Hof des Papstpalastes inszenierte Patrice Chéreau *Hamlet*. Zwar waren die billigen Plätze oben im Rang neben dem Scheinwerferturm (wo man von Milliarden von Mücken zersiebt wurde), zwar versteht man bei Shakespeare auf Französisch kein Wort, aber toll war es trotzdem. Nie wieder habe ich mir in so kurzer Zeit so viel Kultur reingezogen wie in diesem Juli. Miles Davis beim Jazzfest in den Arenen von Nîmes nahm ich auch noch mit, obwohl der seinem Publikum wie stets den Rücken zudrehte und auf der Bühne kaum zu erkennen war. Aber derartige Details verschweigt man, wenn man später vor seinen Enkeln prahlt.

Avignon war ein Fest fürs Leben. Tags war Theater, nachts war Party. Ich habe in jenem Juli nicht geschlafen. Dafür war es zu heiß. Die Nächte begannen stets im *Pub* Z, einer Bar, die ein paar Plastiktische auf ein Abrissgrundstück in der Altstadt gestellt hatte. Dort traf sich allabendlich die Sprachschuljugend der Welt und begann mit ein paar *Kronenbourg* die Reise in den nächsten Rausch. Noch nie war ich mir so mondän vorgekommen. Nach drei Wochen hatte ich beinahe verdrängt, dass ich immer noch kein tolleres Mädchen als Britta kennengelernt hatte. Und keine einzige Französin. Dann traf ich Paty. An einem Nachmittag im *Piscine Municipale*, dem Schwimmbad auf der anderen Seite der Rhône, in das wir vor der Nachmittagshitze flohen. Dass ich Paty traf, verdankte ich Eric, mit dem ich mich in den ersten Tagen an der Uni befreundet hatte. Zwar saß sie mit einer Freundin im Schwimmbad gleich auf dem Handtuch neben uns, aber ich hätte mich nie im Leben getraut, sie anzusprechen. Ich hatte so ein hübsches Mädchen noch nie gesehen. Ich wusste noch nicht einmal, dass es so hübsche Mädchen überhaupt gab.

Eric quatschte sie einfach an. Amerikaner können so etwas. So saßen wir da zu viert und plauderten. Wo wir herkamen, was wir so machten. Ich schämte mich, denn ich war bloß aus Germany, »from a place near Cologne«, hatte gerade meine »Highschool« fertig und musste demnächst zum »Military Service«. Alles uncool. Sie dagegen stammte aus Mexiko-Stadt, lebte seit drei Jahren in den USA und studierte in San Antonio. So klang ein sexy Lebenslauf.

Irgendwann stand sie auf und ging noch mal schwimmen. In meiner Erinnerung ist ihr Badeanzug hellblau. Bevor sie das Schwimmbad verließen, fragten Paty und ihre Freundin Laura Eric und mich, ob wir Lust hätten, mit ihnen abends im Garten des Papstpalastes zu picknicken. Was für eine Frage. »Be there or be square«, sagte Paty noch. Ein paar Stunden später kletterten wir über die Spitzen des Eisenzauns, der den – abends geschlossenen – Garten des Papstpalastes umgibt. Dabei zerriss ich mir meine Boss-Bundfaltenjeans. Wir suchten uns ein Plätzchen im Gras an der Mauer mit Blick über die Rhône und die famose Brücke Saint-Bénézet, die jedes Kind besingen kann. Wir tranken Rotwein, die Sonne versank, und Paty erzählte. Von Mexiko, von ihrer Familie, von Texas, ich weiß nicht mehr, wovon noch, ich fand eh alles toll. Uns blieb noch eine Woche. Wir fuhren nach Saintes-Maries-de-la-Mer in die Camargue und fotografierten uns unterwegs in Sonnenblumenfeldern. Die Fotos wurden nichts wegen des Gegenlichts. In Saintes-Maries spielten wir am Meer neckische Strandschlickspiele.

Wir sahen Robert Redfords Film *Milagro*. Das war möglicherweise ein Kitschfilm, ich weiß es nicht mehr, aber es ging um irgendwas Mexikanisches, und deshalb war ich verzaubert. Ich hatte außerdem vollkommen vergessen, dass ich in der festen Absicht nach Avignon gefahren war, unbedingt eine Französin kennenzulernen.

Paty wohnte in einem charmant renovierungsbedürftigen Appartement in der Altstadt, wir verbrachten die Abende meistens bei ihr. Sie servierte mir die erste Guacamole meines Lebens. Wir hörten zu viel Midnight Oil und andere Bands, von denen ich noch nie was gehört hatte. R.E.M., Woodentops, Camper van Beethoven, Big Audio Dynamite, altersgerechtes Alternativ-Rock-Zeugs halt. Alles war ganz toll, bis auf die Tatsache, dass wir immer mindestens zu viert waren. Abend für Abend hoffte ich darauf, dass Laura und Eric früher gehen oder einschlafen würden, aber die hatten eine erstaunliche Kondition. »Ich glaube, Paty mag mich«, sagte Eric eines Morgens gegen vier, als wir betrunken am Fenster standen und rauchten. »Ich glaube, Paty mag mich«, antwortete ich.

Am nächsten Abend hatte ich dieses Duell auf wundersame Weise für mich entschieden. Eric war einfach verschwunden. Ich saß neben Paty auf der Couch. Und durfte sie küssen.

Uns blieben noch ein paar Abende, ich glaube, es waren drei. Nur die Abende, denn im Gegensatz zu mir zog Paty tagsüber fleißig ihr Kursprogramm durch. So lungerte ich in der Stadt oder im Schwimmbad herum, bis wir uns abends wieder alle in Patys Appartement trafen. Dann wartete ich mit vorgetäuschter Geduld, bis die anderen gegangen oder eingeschlafen waren. Und staubte noch ein paar Küsse ab.

Paty stieg an einem Freitag in den Nachtzug nach Paris. Von dort flog sie zurück. Nach Texas. Das war 9000 Kilometer zu weit weg. Ich brachte sie zum Bahnhof und winkte ihr nach.

Es war Ende Juli, und in Avignon war das Festival zu Ende. Am nächsten Morgen rissen sie die Theaterplakate herunter, die überall an Bäumen und Laternen gehangen hatten. Paty und ich schrieben uns noch eine Weile. Sie ging nach Boston, heiratete. Wir verloren uns aus den Augen. Lateinamerikanistik habe ich nicht zu Ende studiert. Nach Mexiko schaffte ich es nie. Aber immer wieder mal kam mir dieses Mädchen in den Sinn, das perfekt blieb, denn es war weit fort. Irgendwann weiß man nicht mehr, ob man in die Entfernte verliebt ist oder in die Entfernung.

Als jener Sommer zu Ende ging, starb Franz Josef Strauß. Das ist inzwischen fast ein Vierteljahrhundert her. Ich weiß heute nicht mehr, ob ich mehr in diesen Sommer oder mehr in Paty verliebt war. Oder in die Idee von ihr, nachdem sie fort war. Aber auf jeden Fall war der Sommer '88 groß und heiß. Als er vorbei war, war ich traurig und blieb es eine ganze Weile. Eine schönere Idee von einem Mädchen ist mir danach lange nicht begegnet. Dummerweise war sie nur keine Französin.

Septembre.
Französisch kellnern

Nachdem Paty Avignon verlassen hatte, hing ich dort noch eine Weile herum, bis mir das Geld ausging. Als es fast so weit war, kaufte ich mir in einem Tabac eine Telefonkarte und rief meinen Vater an. Ich sagte ihm, dass ich so gut wie pleite sei, aber gerne noch bleiben würde, um bei einem extrem spannenden Straßentheaterprojekt mitzumachen und einen Fortgeschrittenenkurs im Einradfahren zu belegen. Ob er mir dafür vielleicht noch etwas Kohle überwei…

In diesem Moment knisterte es seltsam in der Leitung, und mein Vater tat so, als könne er nichts mehr hören. Ich war ziemlich sicher, dass er zu Hause absichtlich mit Butterbrotpapier über den Hörer raschelte und die Leitung vollkommen in Ordnung war. Dann hatte er offenbar aufgelegt.

Blöderweise war meine Telefonkarte nun schon wieder leer. Es ist ja heute nur noch schwer vorstellbar, was für ein Akt Telefonieren im Ausland früher war, besonders in Frankreich. Man brauchte dauernd Telefonkarten, und Telefonkarten gab es ebenso wie Briefmarken nur auf der Post oder im Tabac. Da die Post aber noch seltener

221

geöffnet war als das »Bureau de Tabac«, kaufte man die Karten im Tabac. Es gab Karten für 30, 50 und für 100 Francs. Mit 30 Francs kam man allerdings nicht weit, jedenfalls, wenn man länger als zweieinhalb Minuten nach Deutschland telefonieren wollte. Außerdem musste man zunächst einmal eine freie Telefonzelle finden. Die waren aber meistens besetzt oder kaputt. Außerdem hatte die französische Post die hübsche Idee, ihre Telefonzellen als Glascontainer zu konzipieren, und baute sie besonders gerne an sonnenüberfluteten Plätzen auf. Die Innentemperatur betrug deshalb im Durchschnitt 48 Grad, weshalb man beim Telefonieren grundsätzlich die Tür mit einer Hand offen halten und Kreislauftabletten dabeihaben musste. Die offene Tür wiederum beeinträchtigte die Tonqualität des Gesprächs ein wenig, weil eins der Lieblingshobbys französischer Jugendlicher mit frisierten Mopeds darin bestand, stundenlang aufgeheizte Telefonzellen zu umkreisen.

Nachdem ich mir im Tabac eine neue Karte gekauft hatte, rief ich meinen Vater noch einmal an. Er sagte freundlich, aber bestimmt, dass er für Einradkurse und andere Selbstverwirklichungsversuche keine Mittel gewähren wollte. Ich solle nach Hause kommen und eine Banklehre machen – oder mir gefälligst in Frankreich einen Job suchen. Schließlich sei ich alt genug und hätte immerhin sogar Abitur. Vielleicht könne mir Monsieur Roset ja helfen.

Monsieur Roset war nämlich mit seiner Familie einige Jahre zuvor von Paris an die Côte d'Azur gezogen. Er hatte sich zur Ruhe gesetzt und wohnte nun in seinem ehemaligen Ferienhaus in Saint-Raphaël. Ich rief ihn an und schilderte ihm die Lage. Monsieur Roset hörte aufmerksam zu und sagte dann auf Deutsch: »Bon, isch werde misch informieren und versuchen zu finden eine adäquat' Beschäftigungsver'ältnis für Sie.«

Monsieur Roset hatte Anfang der dreißiger Jahre in Deutschland ein Praktikum bei einer Werkzeugfirma absolviert und sprach seitdem ein erstaunlich gutes Deutsch. Vor allem was Fachausdrücke aus dem Werkzeugsektor betraf, war sein Vokabular nahezu unerschöpflich. Bevor ich Monsieur Roset traf, wusste ich überhaupt nicht, dass Worte wie »Dengelhammer«, »Hebelvornschneider« oder »Lochbeitel« im Deutschen existierten. Einige Tage später rief er mich wieder an: »Isch 'ätte da eventuellment eine Tätischkeit für Sie gefunden. In ein Otel.«

Hotel klang nicht schlecht. Ich fuhr also nach Saint-Raphaël. Monsieur Roset hatte tatsächlich Dutzende von Hotels in der Gegend abgeklappert und war bei einem frisch eröffneten Golfhotel in Valescure fündig geworden. Das Hotel war so frisch eröffnet, dass der Golfplatz noch aus einem braunen Acker bestand, der gerade erst eingesät worden war. Ich durfte mich vorstellen.

»Haben Sie irgendwelche Erfahrungen in der Küche?«, fragte mich der Personalchef. »In der Küche?«, fragte ich verdutzt zurück. Ich sah mich bereits Salatblätter auf Vorspeisentellern anrichten. So hatte ich mir meinen Einstieg in die französische Gastronomie nicht vorgestellt.

»Ähm«, stammelte ich, »in der Küche eigentlich nicht. Ich habe in Deutschland mal an der Bar gearbeitet.« Das war allerdings gelogen. Meine gastronomische Erfahrung beschränkte sich darauf, dass ich bei Karnevals-feiern meiner Eltern Kölsch gezapft hatte.

»Ah, *vous êtes barman*«, hakte der Personalchef da ver-zückt nach. Komischerweise gibt es in Frankreich keinen Barkeeper, sondern nur einen Barman. »*Très bien.* Dann kommen Sie an die Bar.«

Wie sich herausstellte, gab es an der Bar einen per-sonellen Engpass, weil einer der Barmänner just an diesem Vormittag gekündigt hatte. Er war nämlich gar kein Barmann, sondern Golflehrer. Da aber der Golfplatz nicht fertig war, musste der Golflehrer vorübergehend an die Bar. Doch auf Bar hatte der Golflehrer keine Lust.

Und so wurde für mich eine Stelle frei.

Überhaupt arbeiteten in dem Hotel ziemlich viele Leute, die das, was sie machen sollten, nicht konnten. Oder die auf das, was sie machen sollten, keine Lust hatten. Eigentlich funktionierte so gut wie nichts. Das Hotel verstand sich damals als eine Art gemäßigter Club Méditerranée, es gab ein begrenztes Animationspro-gramm, für das eine aufgedrehte Knallcharge mit dem Animateur-gerechten Namen »Fonsy« zuständig war. Fonsy war quasi von Geburt an auf Koks und rannte den ganzen Tag über das Gelände, um wehrlose Gäste zu sinnlosen Aktivitäten zu überreden:

»Gleich gibt es Waterpolo am Pool, wir treffen uns in zehn Minuten. Ich bin euer Fonsy. *Allons-y*!«

»Hey, gleich starten wir die große Miss-Hawaiian-Tro-pic-Wahl im Amphitheater. Ich bin euer Fonsy. *Allons-y*!«

Und so weiter. Fonsy trug meistens pinkfarbene Ber-mudas, eine Trillerpfeife um den Hals, eine verspiegelte Vuarnet-Sonnenbrille mit neongelben Bändeln an den

Bügeln und ein T-Shirt mit der Aufschrift »*Rien n'est impo-sé. Tout est proposé*«. Das sollte die Animationsphilosophie des Hauses ausdrücken und hieß so viel wie: »Nichts ist verpflichtend. Alles ist möglich«.

Angesichts der zahllosen Pannen im täglichen Be-triebsablauf formulierten die Mitarbeiter den Werbe-spruch allerdings bald um: »*Rien ne va fonctionner. Tout est improvisé*« – »Nichts funktioniert. Wir hudeln uns so durch.« Unter den für den Hotelbetrieb nicht ganz un-wesentlichen Dingen, die nicht klappten, war die Strom-versorgung. Ständig flogen irgendwelche Sicherungen heraus. Weite Teile der Anlage lagen dann im Dunkeln, dauernd war irgendwo ein Abfluss verstopft, die Kühl-geräte funktionierten ebenso wenig wie die Kassen oder die Filteranlage des Schwimmbads. An der Bar servier-ten wir lauwarme Getränke.

Die Gäste trugen ihr Schicksal erstaunlich gelassen, was vor allem daran lag, dass sie ihr Urlaubsarrangement zum Sonderpreis erhalten hatten. Die meisten hatten ein anderes Hotel der Kette buchen wollen, waren aber zu spät dran gewesen. Da schon alles ausgebucht war, hatte man ihnen das brandneue *Lattitudes* in Valescure angeboten: »Es ist noch nicht fertig, dafür bekommen Sie es billiger.« Unsere Gäste waren also keine richtigen Gäste, sondern eher Versuchskaninchen.

An der Bar war meist nicht viel los. Es war eine halb-rund gebaute Tagesbar, man musste an ihr vorbei, wenn man von der Lobby in den Pool-Bereich wollte. Außer-dem hatte sie noch eine kleinere Öffnung nach hinten zum Amphitheater, in dem abends die »Disco« statt-fand. Dienst in der Disco war die Höchststrafe, die der

Schichtplan vorsah. Nicht, weil es da so viel zu tun gab, sondern weil es nichts zu tun gab. In die Disco gingen nämlich nur Zwölfjährige mit zu wenig Taschengeld, um sich die Hotel-Getränke leisten zu können. Deshalb stand ich bis zwei Uhr morgens hinter der Bar und servierte zu 95 Prozent Leitungswasser mit Strohhalm.

Tagsüber servierten wir den ein oder anderen Café, mal ein Schweppes oder eine Orangina. Erst am späten Nachmittag zog das Geschäft an, wenn die Stunde des »Apéro« nahte. Für mich begann dann der Stress.

Die Franzosen orderten lauter Zeug, das ich nicht kannte. Da wir uns in Südfrankreich befanden, war ich darauf vorbereitet, dass die Leute massenweise Pastis, Ricard oder 51 bestellen würden. Aber nun musste ich ständig seltsame Wünsche erfüllen: Ein Gast wollte eine *Tomate*. Ich brachte ihm einen Tomatensaft.

»Was soll denn das sein?«

»Ein Tomatensaft.«

»Machst du Witze? Woher kommst du?«

»Aus Deutschland.«

»He, Leute, seht euch das mal an, der Deutsche hat mir einen Tomatensaft gebracht statt einer *Tomate*.«

Großes Gelächter in der Runde. Ich verstand leider nicht, wieso. Aber der Gast war so freundlich, mir zu erklären, dass mit »*Tomate*« kein Tomatensaft gemeint ist, sondern ein Pastis, der mit Grenadinesirup angereichert wird. Im Laufe der nächsten Wochen lernte ich dann, dass es mit Ausnahme von Batterieflüssigkeit kaum etwas gibt, das Franzosen nicht in einen Pastis kippen würden.

Ein *Perroquet* (Papagei) ist ein Pastis mit Minzsirup.

Ein *Feuille morte* (Totes Blatt) ist ein Pastis mit Minz- und Grenadinesirup. Sirup macht das Leben bunter und zumindest Südfranzosen glücklicher. Sie gießen das Zeug nicht nur gerne in ihren Anislikör, sondern auch ins Bier. Ein *Valse* (Walzer) etwa ist ein Bier mit einem Schuss Minzsirup, ein *Tango* (Tango) ist ein Bier mit Grenadinesirup und ein *Monaco* ist ein Bier mit Limonade und Grenadinesirup.

Französisches Bier ist geduldig. Egal, was man hineinschüttet, es schmeckt danach auf keinen Fall schlechter. So arbeitete ich mich in die französische Kellnerkultur ein. Ich war schon ein wenig stolz, als ich zum ersten Mal mit der inzwischen aus der Mode gekommenen Kellneranrede *Garçon* gerufen wurde. Ich übte fleißig, Coca-Cola-Flaschen mit einer Hand zu öffnen, indem ich sie gegen den Oberschenkel drückte, wenn ich den Kapselheber ansetzte – während ich in der anderen Hand ein volles Tablett balancierte. Nachdem ich jedoch zum dritten Mal den Gehalt eines kompletten Tabletts über eine Kleingruppe Gäste ergossen hatte, bat mich der Barchef Raymond, die Nummer mit dem Kapselheber vorerst nur noch in der Küche zu üben.

Nett war auch mein Kollege Denis, der mir erklärte, wie wir die »Löcher« in der Kasse stopfen konnten, die wir jeden Abend bei der Abrechnung vorfanden. Es war grundsätzlich weniger Geld da, als angesichts der gebongten Getränke hätte da sein müssen. Für die Fehlbeträge waren wir selbst verantwortlich, also richteten wir auf Denis' Initiative eine schwarze Kasse am Eisstand ein. Nachmittags am Pool verkauften wir nämlich den Kindern Eis aus einem Wagen – und da wir draußen keine richtige Kasse hatten, wurden die Eiseinnahmen nicht gebongt. Wir deklarierten daher nur jedes zweite oder dritte verkaufte Eis. Außerdem zogen wir die Kinder über den Tisch, indem wir ihnen zu kleine Kugeln andrehten. Mit den Einnahmen glichen wir die Fehlbeträge in der Barabrechnung aus. »*Système* D« nannte Denis das. Ich dachte erst, das D stünde für Denis, aber Denis erklärte mir, das D stehe für »*débrouiller*« – was so viel heißt wie »sich durchwurschteln«. Und eigentlich, so behauptete Denis, basiere ganz Frankreich auf dem Système D.

Ich kellnerte in diesem Sommer rund sechs Wochen lang im Lattitudes. Ich verdiente den *SMIC* – also den gesetzlichen Mindestlohn von 4860,40 Francs für 151,67 Arbeitsstunden im Monat. Lange rätselte ich beim Anblick der Abrechnung, was wohl in den Tarifverhandlungen geschehen sein musste, bis irgendeiner auf die erlösende Idee gekommen war: »D'*accord*, einigen wir uns auf 151,67 Arbeitsstunden im Monat.« Außerdem durfte ich in einer Personalunterkunft des Hotels wohnen, allerdings zog man mir Kostgeld ab, was ich aber vertretbar fand. Weniger glücklich war ich darüber, dass ich auch in die französische Rentenkasse und eine Witwenversorgungsversicherung einzahlen musste, obwohl ich keine Pläne verfolgte, Witwen in Frankreich zurückzulassen.

Zwei Wochen lang hatte ich an der Bar einen Stammgast, einen Hamburger, den offenbar sein Reisebüro hereingelegt hatte. Er und seine Frau waren die Einzigen, die nicht wussten, dass sie es hier mit einem großangelegten Hotelexperiment zu tun hatten. Nun kam Holger jeden Mittag nach dem Essen an meine Bar und bestellte sich ein »Bierchen«. Wenn Leute von Alkohol in Verniedlichungsformen sprechen, haben sie meistens gute Gründe, ihren Konsum kleinzureden. Wahrscheinlich ist Holger später auch irgendwann zu den Anonymen Alkoholikern gegangen und hat es mit dem Satz probiert: »Hallo, ich heiße Holger und trinke gerne mal vierzehn Bierchen am Tag.« Und die Anonymen Alkoholiker haben geantwortet: »Nee, Holger, so geht das aber nicht, jetzt gehst du noch mal raus, kommst wieder rein, und dann noch mal richtig.«

Holger saß nachmittags immer an meiner Bar, weil, wie er sagte, »es draußen zu heiß« sei. Draußen am Pool waren es meist eher angenehme 23 Grad. Aber Holgers Frau Helga war auch da. Holger erzählte mir dann manchen Schwank aus seiner Jugend, von der Reeperbahn und aus dem *Kaiserkeller*, wo er die Beatles live gesehen haben wollte, damals, 1960, als Pete Best noch Schlagzeug spielte. Und abends, kurz vor dem Essen, sammelte ihn Helga dann ein. Nach dem Essen kam er meist zurück und erzählte wieder vom Kaiserkeller, wo er »mit John, Paul, George und Pete, weil damals war Ringo ja noch nicht dabei ...«

Raymond gab mir irgendwann zu verstehen, ich solle lieber nicht so viel mit dem besoffenen Deutschen reden, sonst bekämen die anderen Gäste noch das Gefühl, die *Résistance* sei vergeblich gewesen.

Auf Scherze dieser Art hatte ich als »*Boche*« unter Galliern ein Abonnement. Als wir eines Morgens den Schichtplan festlegten, stellte sich die Frage, wer am 15. August arbeiten würde. Der 15. August ist in Südfrankreich ein Feiertag, denn es ist der Tag der zweiten

Landung der Alliierten im Zweiten Weltkrieg. Keine drei Kilometer vom Hotel entfernt, am Strand von Le Dramont, landeten die Amerikaner 1944. »Am 15. August arbeitest du – und wir machen natürlich frei«, entschied Denis mit einem breiten Grinsen und leistete sich ein hübsches Wortspiel auf meine Kosten.

»*Parce que pour nous, c'est un jour de fête, pour toi, c'est le jour de la défaite.*« – »Für uns ist das ein Feiertag, aber für dich ist es der Tag der Niederlage.«

Mir blieb nichts anderes übrig, als die historische Verantwortung zu übernehmen und am 15. August 1988 meine Kriegsschuld abzuarbeiten.

Mitte September ging mein erstes französisches Beschäftigungsverhältnis zu Ende. Ich bestieg den Zug nach Hause und hörte auf dem Walkman Gilbert Bécauds *Septembre*, ein Lied, das viel trauriger klingt, als es ist. Es klingt wie der Abschied vom Sommer, weil die Olivenbäume die Arme hängen lassen und der Strand kalt geworden ist, aber eigentlich geht es in dem Lied darum, dass Südfrankreich erst im September das wahre Südfrankreich ist – wenn die ganzen Touristen abgereist sind. Im Sommer ist das hier bloß irgendwas, heißt es in dem Chanson, ein Schmarrn: »*n'importe quoi*« – was eine der schönsten französischen Redewendungen ist. Im September aber kann man hier wirklich leben.

IV. CIVILISATION FRANÇAISE

Studentenunruhen

Ich hätte nichts dagegen gehabt, meine gerade begonnene Karriere in der französischen Gastronomie fortzusetzen, doch zuvor musste ich kurz zum Bund. Ich gehöre noch der Generation an, die das Vergnügen hatte, fünfzehn Monate ihres Lebens der Sicherung der Landesverteidigung widmen zu dürfen. Damals wurde Deutschland noch nicht am Hindukusch verteidigt, sondern man ging davon aus, dass »die Russen«, wenn sie nur wollten und ausnahmsweise nüchtern waren, binnen 24 Stunden am Kamener Kreuz stehen würden. Was genau meine Rolle beim Versuch gewesen wäre, die russische Besetzung der westlichen Hemisphäre zu verhindern, ist mir während meines Grundwehrdienstes nie ganz klargeworden. Aber das ging vielen so.

Ich hatte es noch gut getroffen, da ich eine vergleichsweise angenehme Stellung im gemütlichen Bonner Verteidigungsministerium erhielt. Ich diente einer Bundeswehrzeitung, die hauptsächlich zum Waffenreinigen eingesetzt wurde. Der Posten im Zentrum der Macht verschaffte mir unmittelbaren Zugang zu Herrschaftswissen. Allmorgendlich wurde in der »Redaktionskonferenz« bei magenfreundlichem Jacobs-Kaffee die Weltlage erörtert, die im Frühjahr 1989 leicht schwankend war. Im Mai besuchte Michail Gorbatschow die Bundesrepublik. Einige

Jahre später sollten wir erfahren, dass der sowjetische Staatschef an einem dieser Abende mit Helmut Kohl auf einer Mauer unterhalb des Bonner Kanzlerbungalows saß. Gemeinsam schauten die beiden Staatsmänner auf den Rhein. Kohl soll damals sinngemäß so etwas gesagt haben wie: »Die deutsche Einheit wird so sicher kommen, wie der Rhein zum Meer fließt.«

Gorbatschow sagte darauf erst einmal nichts. Dann fragte er, ob er noch ein paar von diesen Haribo-Erdbeeren haben könnte, von denen Kohl eine Tüte in der linken Hand hielt und die es in der Sowjetunion nicht gab.

Von dieser Schlüsselszene für die deutsche Einheit wussten wir damals im Verteidigungsministerium jedoch nichts. Am Morgen nach dem Staatsbankett für Gorbatschow machten sich in der sogenannten »Lage« im Pressestab die üblichen Durchblicker-Offiziere wichtig und boten eine fundierte politische Analyse der Art:

»Ach ja, die Russen, hör mir auf. Ich kenne den Ivan. Der Ivan bleibt immer der Ivan. Ich habe da kein gutes Gefühl.«

Der ganze Glasnost- und Perestroika-Kram – sei alles nur Propaganda. Bestenfalls werde es nach dem 40. Jahrestag der DDR im Oktober ein mäßiges Revirement im Politbüro geben. Vorher passiere garantiert nichts. Vermutlich komme dann Krenz statt Honecker. Das ändere aber auch nix.

»Die Wiedervereinigung werden Sie und ich jedenfalls nicht mehr erleben, das gebe ich Ihnen schriftlich«, sagte ein Oberst i. G. und klang dabei sehr überzeugend. »Eher benennen die irgendwann Raider um.«

Ich sah keinen Grund, meinen Wehrdienst unnötig in die Länge zu ziehen. Ich hatte herausgefunden, dass man seine Dienstzeit reduzieren konnte, wenn man einen Studienplatz hatte – vorausgesetzt, die Universität bestätigte, dass dieser Studiengang nur einmal im Jahr beginne. Das brachte mich auf eine Idee: Ich würde zum Studium nach Mexiko gehen. Als ich meinem Vater diesen Vorschlag unterbreitete, fragte der, ob ich noch alle Tassen im Schrank hätte. Dritte Welt käme nicht in Frage.

Da Mexiko somit aus der engeren Studienortwahl ausgeschieden war, besann ich mich auf mein traditionell schwankendes Interesse an Frankreich. Mir kam zugute, dass mein Vater dreißig Jahre zuvor selbst an der Sorbonne ein Studienprogramm für Ausländer absolviert hatte – ein einjähriges Studium Generale der *Civilisation française*. Nach kurzen, gewohnt harten Verhandlungen erklärte sich mein Vater bereit, mir dieselbe Geistesschulung zukommen zu lassen. Ich fuhr nach Paris und meldete mich zur Aufnahmeprüfung an. Im Gegenzug bekam ich eine Immatrikulationsbescheinigung, auf der stand, dass das Studium im September anfangen würde. Dass man auch im Januar beginnen konnte, stand dort nicht. Zum Glück konnte bei der Bundeswehr niemand Französisch. Mein Entlassungsantrag wurde angenommen.

So war ich im September 1989 plötzlich ein Pariser Student. Das heißt: noch nicht ganz. Erst musste ich einen unangenehmen Aufnahmetest bestehen, der sich aus einem Essay und einem finsteren Grammatikteil zusammensetzte. Vor Letzterem gruselte es mir, denn meine Grammatikkenntnisse waren stets prekär. Es blieb mir keine andere Wahl, als das Système D anzuwenden: Ich schrieb den Grammatikteil der Prüfung von einem Schweizer Mitbewerber ab, der mir vor dem Seminarraum aufgefallen war. Durch seine überdicken Brillengläser strahlte er Seriosität aus.

Ich bestand die Prüfung und war damit höchstoffiziell Student an der famosen Sorbonne. Das heißt, eigentlich war ich lediglich in einem Spezialprogramm für ausländische Studenten und Au-pair-Mädchen mit zahlungswilligen Eltern gelandet – aber die Kurse fanden in der Sorbonne statt. Und von außen sah man den Unterschied kaum. Ich war recht stolz auf meinen Studentenausweis, mit dem ich täglich die ehrwürdigen Hallen der 1253 gegründeten Universität betrat.

Relativ schnell stellte ich allerdings fest, dass die meisten Vorlesungssäle der berühmten Bildungsinstitution seit 1263 nicht mehr renoviert worden waren. Die Bestuhlung war auf die durchschnittlichen Körpermaße mittelalterlicher Gnome zugeschnitten. Eine zweistündige Vorlesung zu Pascal – dem Philosophen, nicht dem Typen aus dem Französischbuch – im Amphithéâtre Richelieu wurde dadurch zu einer Herausforderung an die eigene Dehn- und Faltfähigkeit.

Bevor ich mich intellektuellen Aufgaben stellen konnte, hatte ich jedoch irdische Probleme zu lösen: Ich brauchte eine Wohnung. Die ersten Tage hatte ich in einem jener Hotels verbracht, auf die sich Paris in gewisser Weise spezialisiert hat. Es ist eine Hotelkategorie, für die man Minus-Sterne vergeben müsste. Vielleicht sollte man eine eigene Reiseführerserie auflegen, die nicht nur Sterne verteilt, sondern zugleich eine negative Bewertungsskala mit Schwarzen Löchern anbietet. Gäbe es diese, hätte mein Hotel sicherlich zwei bis drei Schwarze Löcher erhalten. Es lag in einer Seitenstraße des Boulevard Saint-Michel. Den Namen habe ich inzwischen verdrängt. Vielleicht hatte es auch gar keinen oder hieß wirklich *Trou Noir*. Eines dieser Hotels, in denen die Handtücher Geschichten von längst vergangenen Gästen erzählen, wie Harald Schmidt das in seinem Frühwerk einmal sehr treffend formuliert hat.

Ich hatte ein Zimmer, das etwas kleiner war als das Bett. Jedenfalls stand das Bett nur mit zwei Beinen auf dem Boden. Mit den beiden linken hing es schräg in der Wand. Im Schlaf rollte man aufgrund der Neigung früher oder später automatisch auf der abfallenden linken Seite des Bettes hinunter und verbrachte den Rest der Nacht an der Wand. Lediglich am Fußende blieben knappe dreißig Zentimeter zwischen dem Bett und einem Schrank, dessen Türen allerdings mindestens fünfzig Zentimeter breit und deshalb kaum zu öffnen waren. Hinter dem Schrank befand sich ein Waschbecken, dessen Keramikbeschichtung eingefärbt war wie Raucherzähne. Das Wasser war leicht bräunlich, der Hahn tropfte. Die Wände waren mit einer dunkelroten Polyestertapete verkleidet, die großflächig abblätterte. Das Klo und die Dusche befanden sich auf dem Gang. Die Bettwäsche strahlte ein mildes Aschenbecher-Aroma aus und bereitete mir darüber hinaus erhebliche Schwierigkeiten.

Ich verstehe bis heute nicht, wieso eine der wenigen Aktivitäten, die Franzosen mit eiserner Disziplin betreiben, das Bettenmachen ist. Mit Ausnahme von Nordkorea werden in keinem anderen Land der Welt Betten derart streng bezogen. Ein französischer Bettbezug besteht aus zwei übereinandergespannten Laken und einer darübergelegten Decke, die meistens aus einem eher unappetitlichen Synthetikmaterial ist. Alles zusammen wird dann so straff wie möglich unter der Matratze festgeklemmt. Die Probleme beginnen, wenn man nun versucht, sich zwischen das untere und das obere Laken zu schieben. Mit viel Mühe kommt man zwar hinein, aber man ist dann so gut eingetütet wie ein Supermarkt-Kotelett in einer Zellophanverpackung. Die Füße muss man bereits seitlich abspreizen, sonst wacht man am nächsten Morgen mit im 90-Grad-Winkel abgeknickten Zehen wieder auf, so straff ist das Laken gespannt.

Es ist mir rätselhaft, wie diese rigide Bett-Mach-Technik mit dem angeblich inhärenten Drang der Franzosen nach individueller Freiheit und erotischen Entfaltungsmöglichkeiten zu vereinbaren sein soll. Französische Betten taugen eigentlich nur etwas für Klosterschüler, die man zwingen will, die Hände über der Decke zu lassen. Der Versuch, sich von der Zwangsdecke zu befreien, erfordert einen beträchtlichen Kraftaufwand. Nur durch heftiges Treten und Reißen kann man das obere Laken aus seiner Verankerung unter der Matratze lösen. Gelingt einem dies, tun sich neue Probleme auf. Entweder hat man das untere gleich mit herausgerissen und liegt deshalb direkt auf einer Matratze, in die schon so manche Körperflüssigkeit eingesickert ist. Oder man hat das obere Laken derart verwuschelt, dass man die kratzigen Polyesterfasern der vor vier Jahren letztmals chemisch gereinigten oberen Decke nun direkt auf dem Leib hat. Darüber hinaus hat man mit dem Kopfkissen zu kämpfen. Gerne liefern die Franzosen nämlich statt Kissen eine Art Bettwurst: eine bettbreite Rolle von zwanzig Zentimeter Durchmesser, die zwar geeignet ist, um zugige Wohnungstüren abzudichten oder tote Verwandte aufzubahren, aber weniger, um darauf zu schlafen.

Ich habe Jahre damit verbracht, französische Bettwürste niederzuringen und sie auf Kissenformat zusammenzufalten. Aber die Bettwürste haben sich stets widersetzt. Meistens schlief ich irgendwann aus Erschöpfung ein und wachte am nächsten Morgen mit der Bettwurst im Arm wieder auf.

Um dem Schwarzen Hotelloch mit der Bettwurst zu entkommen, ging ich auf Wohnungssuche. Rasch fand ich heraus, dass die einschlägige Publikation für die Wohnungssuche in Paris *PAP* hieß – *De Particulier à Particulier* – ein Blatt, das jeden Donnerstag erschien. Wer jedoch so lange wartete, um sich PAP zu besorgen, hatte verloren. Die wenigen bezahlbaren Wohnungen waren dann längst weg. An manchen Kiosken war das Blatt nämlich schon mittwochabends zu haben. Die sportliche Herausforderung bestand nun darin, mit einem Textmarker und zwei Telefonkarten bewaffnet, ein Exemplar an einem dieser Kioske abzugreifen. Als ich dies zum ersten Mal tat, stellte ich fest, dass die routinierteren Wohnungssucher ihre Mittwochs-PAP-Operation zu zweit starteten: Einer besetzte eine nah gelegene Telefonzelle, der andere griff sich die Zeitung aus, sobald diese angeliefert wurden. Mangels Freunden waren meine Chancen schlecht. Bei den meisten Annoncen, auf die ich anrief, ging niemand ans Telefon. Bestenfalls erreichte ich einen Anrufbeantworter, auf dem eine müde Stimme sagte:

»Wenn Sie wegen der Wohnung anrufen, *trop tard*.« Zu spät.

Wenn überraschenderweise ein Mensch antwortete, lachte er mich aus, bevor ich meinen Satz zu Ende gesprochen hatte.

»Und da rufen Sie jetzt an? Die Wohnung ist seit vorgestern weg.«

So wurde das nichts. Ich probierte das Studentenwerk CROUS. Dort gab es ein Schwarzes Brett mit Annoncen. Was preislich in Frage kam, lag weit jenseits des Boulevard Péripherique. Ich wollte aber in Paris leben. Nicht *vor* Paris. Ich kam jeden Tag, um neue Angebote zu sichten. Zwei-, dreimal erreichte ich sogar einen Vermieter am Telefon. Einmal konnte ich mir ein Zimmer in der Nähe der Métrostation Barbès-Rochechouart ansehen. Als ich ankam, stellte ich fest, dass die Wohnung nicht wirklich »nahe bei« der Station lag, sondern quasi auf den Schienen. Ich stieg trotzdem in den zweiten Stock, um mir das Zimmer anzusehen. Der Vermieter begrüßte mich:

»Machen Sie sich keine Sorgen wegen des Lärms, davon bekommen Sie fast nichts mit, denn das Zimmer hat kein Fenster nach vorne raus.«

Der Mann sagte die Wahrheit. Das Zimmer hatte nicht nur kein Fenster zur Straße hinaus, es hatte überhaupt kein Fenster. Es war eine großzügige Besenkammer. Ich verzichtete darauf, mein Bewerbungsdossier zu hinterlegen.

So ging das zwei Wochen lang. Entweder gab es nichts oder Verschläge, Hundehütten und Hobbykeller, die man sich mit einer unklar großen Zahl von Gelegenheitsbesuchern teilen sollte. Ich war kurz davor zu verzweifeln, als ich eines Morgens eine Anzeige entdeckte, die ein erschwingliches Zimmer im 13. Arrondissement anpries. Ich rief an. Die Vermieterin hatte einen eigenartigen Akzent, klang aber freundlich. Ich fuhr ins 13. Arrondissement. Das beginnt hinter dem Place d'Italie und ist von weitem gut zu erkennen. Es ist eine der wenigen Gegenden in Paris, in denen die ungemütlichen städtebaulichen Ideen des Architekten Le Corbusier ein Echo fanden. Ende der sechziger Jahre begann man mit dem Projekt *Italie 13* und hübschte das Viertel mit Hochhäusern auf. Die Begeisterung der Pariser für diesen Modernisierungsschub war allerdings gering. Valéry Giscard d'Estaing stoppte das Projekt nach seiner Wahl 1974. Von den ursprünglich geplanten Dutzenden Hochhäusern wurden nur wenige gebaut.

Ich stieg an der Métrostation Nationale aus und sah mich um. Das war nicht direkt das Paris, in dem zu leben ich mir erträumt hatte. Charmant war anders. Allerdings versprühte das Viertel einen exotischen Reiz. Seit Anfang der achtziger Jahre waren viele Vietnamesen und dann immer mehr andere Asiaten hierhergezogen. Es gibt die höchste China-Restaurant-Dichte von Paris. Außerdem wurde in dem McDonald's in der Ladenzeile des Hochhausblocks *Les Olympiades* eine Szene aus *La Boum* gedreht. Das sprach eindeutig für die Gegend. Ich lief die Rue Dunois hinab. Hier gab es bis Mitte der achtziger Jahre sogar einen Jazzclub von Rang. Nun sollte ich gleich gegenüber wohnen. Das war immerhin fast cool. An der angegebenen Adresse stand kein Hochhaus, sondern ein sechsstöckiger Plattenbau. Um den Aufzug lun-

gerten einige Heranwachsende herum und rauchten ent-
spannungsfördernde Substanzen. Ich fuhr in den vierten
Stock. Als ich oben ankam, war ich high. Die Wohnung
gefiel mir auf Anhieb. Und 1500 Francs für zwölf Quadratmeter hielt ich für einen fairen Preis.

Meine Vermieterin hieß Madame Ong. Sie stammte
aus China. Sie schien ganz nett zu sein und bestritt ihren
Lebensunterhalt durch den Verkauf von chinesischen
Glückskatzen und beleuchteten Bambuswald-Panora-
men auf Trödelmärkten. Madame Ong arbeitete nur am
Wochenende, den Rest der Woche stand der China-Nip-
pes in großen Kartons im Flur ihrer Dreizimmerwohnung
herum. Wenn man sich an den Kartons vorbeipresste,
erreichte man hinter dem Kartonlager mein Zimmer. Es
lag gleich neben dem Zimmer von Madame Ong. Es war
eher schmucklos, hatte aber immerhin ein Fenster auf
einen betonierten Innenhof, das man mit einer faltbaren
grauen Kunststoff-Jalousie verdunkeln konnte. Der Teppich war abgewetzt, es gab ein Klappsofa, einen Schrank
aus Karton und einen Schreibtisch, der aus einem Türblatt und zwei Malerböcken bestand. An der Decke hing
eine einsame Glühbirne und schwankte nackt im Wind.
Es zog ein wenig. Französische Plattenbauten sind nicht
optimal verfugt.

Das Zimmer war eigentlich das von Madame Ongs
Sohn Otto. Otto war neun Jahre alt, aber unter der Woche steckte er in irgendeinem Internat. Sein Vater war
verschollen, kurz nachdem er die lustige Idee gehabt
hatte, seinen Sohn Otto zu nennen. Nun hieß er Otto
Ong. Nach Hause zu seiner Mutter kam Otto nur am
Wochenende, was insofern unglücklich war, als Madame

240

Ong am Wochenende eben ihr China-Zeug auf dem Flohmarkt an der Porte de Vanves verkaufte. Otto saß dann allein zu Hause herum. Meist begann er sehr früh morgens damit, *Captain Future* im Fernsehen zu schauen. Den Fernseher drehte er sehr laut auf. Die Plattenbauwände waren dünn, deshalb wurde ich samstagmorgens meistens von Captain Future geweckt. Wenn Otto nicht *Captain Future* guckte, rannte er in einem Batman-Kostüm durch die Wohnung und sprang im Laufe eines normalen Sonntags etwa 243-mal in den Kartonstapel im Flur. Manchmal schaffte er es auch, durch die Tür in mein Zimmer zu springen. Ich machte ihm keine Vorwürfe. Es war schließlich eigentlich sein Zimmer, und ich glaube, er fühlte sich allein.

Hatte Otto Hunger, warf er in der Küche gern Fertigpopcorn in eine Pfanne. Allerdings war diese Art Popcorn für die Mikrowelle, und da Otto außerdem immer vergaß, Öl in die Pfanne zu geben, endeten seine Kochversuche in der Regel damit, dass der Rauchmelder kreischende Alarmtöne ausstieß.

Unter der Woche, wenn Otto im Internat war, war es ruhiger. Außer am Donnerstag, da ging Madame Ong in die Disco. In der Regel kam sie gegen drei Uhr morgens zurück. Und zwar selten alleine. Mir konnte das wegen der schlecht isolierten Wände nicht entgehen. Außerdem fiel mein Pappkleiderschrank dann meistens um. Ich lag wach, schaute auf die schaukelnde Glühbirne an meiner Decke und hörte von nebenan spitze Schreie: »*Oui, oui, ouiiiiiiii!*«

Mir war die passive Teilnahme an Madame Ongs Sexualleben ein wenig unangenehm. Das allein wäre jedoch für mich noch kein Grund gewesen auszuziehen. Dazu war der Wohnungsmarkt zu angespannt. Mulmiger wurde mir aber, als Madame Ong mir eines Abends im Wohnzimmer, wo wir gelegentlich gemeinsam fernsahen, eröffnete, dass sie normalerweise aus Prinzip nicht mit ihren Mietern schlafen würde. In meinem Fall sei sie allerdings versucht eine Ausnahme zu machen. Ich schluckte. Madame Ong war wirklich nicht mein Typ. Sie war außerdem mindestens 30. Die Vorstellung, mit jemandem, der so alt war, Sex zu haben, fand ich etwas eklig.

Angesichts der physischen Bedrohung durch Madame Ong begann ich den Wohnungsmarkt aufs Neue zu eruieren. In dieser Notlage traf ich am Kaffeeautomaten vor der Sorbonne auf Urs. Erst hatte ich ihn für den Hausmeister gehalten, der den Automaten repariert. Er trug eine Peter-Maffay-Frisur und eine knapp geschnittene Levi's-Jeansjacke, auf die ein Mercedes-Stern aufgenäht war. Es stellte sich aber heraus, dass Urs weder für den Fuhrpark noch für die Kaffeeautomaten der Universität zuständig war. Er war ein weiterer Schweizer Austauschstudent, der genau wie ich mit einer problematischen Wohnsituation zu kämpfen hatte.

Wir setzten uns mit unseren Automatenkaffeebechern in den Hof der Sorbonne. Urs hatte ein Zimmer in der sehr großen zweigeschossigen Wohnung einer Offizierswitwe namens Madame Oberkampf im 17. Arrondissement bezogen. Beste Pariser Lage, nicht weit vom Triumphbogen.

Madame Oberkampf hatte, um ihre Rente aufzubessern, drei Zimmer an Pensionsgäste vermietet. Neben

Urs wohnten dort ein italienischer Kochschüler und eine aus Bulgarien stammende Klarinettistin namens Tamara. Aus dieser Konstellation ergaben sich für Urs mehrere Unannehmlichkeiten.

Wie man eine französische Katze beseitigt

Das erste Problem bestand darin, dass Urs bereits am zweiten Abend seines Mietverhältnisses ein Verhältnis mit der bulgarischen Klarinettistin eingegangen war, nachdem diese in einem fadenscheinigen Nachthemd an seine Zimmertür geklopft und ihn unter dem Vorwand, bei ihr sei »der Strom ausgefallen«, in ihr Zimmer gelockt hatte. Offenbar hatte sie zuvor die Glühbirne aus der Fassung gedreht. Urs blieb sicherheitshalber etwas länger bei ihr und sah zur Zufriedenheit seiner Nachbarin überall nach dem Rechten. Diese nächtlichen Inspektionsbesuche wiederholte er regelmäßig. Allerdings weniger, weil er sein Herz an die Klarinettistin verloren hatte, sondern weil ihr Bett gleich unter dem Dachlukenfenster stand und Urs so aus den meisten der von Tamara bevorzugten Paarungsstellungen einen einwandfreien Blick auf den beleuchteten Eiffelturm hatte, was ihm sehr gefiel: »Ich fand das ungeheuer pariserisch«, sagte Urs und enthüllte eine unverhofft romantische Ader unter dem Mercedes-Stern.

Allerdings löste der Eiffelturm bei Urs eindeutig tiefere Emotionen aus als Tamara. Er war zwar galant genug, ihr das so direkt nicht mitzuteilen, aber nach einer Weile ließ er doch durchscheinen, dass sie zwar eine großartige Frau sei, aber sie beide ja noch jung seien und sie das Leben noch vor sich hätten und so weiter, und dass, na ja, man vielleicht doch nicht mehr unbedingt jeden Abend ... und sie würde sicher schon verstehen ...

Tamara verstand aber eher nicht. Sie hatte im Gegenteil bereits ihren Job gekündigt und war fest davon ausgegangen, in Kürze einen reichen Schweizer zu heiraten, für den sie Urs aus unklaren Gründen hielt. Vielleicht hing die optimistische Einschätzung seiner Vermögensverhältnisse auch mit dem Mercedes-Stern auf seiner Jeansjacke zusammen. Urs jedenfalls musste sich fortan bemühen, Tamara möglichst selten zu begegnen, um sich ihrer kaum nachlassenden Werbung zu entziehen. Er kam daher meist spät nach Hause, schlich über den Flur und verbarrikadierte sich dann rasch in seinem Zimmer. Um sich abends kostengünstig zu beschäftigen, meldete er sich in einem Sportclub an und trainierte fast jeden Abend La Boxe Française, eine eigentümliche französische Kickboxvariante, bei der sich Urs von jüngeren, beweglicheren und besser trainierten Franzosen auf die Nase hauen ließ, um Tamara zu entkommen. Die Lage wurde unhaltbar. Erschwerend kam hinzu, dass sich eine zweite Konfliktfront aufbaute, und zwar mit Madame Oberkampf. Madame Oberkampf war eine recht strenge Wirtin mit klaren Vorstellungen, wie sich ihre Mieter zu verhalten hatten. Sie vermietete ihre Zimmer mit Frühstück. Jeden Morgen kredenzte sie im Esszimmer ihrer Wohnung Baguette, Butter, Konfitüre und Kaffee. Urs wohnte seit gut sechs Wochen bei Madame Oberkampf, als die alte Dame eines Morgens zu ihm an den Frühstückstisch trat.

»Monsieur Egli«, sagte Madame Oberkampf, »so geht das nicht weiter.« Urs befürchtete, Madame Oberkampf wollte sich vermittelnd in die angespannte Beziehung zu Tamara einschalten, doch seine Vermieterin hatte andere Sorgen:

»Ich werde offen mit Ihnen sprechen«, sagte Madame Oberkampf, die einen pfirsichfarbenen Morgenmantel trug und ihre Lockenwickler unter einem Hermès-Tuch verborgen hatte.

»Sie essen zu viel Konfitüre.«

Urs war verdutzt. Er betrachtete die aufgeschnittene Baguette-Hälfte, die er in der Hand hielt und mit der schmackhaften, von Madame Oberkampf bereitgestellten »Bonne Maman«-Konfitüre in eine *Tartine* verwandeln wollte. Gut, dachte er sich, es hatte vielleicht nicht jeder Mieter die Angewohnheit, zum Frühstück ein Dreiviertel Baguette zu vertilgen, nachdem er dieses vorher liebevoll mit einer lückenlosen zwei Zentimeter dicken Marmeladeschicht bestrichen hatte. Aber musste man das thematisieren? Schließlich hatte er ein Zimmer »*avec petit déjeuner*« gemietet.

»Sie sind jetzt seit sechs Wochen mein Mieter«, fuhr Madame Oberkampf fort. »In dieser Zeit haben Sie neun Gläser Marmelade konsumiert. Das liegt weit über dem europäischen Studentendurchschnitt und sprengt meine Kalkulation.«

Urs hatte dem wenig entgegenzusetzen. Er kannte keine Vergleichsgrößen. Er war die ersten 26 Jahre seines Lebens in dem Glauben aufgewachsen, sein Essverhalten sei normal. Madame Oberkampf stellte ihn vor die Wahl: Entweder mehr Miete bezahlen – oder weniger Marmelade essen. Mehr Miete zahlen konnte sich Urs nicht leisten. Weniger Marmelade essen konnte er sich nicht vorstellen.

Zwei Tage später passierte die Sache mit Minouche. Madame Oberkampf – von der Urs nicht genau wusste, seit wann sie verwitwet war, allerdings vermutete er, dass ihr Gatte in der Schlacht von Sedan gefallen sein musste – besaß eine stark übergewichtige Perserkatze namens Minouche. Das Vieh war schokoladenfarben, sehr haarig und nicht eben ansehnlich. Ihre platte Schnauze sah aus, als hätte auch sie jahrelang La Boxe Française betrieben. Inzwischen war sie gemeinsam mit ihrer Besitzerin gealtert und eher unbeweglich geworden. Ihr Aktionsradius beschränkte sich auf die Wohnung und die Balkone. Gelegentlich streunte sie allerdings ins Obergeschoss, wo die Untermieter ihre Zimmer hatten, und besonders gerne legte sie sich ungefragt bei den Mietern in die Betten.

Aus Rücksicht auf Tamara, die eine heftige Katzenallergie entwickelt hatte, patrouillierte Madame Oberkampf, wenn sie Minouche zu lange vermisste, gelegentlich die Wohnung, stieg über die Treppe ins Obergeschoss und rief mit langgezogener, hoher Stimme nach ihrer Katze:

»Mi-*nouuche*, Mi-*nouuche*, Mi-*nouuuche*!«

Die Katze kam nie, wenn Madame Oberkampf sie rief. Sie tauchte immer erst einige Stunden später wieder im Wohnzimmer auf, in dem Madame Oberkampf nachmittags vor dem Fernseher zu sitzen pflegte. Madame Oberkampf war dann trotzdem immer stolz und glücklich, dass Minouche zu ihr zurückgekehrt war. »Sie ist eine ungeheuer intelligente Katze«, sagte sie dann, »sie hört aufs Wort.«

Nun hatte Urs inzwischen die Gewohnheit entwickelt, seine Zimmertür leicht angelehnt zu lassen, damit er sich abends so geräuschlos wie möglich hineinschleichen konnte, ohne dass Tamara ihn bemerkte. Das führte allerdings dazu, dass Minouche es sich immer häufiger in seinem Bett bequem machte. Urs scheuchte sie dann mit einigen Handbewegungen hinaus und fragte sich, nachdem er sich in die Perserkatzenhaare gebettet hatte, ob es nicht doch angenehmer wäre, das Bett statt mit der Katze wieder mit Tamara zu teilen. Doch er hatte Prinzipien.

Eines Abends kam er vom Training nach Hause, schlich wie gewohnt an Tamaras Zimmer vorbei und drückte leise seine Zimmertür auf. Vorsichtshalber machte er das Licht nicht an. Er warf seine Sporttasche auf das Bett. Da vernahm er ein dumpfes Geräusch, gefolgt von einem Ton, der irgendwo zwischen einem kurzen Ächzen und einem ersterbenden Quietschen lag. Er schaltete das Licht an und betrachtete das Bett. Er sah zunächst nur seine Sporttasche, die heute schwerer gefüllt war als üblich, weil ihm Florent, ein mitfühlender Trainingskamerad, vier Hantelscheiben mitgegeben hatte, die er Urs dringend empfahl auf seine Heimhanteln zu packen. Er müsse lernen, seine Deckung länger hochzuhalten.

In diesem Moment schwante Urs, dass es keine gute Idee gewesen war, die Tasche, in der sich vier kiloschwere Hantelscheiben befanden, auf das Bett zu werfen. Er hob die Tasche hoch und entdeckte unter der Bettdecke einen Hubbel. Als er die Decke zurückschlug, erblickte er Minouche. Sie hatte alle vier Pfoten ausgestreckt und lag da, als würde sie einen kräftigen Kater ausschlafen.

»Minouche?«, fragte Urs leise, damit ihn niemand hören konnte. Minouche reagierte nicht. »Minouche?«, wiederholte Urs. Nichts. »Minouche, mach keinen Scheiß!«, drohte Urs. Aber die Katze schwieg. Urs tippte sie vorsichtig an. Nichts. Er zog an einem ihrer Beine. Nichts. Schließlich hob er sie hoch. Äußere Verletzungen waren nicht zu erkennen, allerdings hing ihre Zunge schlaff aus dem Mund. Die Augen waren weit aufgerissen, so als habe die Katze mit allem gerechnet, nur nicht damit, dass ihr der Himmel in Form einer Hantelscheibe auf den Kopf fallen würde. Der Anblick gab keinen Anlass für Optimismus. Urs legte die Katze auf den Schreibtisch und tastete vorsichtig an ihr herum. Sie bewegte sich nicht.

Er schaute noch einmal das Bett an und examinierte seine Sporttasche. Die Hantelscheiben lagen in einer Außentasche unten. Urs versuchte, die ballistische Kurve seiner Tasche zu rekonstruieren. Tatsächlich sah es danach aus, als hätte er Minouche unfreiwillig eine Kopfnuss mit den Hantelscheiben verpasst. Urs war ratlos. Er legte ein Ohr an den Katzenkörper und meinte einen schwachen Klopfton zu hören. Vielleicht hatte er sie nur k. o. geschlagen? Er deckte die Katze provisorisch mit einer Doppelseite der Sportzeitung L'*Équipe* ab, räumte seine Sporttasche aus, setzte sich aufs Bett und wartete. Als sich nach einer Dreiviertelstunde unter der Zeitung nichts gerührt hatte, schaute er behutsam nach. Er stellte fest, dass die Katze inzwischen ziemlich steif war. Es war nichts mehr zu machen.

Urs hatte nun ein neues Problem. Er konnte unmöglich zu Madame Oberkampf gehen und ihr sagen: »Madame, *pardonnez-moi*, aber ich habe Ihre fette Perserkatze erschlagen. Es war keine Absicht.«

Er musste die Katzenleiche unauffällig beseitigen. Urs überlegte. Um sie auf normalem Wege aus der Wohnung zu bringen, hätte er an Tamaras Zimmer vorbei und die Treppe hinunter gemusst. Dann durch den Flur am Esszimmer, dem Wohnzimmer und Madame Oberkampfs Schlafzimmer vorbei. Das Risiko, dass er seiner Vermieterin in die Arme lief, war hoch. Er musste das Vieh in jedem Fall in irgendetwas einwickeln. Er versuchte es mit der L'*Équipe*, aber das funktionierte nicht. Das ganze Paket sah eindeutig immer noch aus wie Minouche – bloß stocksteif und in eine L'*Équipe* eingewickelt. Wie eine missglückte Katzenskulptur von Niki de Saint Phalle. Mit der Nummer würde er nie im Leben durchkommen. Urs sah sich in seinem Zimmer um. Die Sporttasche: gute Idee.

Er versuchte Minouche in seine Adidas-Tasche zu stopfen. Dummerweise war die Leichenstarre inzwischen recht weit fortgeschritten. Er konnte Minouche drehen und wenden, wie er wollte. Entweder schaute ihre platte Perserschnauze vorne heraus. Oder der buschige Perserschwanz hinten.

Das war keine Lösung. Blieb nur das Fenster. Urs öffnete es. »Ja«, dachte er, »das könnte gehen.« Wenn er die tote Minouche aus dem Fenster werfen würde, schlüge sie wahrscheinlich unten auf dem Trottoir auf.

Die Concierge würde sie dort in komprimierter Form finden, das Gröbste aufwischen und erst danach Madame Oberkampf schonend die Nachricht beibringen. Dann hätte man zugleich eine halbwegs plausible Erklärung. Minouche, so würde die Unfalltheorie lauten, sei auf dem Balkongeländer herumstolziert, was sie tatsächlich gelegentlich tat, und dabei tragischerweise abgestürzt.

Urs fand seinen Plan ganz gut. Er fasste Minouche, die ihm erstaunlich schwer vorkam, an den Vorder- und Hinterläufen und trat zum Fenster. Sein Zimmer lag im sechsten Stock, der gegenüber den unteren Stockwerken ein wenig zurückgesetzt war. Sachte fiel das Dach bis zur Regenrinne ab. Das Zimmer besaß ein recht großes doppelflügeliges Dachfenster. Urs öffnete es, holte Schwung und schleuderte Minouche hinaus. Er erwartete einen mehrsekündigen Luftzug und dann ein unschönes Klatschgeräusch. Aber irgendwie war ihm Minouche beim Abwurf leicht aus der Hand geglitten, sie flog nicht im hohen Bogen, sondern eher flach, ditschte noch vor der Dachkante auf die Zinkverkleidung und purzelte dann vorwärts. Schließlich blieb sie mit dem Kopf und einer Vorderpfote an der Dachrinne hängen. Ihr Blick schien zurück Richtung Fenster zu gehen. Es kam Urs durchaus so vor, als würde Minouche ihn vorwurfsvoll anstarren.

Urs' Wohnsituation war nun wirklich unangenehm geworden. Madame Oberkampf hatte sich am nächsten Morgen geweigert, ein Marmeladenglas auf den Tisch zu stellen – mit der Begründung, er habe seine Monatsration bereits verzehrt. Dabei war es erst der Achte. Außerdem lief seine Vermieterin nun den ganzen Tag durch die Wohnung und rief nach ihrer verschwundenen Katze: »Mi-*nouche*, Mi-*nouche*, Mi-*nouche*, *viens, viens, viens.*«

»Es ist, als spielte ich neuerdings in dem Film *Die Katze* mit Simone Signoret und Jean Gabin mit«, sagte Urs. »Und immer, wenn ich aus dem Fenster schaue, glotzt mich diese Katzenleiche an.«

Er hatte bereits versucht, Minouche mit einem Besenstiel endgültig in den Abgrund zu stoßen. Doch der Besenstiel war zu kurz. So konnte es nicht weitergehen. Genauso wenig, wie es mit mir, der nymphomanischen Madame Ong und ihrem Sohn, der sich für Batman hielt, weitergehen konnte. Wir beschlossen, gemeinsam eine Wohnung zu suchen.

»Es gibt da ein Problem mit eurer Mauer«

Urs und ich machten uns auf zum Studentenwerk. Tatsächlich entdeckten wir einen Aushang für eine Zweizimmerwohnung, die preislich so gerade eben noch erschwinglich schien. Zu unserer Überraschung meldete sich, als wir anriefen, kein Anrufbeantworter, sondern eine leibhaftige Vermieterin, Madame Wertheimer. Madame Wertheimer sprach sich selbst »*Ver-té-mère*« aus und bestellte uns in eine kleine Straße des 14. Arrondissements, die Rue du Couëdic.

Das Haus war für Pariser Verhältnisse beinahe niedlich, es hatte nur drei Etagen. Ein Gerüst stand davor.

Madame Wertheimer öffnete uns die Tür und begrüßte uns gemeinsam mit einem älteren Herrn, den sie uns als Handwerker vorstellte, der noch einige kleinere »*Traveaux de rafraîchissement*« – kosmetische Auffrischungsarbeiten – im Badezimmer ausführen sollte. Die Wohnung befand sich im Erdgeschoss und war, nun ja, ein wenig ungewöhnlich geschnitten. In französischen Immobilienanzeigen wird in solchen Fällen gerne die Formulierung »*Appartement atypique*« benutzt. Das heißt im Klartext, dass ein normaler Mensch ohne perverse Hobbys mit einer derart »untypisch« geschnittenen Wohnung eigentlich nichts anfangen kann.

In unserem Fall, erläuterte Madame Wertheimer freudig, rührte der »atypische« Schnitt der Wohnung daher, dass es sich um einen ehemaligen Blumenladen handle. Den Eingang zur Straße hatte man zugemauert und durch zwei Fenster ersetzt, betreten wurde die Wohnung nun seitlich vom Flur, und damit befand man sich direkt in einem Raum, den man mit sehr viel gutem Willen als Wohnzimmer deuten konnte. Eingeschränkt wurde die Wohnzimmerfunktion ein wenig dadurch, dass in einer Ecke des Raumes eine circa 1,5 Quadratmeter große Badenische eingebaut war, die aus einer Dusche und einem Waschbecken bestand. Die fensterlose Nasszelle war mit einer rentnerhautfarbenen Kunststofffalttür vom Wohnzimmer abgetrennt. Das sei sehr praktisch, erklärte Madame Wertheimer, die Tür könne man schließen, während man dusche. Wir waren beeindruckt.

Hinter der Tür bot sich jedoch ein unschönes Bild. Die Wände des Badezimmers waren eher grob verputzt.

Fliesen waren nirgendwo zu sehen, stattdessen hingen einige Kleberreste an der Wand. Es roch leicht schimmelig. »Nun, hier werden wir noch einige Schönheitsreparaturen vornehmen. Monsieur Rocard« – gemeint war der Handwerker – »wird hier ein *revêtement plastique* anbringen.«

»Was werde ich da anbringen?«, fragte Monsieur Rocard.

Dasselbe wollten wir auch fragen.

»Na, ein revêtement plastique.«

»Sie wollen also nicht, dass ich Fliesen lege?«

»Nein«, sagte Madame Wertheimer und musterte uns kurz, »ein revêtement plastique«, das dürfte genügen.

Ich sortierte kurz den Vokabelkarteikasten in meinem Kopf. Was »*plastique*« hieß, war klar. »*Revêtement*« bedeutet so viel wie »Verkleidung«. Unsere Vermieterin hatte offenbar vor, die Duschwände mit Plastik zu verkleiden. D-C-Fix statt Fliesen lautete ihre Kosten sparende Renovierungslösung. Wir staunten und Monsieur Rocard offenbar auch. Er musterte die Wände, befühlte sie prüfend, schabte ein wenig Putz ab und zerrieb ihn zwischen den Fingern. »Madame«, sagte er dann, »das können Sie vergessen. Die Wand ist feucht. Bevor Sie da irgendetwas draufkleben, muss sie austrocknen.«

»Ach«, erwiderte Madame Wertheimer, »mit dem richtigen Leim wird das schon gehen.«

»Madame«, sagte Monsieur Rocard mit ernster Stimme, »als Handwerker kann ich dafür nicht die Verantwortung übernehmen.«

»Keine Sorge, Monsieur Rocard, da finden wir schon eine Lösung«, wiegelte Madame Wertheimer ab. Wir waren beeindruckt von der aufrechten Haltung von Monsieur Rocard. Mit seiner Fachkompetenz schien er Madame Wertheimer überzeugt zu haben. Was wir da noch nicht ahnen konnten, war, dass Madame Wertheimer in diesem Moment die Lösung längst gefunden hatte. Nämlich, einen Handwerker zu suchen, der nicht so viele Zicken machte wie der pingelige Monsieur Rocard.

Madame Wertheimer zeigte uns erst einmal gutgelaunt den Rest der Wohnung, was relativ rasch ging, denn es gab nur noch ein Zimmer. Besser gesagt: einen vier Meter langen Flur mit Überbreite, der vom Wohn-Badezimmer in die Küche führte.

Hinter der Küche befand sich das Klo. Wollten wir in dieser Wohnung zusammen wohnen, musste also einer von uns im Wohnzimmer neben der Dusche schlafen. Jeder, der die Wohnung betrat, würde umgehend vor dem Bett stehen. Um in die Küche oder aufs Klo zu gelangen, würde der Bewohner des Wohn-Badezimmers das Zimmer des anderen durchqueren müssen. Wir besichtigten also gerade eine Wohnung, die 4500 Francs – 1500 Mark – im Monat kosten sollte, kein Bad hatte und null Privatsphäre gewähren konnte.

Die Wohnung sei sehr ruhig und hell, behauptete Madame Wertheimer. Letzteres war schwer zu überprüfen, da die Schlagläden zur Straße hin geschlossen waren. Als wir versuchten, sie zu öffnen, stellten wir fest, dass man einen der beiden gar nicht öffnen konnte, weil eine Querstrebe des Gerüsts außen dies verhinderte.

»Ach, wie dumm, das Gerüst«, sagte Madame Wertheimer. Das sei nicht weiter tragisch, versicherte sie, die

Arbeiten an der Fassade seien so gut wie abgeschlossen, das Gerüst in »spätestens zwei Wochen« fort.

Urs und ich zogen uns kurz zu Beratungen auf die Straße zurück. »Die Wohnung kommt selbstverständlich überhaupt nicht in Frage«, waren wir uns rasch einig. »Ein 35-Quadratmeter-Loch mit verschimmelter Dusche«, befand Urs. »Völlig blöd geschnitten und quasi ohne Tageslicht«, stimmte ich zu. »Und dafür will die ernsthaft 1500 Mark im Monat.« Ich schüttelte den Kopf.

»Also gehst du erst einmal zurück zu Batman und der Nymphomanin?«, fragte Urs.

Ich wollte sehr bestimmt mit dem Kopf nicken, aber mir misslang die Bewegung, es kam nur ein unentschlossenes Gesicht dabei heraus.

»Gehst du zurück zu deiner toten Katze?«, fragte ich Urs.

Nachdem er eine gute Minute auf die Fassade geblickt hatte, zog Urs tief an seiner Marocaine-Zigarette.

»Immerhin geht der linke Schlagladen auf«, sagte er dann.

»Und mit einem schönen revêtement plastique ist die Dusche ja vielleicht ganz o. k.«, versuchte ich uns Mut zu machen.

Fünf Minuten später hatten wir in vollem Besitz unserer geistigen Kräfte den Mietvertrag unterschrieben.

Ich fuhr nach Hause, um Madame Ong mitzuteilen, dass ich in Kürze ausziehen würde. Als ich ankam, saß sie vor dem Fernseher und guckte einen Science-Fiction-Film, in dem Menschen auf der Berliner Mauer tanzten. »Ich würde gerne ausziehen«, sagte ich zu Madame Ong.

»Ach ja«, antwortete sie, ohne aufzuschauen, »gefällt es dir hier nicht?« Sie wirkte nicht übermäßig interessiert. Auch der Film schien Madame Ong nicht besonders zu fesseln, sie schaltete um. Komischerweise lief im zweiten französischen Programm genau der gleiche Film mit Menschen auf der Berliner Mauer.

»Nein«, log ich, »es ist nicht so, dass es mir hier nicht gefällt, aber ich könnte mit einem Freund zusammen wohnen …«

Ich erzählte irgendetwas. Madame Ong zuckte mit den Schultern: »Von mir aus, solange du den nächsten Monat noch bezahlst«, sagte sie und schaltete wieder um. Auch im dritten Programm lief dieser komische Mauer-Film. Dass ich den Dezember noch bezahlen sollte, passte mir zwar nicht, aber ich sah, dass meine Verhandlungsposition gegen diese gewiefte Flohmarkthändlerin schwach war. »Was ist das für ein seltsamer Film, der da auf allen Programmen gleichzeitig läuft?«, fragte ich.

»Das ist kein Film. Es gibt da ein Problem mit eurer Mauer. Das läuft schon den ganzen Tag. Langsam könnten sie auch mal wieder etwas anderes zeigen«, sagte Madame Ong und drückte mir im Hinausgehen die Fernbedienung in die Hand.

Ich setzte mich auf das Sofa und starrte auf den Bildschirm. Es tanzten immer noch Menschen auf der Mauer. Ich schaltete einige Male hin und her. Überall die gleichen Bilder. Nun erst hörte ich den Kommentar und begann zu begreifen. In Berlin waren die Grenzen geöffnet worden, und zwar schon am Vorabend. Jetzt war der frühe Abend des 10. November 1989, und ich hatte den Fall der Mauer um knapp 24 Stunden verpasst. Am

Morgen hatte ich mich noch gewundert, weil mein kanadischer Kommilitone Scott mich in der Uni gefragt hatte, was da eigentlich in Berlin los sei.

»Nothing special«, hatte ich kennerhaft geantwortet und die Nachrichtenlage der vorangegangenen Tage mit »nur ein paar Demos« zusammengefasst. In den Zeitungen stand ja auch noch nichts, und am Morgen hatte ich nicht Radio gehört.

Scott schien mit meiner Auskunft zufrieden. Wahrscheinlich hat er sich hinterher gedacht: Die Deutschen checken einfach gar nichts. Die kriegen nicht einmal mit, wenn ihre Mauer fällt.

Die heute legendäre Pressekonferenz, in der Günter Schabowski eher aus Versehen die Mauer öffnete, war in den französischen Abendnachrichten am 9. November zwar ein Thema, aber die Folgen waren nicht auf Anhieb klar gewesen. Dass die Grenze an der Bornholmer Straße gegen 21 Uhr geöffnet worden war, wurde nicht einmal in allen französischen Spätnachrichten gemeldet. Ich wusste von nichts, und so plätscherte der 10. November in Paris dahin. Ich war mit wichtigeren Dingen beschäftigt, mit der Wohnungssuche und meinem Seminar über die Fabeln von La Fontaine. Es gab kein Internet, keine Handys, keine E-Mail und kein Twitter – es war eine Zeit, in der es vorkommen konnte, dass man große Ereignisse einfach verpasste.

Und so fiel die Mauer für mich eben erst am Abend des 10. November. Ich saß vor dem Fernseher in Madame Ongs Wohnzimmer und traute meinen Augen nicht, denn die wurden plötzlich nass, als ich die Bilder mit all diesen jubelnden Menschen sah, den Trabis, die an der Grenze zur Begrüßung durchgeschüttelt wurden, und Leuten, die ständig »Wahnsinn, Wahnsinn, Wahnsinn« brüllten. Ich wunderte mich über mich selbst. Ich hatte keine Verwandten im Osten. Ich hatte mich nie die Bohne für die DDR interessiert. Ich hätte jederzeit den in den achtziger Jahren bei Sozialkundelehrern sehr beliebten Satz mit den drei »als« unterschrieben: dass ich »mich viel eher als Europäer als als Deutscher« fühle. Und jetzt sah ich all diese glücklichen Ossis mit ihren explodierten Dauerwellen und den Moonwashed-Jeans. Ich heulte mit und konnte nichts dagegen tun.

Rasch fiel mir auf, dass die französische Begeisterung über dieses epochale Ereignis sich in Grenzen hielt. Offenbar war nicht nur Madame Ong der Meinung, dass wir da ein Problem mit unserer Mauer hätten. Schon der Übersetzer der O-Töne in den Filmbeiträgen gab sich wenig Mühe, die Stimmung nach Frankreich hinüberzutransportieren. Während die Menschen im Film immer wieder »Wahnsinn« schrien oder jubelten, dies sei »der schönste Tag in ihrem Leben«, gab der französische Übersetzer diese Kommentare so tonlos wieder, als verlese er eine Kondolenzliste. »C'est dingue.« »C'est la folie.« »C'est dingue.« »C'est la folie.« »Elle dit que c'est la folie.«

Um seine Landsleute nicht zu lange mit den beunruhigenden Jubelbildern enthemmter Deutscher alleine zu lassen, schaltete der Sender dann zu einem Expertengespräch ins Studio. Dort saßen der französische Außenminister Roland Dumas und der damals noch der Kommunistischen Partei Frankreichs angehörende, einstige Transportminister Charles Fiterman – ein scharfzüngiger

Genosse. Um die Bedeutung des historischen Ereignisses für Frankreich zu verdeutlichen, beeilte sich die Redaktion, eine Graphik einzublenden. Darauf zu sehen war die Wirtschaftskraft Frankreichs im Vergleich zur alten Bundesrepublik. Frankreich war darauf etwas kleiner als die Bundesrepublik. Dann wurde die nächste Graphik eingeblendet, auf der man die addierte Wirtschaftsmacht der BRD und der DDR im Vergleich zu Frankreich zeigte. Nun schrumpfte das arme Frankreich im Vergleich zum addierten Deutschland auf Miniaturformat. Als sich in den folgenden Jahren peu à peu herausstellte, dass es sich bei der DDR weniger um eine Wirtschaftsmacht als um einen auf Pump finanzierten Schrotthaufen handelte, waren die französischen Fernsehleute nicht unglücklich, dass sie ihre Horrorszenarien ein bisschen nach unten korrigieren durften.

Der Moderator fragte Roland Dumas, was die ganze Geschichte zu bedeuten habe:

»Hat Sie der Mauerfall überrascht?«

Darauf sagte Dumas in aller Ruhe: Nein, das Ereignis habe ihn nicht überrascht. Nach den Geschehnissen der vergangenen Wochen und Monate sei es erwartbar gewesen, dass diese Grenze nicht mehr lange halten würde. Charles Fiterman musste sich beherrschen, nicht laut zu prusten. »Im Gegensatz zu manchem Kollegen, der offenbar über die Gabe des zweiten Gesichtes verfügt«, spottete Fiterman über Dumas, »muss ich zugeben: Ich bin eher baff.«

Fiterman trat einige Jahre später aus der PC aus und den Sozialisten bei. Möglicherweise eine Spätfolge des Mauerfalls.

Dass Roland Dumas jedoch nicht der Einzige war, für den der Mauerfall keine große Überraschung war, sollte sich zwanzig Jahre später zeigen: Zum 20. Jubiläum des Mauerfalls stellte Nicolas Sarkozy ein Foto auf seine Facebook-Seite, auf dem er als dynamischer Nachwuchspolitiker zu erkennen ist, der mit Hammer und Meißel dazu beiträgt, den antifaschistischen Schutzwall abzutragen. Das Foto, behauptete Sarkozy, sei in der Nacht des Mauerfalls entstanden. Am »Vormittag des 9. November«, so fabulierte der Präsident weiter, seien in Paris erste »Informationen eingetroffen«, die »Veränderungen in der geteilten deutschen Hauptstadt anzukündigen schienen«.

Daraufhin habe er mit einigen Parteifreunden »entschieden, Paris zu verlassen, um an dem Ereignis teilzunehmen, das sich abzeichnete.«

Kaum in West-Berlin gelandet, begab sich diese Kleingruppe erstaunlich gut informierter Franzosen »Richtung Brandenburger Tor«, wo sich in Sarkozys Version der Weltgeschichte »nach der Ankündigung der wahrscheinlichen Maueröffnung« bereits »eine enthusiastische Menge versammelt hatte«. Durch einen »Riesenzufall« habe man im Gedränge dann auch noch den heutigen Premierminister François Fillon getroffen – damals ein junger Verteidigungsexperte –, der offenbar über ähnlich exzellente Nachrichtenquellen verfügte wie Sarkozy. Kurz darauf habe man am Checkpoint Charlie die Grenze passiert und die Mauer von der Ostseite mit attackiert.

Nicolas Sarkozy und seine Freunde waren also nicht nur die Ersten, die bereits am Morgen des 9. November von der bevorstehenden Maueröffnung erfuhren. Sie waren außerdem die Einzigen, die am Abend des 9. November – als alle in den Westen rannten – in den Osten fuhren. Eigentlich komisch, dass sie im leeren Osten beim Herumhacken auf der Mauer keinem Grenzpolizisten aufgefallen sind.

Nicolas Sarkozy hat sich diese Geschichte anscheinend zusammengeflunkert. So etwas passiert ihm gelegentlich. Wahrscheinlich war er erst ein paar Tage nach dem Mauerfall in Berlin gewesen. Dennoch stand die Story gut ein Jahr, nachdem er sie gepostet hatte, immer noch auf seiner Facebook-Seite. Irgendwann kam mir ein Verdacht: Was, wenn Sarkozy gar nicht gelogen hat? Was, wenn die Franzosen die Einzigen waren, die vorher Bescheid wussten? Das würde auch erklären, dass Roland Dumas nicht die Bohne überrascht war.

Man sollte der Sache bei Gelegenheit einmal nachgehen. Die Franzosen haben Greenpeace-Schiffe in Neuseeland versenkt – warum sollen sie nicht auch beim Mauerfall ihre Finger im Spiel gehabt haben? Womöglich war der Schabowski-Zettel sogar auf Französisch geschrieben. Das würde erklären, wieso er ihn so stockend vorgelesen hat. Und die Frage nach der neuen Ausreiseregelung auf der Pressekonferenz hat ausgerechnet ein italienischer Journalist gestellt. Soll das alles Zufall gewesen sein? Vielleicht muss die ganze Geschichte neu geschrieben werden.

C'est pas l'Amérique

Wenige Tage nach dem Mauerfall waren Urs und ich in die Rue du Couëdic eingezogen, eine kleine Straße, die nach einem bretonischen Kapitänleutnant benannt war. Dieser hatte sich den Straßennamen dadurch verdient, dass er 1779 sich und seine Fregatte *La Surveillante* in einer ebenso heldenhaften wie nutzlosen Seeschlacht vor Finistère von einem britischen Schiff namens *Québec* zerschießen ließ. Du Couëdic schaffte es noch ohne Mast zurück bis nach Brest, aber kurz darauf erlag er seinen Verletzungen. Das ist nicht ganz untypisch. In Frankreich sind viele Straßen nach Militärs benannt, die gute Chancen gehabt hätten, bei *Pleiten, Pech und Pannen* mitzuwirken, wären die Höhepunkte ihrer Karriere nur gefilmt worden. Der Capitaine Ferdinand Ferber etwa, der einer Straße im 20. Arrondissement seinen Namen gab, war ein früher Fan des Flug-Pioniers Otto Lilienthal – und eines der ersten Opfer der zivilen Luftfahrt. Er stürzte 1909 ab. Der Capitaine Lagache, den eine Straße im 17. ehrt, startete 1922 vom Flughafen Le Bourget und kam bis zum ersten Telegraphenmast. 67 Straßen sind in Paris allein nach Generälen benannt. Das lässt darauf schließen, dass die Franzosen sich alles in allem für militärisch recht talentiert halten. Im Ausland hat sich das bloß nie herumgesprochen.

Wir wohnten nun also in einer schwer zu buchstabierenden Straße – »Du-cou-e-dic, e mit Trema!« – und mussten erst einmal feststellen, dass die Werbeversprechungen von Madame Wertheimer nicht eingelöst worden waren. Das Gerüst, das zu unserem Einzug verschwunden sein sollte, stand immer noch wie festgerostet vor der Hauswand. Eine Strebe verbarrikadierte nach wie vor einen unserer Schlagläden zur Straße hin. Der Tageslichteinfall war daher spärlich. Urs, der das Zimmer zur Straße bezog, versuchte dieses Handicap durch ein farbenfrohes Led-Zeppelin-Plakat zu kompensieren, das er über seinem Schlafsofa aufhängte. Das größte Problem blieb die Dusche. Monsieur Rocard war bei seiner Weigerung geblieben, auf die verschimmelte Duschwand ein revêtement plastique zu kleben. Anscheinend war es dann allerdings nicht leicht gewesen, einen Ersatzmann aufzutreiben, der sich dieses Auftrags annehmen wollte. Französische Handwerker verfügten über ein größeres Quantum an Berufsehre, als Madame Wertheimer erwartet hatte.

Der Nachteil an diesem ausgeprägten Ehrenkodex war, dass wir nun eine Wohnung ohne Dusche hatten. Um zu verhindern, dass dieser Zustand sich negativ auf die Zahl unserer Sozialkontakte auswirkte, vereinbarten wir ein gegenseitiges Frühwarnsystem, sobald die Geruchsbelästigung durch den anderen zu groß zu werden drohte. So erkundeten wir in den folgenden Wochen die Duschanlagen sämtlicher Sportstätten der Umgebung. Dabei entdeckten wir die mehr als passablen *Bains Douches* im ältesten öffentlichen Schwimmbad von Paris, dem Piscine de la Butte-aux-Cailles, einem Jugendstilbau im 13. Arrondissement, den man um die Jahrhundertwende errichtet hatte. Tief unter dem Hügel im Pariser Süden hatte man eine Quelle entdeckt, die 28 Grad warmes

Wasser lieferte. Unter den zahlreichen Rentnern, die dort täglich ab 7.30 Uhr fröhlich herumplanschten, lernten wir eines Morgens Monsieur Raymond kennen. Wir schilderten ihm unser Leid ohne Dusche. Doch Monsieur Raymond sagte nur, wir sollten uns nicht so anstellen. Bis in die sechziger Jahre hätten die meisten der Wohnungen im 13. Arrondissement keine Duschen gehabt. »Wir haben das auch überlebt«, tröstete uns Monsieur Raymond. »Jetzt wohnen wir dort drüben, in den Hochhäusern mit Wannenbad – und kommen trotzdem weiter jeden Morgen hierher.«

Wir erwogen, die nächsten vierzig Jahre jeden Morgen in dieser charmanten Badeanstalt zu verbringen, fragten aber vorsichtshalber noch einmal bei Madame Wertheimer nach, wie es um unser laut Mietvertrag vorhandenes Badezimmer bestellt sei. Nachdem wir es drei Wochen hatten klingeln lassen, ging Madame Wertheimer ans Telefon: »Ah, *bien sûr, la salle de bains*«, sagte sie freundlich. Doch, doch, selbstverständlich, *pas de problème*. Sie habe da nun einen Spezialisten gefunden, der würde sich um die Sache kümmern. Montag um 9 Uhr stehe er vor der Tür. Garantiert. Der Mann heiße Monsieur Vieux. Ein absoluter Fachmann.

Am nächsten Montag standen wir vorsichtshalber um halb sieben auf, um für den Besuch von Monsieur Vieux gewappnet zu sein. Wir kochten Kaffee und erwarteten unseren Klempner gespannt im Wohnzimmer. Gegen 14.30 Uhr kochten wir die sechste Kanne Kaffee des Tages. Monsieur Vieux war noch nicht da. Wir riefen la Wertheimer an. »*Comment?* Nicht da?«, fragte sie, Erstaunen simulierend.

Das sei noch nie vorgekommen, der Mann sei sonst höchst zuverlässig, ein Profi. Sie würde der Sache nachgehen und riefe in einer Viertelstunde zurück.

Gegen 20 Uhr rief Madame Wertheimer an. Heute werde das nichts mehr mit Monsieur Vieux. Es sei etwas dazwischengekommen. Aber morgen, doch, ganz sicher. Um acht.

Am nächsten Morgen um acht geschah nichts. Um neun auch nicht. Ebenso wenig um 11, 14 oder 17 Uhr. Ein weiterer Werktag verstrich, ohne dass unser Fachmann erschienen wäre. Das Spiel wiederholte sich an den folgenden Tagen. Wir warteten, riefen immer wieder bei Madame Wertheimer an, die, wenn sie ausnahmsweise erreichbar war, versicherte, Monsieur Vieux komme ganz bestimmt in der nächsten halben Stunde, und wenn nicht, dann gewiss morgen früh. Die Woche ging dahin, wir begannen strenger zu riechen. Dann, es war Freitagmorgen gegen halb zehn, stand Monsieur Vieux plötzlich in unserem Wohnzimmer. Monsieur Vieux hieß nicht nur Monsieur Vieux. Er war es auch. Sein Gesicht war verknittert, die Hände gichtgeplagt. Monsieur Vieux hatte den Klempnerberuf definitiv vor der Erfindung der Mischbatterie ergriffen.

»Seid ihr das Badezimmer?«

»Das nicht. Aber wir hätten gern eins.«

»Und wo soll das Bad hin?«

»Das hier ist das Bad«, erklärte Urs und deutete auf die Kunststofffalttür hinter seinem Schlafsofa, die notdürftig die Duschruine verbarg.

Monsieur Vieux zog die Tür zur Seite, ein wenig zu schwungvoll, denn sie rutschte sofort aus der Führungsschiene, die, wie wir in diesem Augenblick feststellten, nicht fachgerecht verschraubt war. Monsieur Vieux verlor das Gleichgewicht, stolperte und fiel auf das Sofa. Die Duschfalttür faltete sich über ihm zusammen.

»*Putain de merde*«, fluchte Monsieur Vieux unter der Duschfalttür.

»Ähm, die Tür ist nicht sehr gut in der Schiene befestigt«, beeilte ich mich zu erklären.

»Was du nicht sagst«, antwortete Monsieur Vieux, während er die Falttür zusammenklaubte und dabei weiter fluchte.

Dann inspizierte er die Duschecke. Wir rechneten jetzt eigentlich damit, dass er angesichts dieser modernden Höhle zu ähnlichen Folgerungen gelangen würde wie Monsieur Rocard: zu nass das Ding, unmöglich. Monsieur Vieux sagte jedoch erst einmal nichts. Er brummte nur expertenmäßig vor sich hin, tastete ein wenig auf der Wand herum, schaute besonders intensiv an die Decke, brummte noch einmal sehr fachmännisch, klatschte schließlich zweimal in die Hände und sagte so etwas wie »*bon, ben, allez*«, das klang, als wolle er sich anfeuern. Er schaute uns beiden kurz in die Augen und rief noch einmal ziemlich entschlossen: »*Alors, on commence.*« Dann begann er, sich mitten in unserem Wohnzimmer auszuziehen.

Zunächst schlüpfte er aus den Schuhen und stellte sie ordentlich unter den Esstisch. Dann knöpfte er sein Hemd auf, faltete es zusammen und legte es auf den Stuhl. Monsieur Vieux trug ein Feinripp-Unterhemd, das, wie sich herausstellte, als er die Hose abgelegt hatte, farblich gut zu der knielangen Feinripp-Unterhose passte. Beide waren braungelb.

Während Monsieur Vieux strippte, blickten Urs und ich uns ratlos an. War das normal? Wir hatten keine Erfahrung mit französischen Klempnern. Zogen die sich alle zur Begrüßung im Wohnzimmer aus? Was kam als Nächstes? Sollten wir Monsieur Vieux auf seine körperliche Tauglichkeit untersuchen? Und wie weit würde Monsieur Vieux noch gehen, denn er war bereits bei den Socken angelangt, die er nun ebenfalls gefaltet auf einen unserer Esszimmerstühle legte. Zum Glück kam es nicht zum Äußersten. Als er bei der Unterwäsche angelangt war, griff Monsieur Vieux in die Plastiktüte, die er mitgebracht hatte, und zog einen blauen Overall hervor. Er kletterte hinein, und es gelang ihm mit einiger Mühe, den Reißverschluss hochzuziehen. Offenbar hatte er sich dieses Modell zugelegt, als er noch etwas jünger und drahtiger war. Inzwischen hatte Monsieur Vieux die 65 locker überschritten und trug ein kleines, kugeliges Bordeaux-Bäuchlein vor sich her. Der Beweglichste war er auch nicht mehr, wie wir feststellen konnten, als er sich unter einigem Keuchen die Arbeitsstiefel zuschnürte.

»Eh bien«, sagte Monsieur Vieux, als er mit dem Umkleiden fertig war, »ich muss noch ein paar kleinere Besorgungen machen, bevor ich beginnen kann. À tout à l'heure, messieurs.« Sprach's und verschwand durch die Tür. Knapp zwei Stunden später, es war inzwischen halb zwölf, kehrte Monsieur Vieux zurück. Zu den Besorgungen, die er dringend erledigen musste, gehörte ein 24er-Pack Kronenbourg-Bier. Monsieur Vieux öffnete den Drehverschluss einer Flasche und nahm einen kräftigen Schluck. Da eine Kronenbourg-Flasche gerade 0,25 Liter enthält, war diese nach dem Schluck leer.

»Wollt ihr auch eins?«

Wir verneinten freundlich.

»Ich dachte, ihr seid Deutsche?«, wunderte sich Monsieur Vieux und öffnete ein neues Kronenbourg. Dann wandte er sich wieder dem Projekt Badezimmer zu, inspizierte aufs Neue die Wände und machte ein paar Expertengeräusche. »Hm ... hm ... *bon, ben ... oh oh ... mais ça alors, bon, ben ... C'est pas l'Amérique.*« – Was wörtlich bedeutet, dass das hier nicht gerade Amerika sei. Das wiederum heißt: Das ist hier alles nicht so doll. So viel sahen wir auch.

Die nächsten 25 Minuten starrte Monsieur Vieux weiter in unsere Nasszelle. Gelegentlich drehte er sich zu uns um, machte ein sehr skeptisches Gesicht und sagte dann Sachen wie »*ça va pas être facile*« – es wird nicht einfach werden. Wir beschlossen, uns vorsichtshalber eine Jahreskarte für das Piscine de la Butte-aux-Cailles zu besorgen.

Um 12.40 Uhr sah Monsieur Vieux lange auf seine Armbanduhr. Dann begann er erneut damit sich zu entkleiden. Er legte den Blaumann ab, den er kurz zuvor angezogen hatte, faltete ihn und packte ihn auf den Stuhl. Nun zog er sorgsam jene Kleidungsstücke wieder an, in denen er gekommen war. Als er vollständig bekleidet war, schenkte er uns ein Lächeln, sagte »*Bon Appétit*« und ging. Monsieur Vieux hatte sich in die Mittagspause verabschiedet.

Zweieinhalb Stunden später kam er zurück. Er hatte die Mittagspause im Café d'Orléans verbracht, dem Bistro auf der Ecke zur Avenue du Général Leclerc, das mittags ein preiswertes und schmackhaftes *Plat du jour*

anbot. Der Général Leclerc war übrigens ein vergleichsweise erfolgreicher französischer Militär: Er befreite Paris von den Nazis.

Monsieur Vieux hatte sich im Café d'Orléans offenbar den ein oder anderen *Ballon rouge* munden lassen,
denn er wirkte nach der Rückkehr aus der Mittagspause
beschwingt und gut gelaunt. Allerdings fiel er beim Versuch, sich seinen Blaumann wieder anzuziehen, zweimal
der Länge nach hin. Schließlich gelang es ihm doch
noch, seine Arbeitskleidung wieder anzulegen, ohne sich
dabei bis zur Berufsunfähigkeit zu verletzen. Es war inzwischen Viertel nach drei. Monsieur Vieux begann nun
mit vorbereitenden Maßnahmen zur Arbeitsaufnahme.
Dazu kippte er den Inhalt seiner Werkzeugkiste vollständig in unserem Wohnzimmer aus. Monsieur Vieux besaß eine große Werkzeugkiste aus Metall mit mehreren
Schubfächern. Der Inhalt erinnerte mich an die Bestände
des deutschen Werkzeugmuseums – der aufregendsten
kulturellen Institution, die meine Heimatstadt zu bieten
hatte.

Monsieur Vieux begann den Altmetallberg, den er auf
unserem Wohnzimmerteppich aufgeschichtet hatte, in
verschiedene Sektionen einzuteilen. Er trennte Zangen
von Schraubenziehern, Spachtel von Hämmern, Cutter-
Ersatzklingen von Unterlegscheiben und richtete zudem
mehrere Häufchen mit angerosteten oder stark verbeulten Gerätschaften ein, deren Zweck für Laien wie
uns nicht auf Anhieb erkennbar war. Dieser gründliche
Sortiervorgang dauerte bis 16 Uhr 45. Monsieur Vieux
besah sein Werk. Er wirkte zufrieden. »*Ça y est*«, sagte
er. Es hat geklappt. Zur Belohnung gönnte er sich sein

achtes Kronenbourg, schlüpfte aus seinem Overall, zog die Zivilkleidung wieder an, wünschte uns gutgelaunt »Bon week-end« und ging.

Wir verbrachten das Wochenende mit mehreren thematisch sortierten Altmetallhügeln in unserem Wohnzimmer, die wir nicht zu berühren wagten, da wir vermuteten, dass sich Monsieur Vieux etwas dabei gedacht hatte, als er seine Ausrüstung so zurückließ.

Wie wir bald feststellen mussten, war »week-end« für Monsieur Vieux ein dehnbarer Begriff. Am Montag kam er jedenfalls nicht. Am Dienstag auch nicht. Am Mittwoch tauchte er zu unserer Überraschung wieder auf und begrüßte uns überschwänglich, als seien wir alte Freunde.

»Monsieur Vieux scheint sich bei uns recht wohl zu fühlen«, stellte Urs fest und klang dabei ein wenig besorgt.

Monsieur Vieux hatte eine Bohrmaschine, einen Rührstab und einen Sack Mörtel mitgebracht. Er fing an, den Mörtel in einem Bottich in der Mitte des Wohnzimmers anzumischen. Monsieur Vieux hatte aber offenbar den Rührstab in der Bohrmaschine nicht korrekt eingespannt. Das Gerät verselbständigte sich deshalb plötzlich, zog in dem Bottich einige toll kreiselnde Bewegungen durch die Mörtelmasse und verteilte diese dann in einem 360-Grad-Bogen über alle vier Wände unseres Wohnzimmers. Eine Ladung traf meinen schwarzen Halogendeckenstrahler, auf den ich sehr stolz war. Ich hatte ihn gerade erst im Bazar de l'Hôtel de Ville gekauft und mit viel Mühe in der Métro nach Hause transportiert. Nun war eine Ladung nasser Mörtel auf dem Kaltlichtspiegel gelandet, der sich mit einem letzten Zischen verabschiedete. Auch die Wand, auf der wir sechs Ikea-Spiegel beinahe gerade nebeneinandergeschraubt hatten, um unseren Salon optisch zu vergrößern, hatte eine Schleuderspur Flächenspachtelmasse abbekommen. Am schlimmsten hatte es Ursens Led-Zeppelin-Poster getroffen, das nun großflächig zugegipst war. Ich persönlich fand das nicht weiter tragisch, Urs jedoch war sichtlich betroffen. Monsieur Vieux schob die Schuld auf die Japaner, die seine Bohrmaschine hergestellt hatten, und begann, das Led-Zeppelin-Poster mit Küchenpapier abzuwischen. Als die Reinigungsprozedur abgeschlossen war, brach die Mittagszeit an, und Monsieur Vieux wünschte uns »Bon Appétit«. Als er zwei Stunden später zurückkehrte, war der Mörtel im Bottich angetrocknet. Den Rest des Arbeitstages verbrachte Monsieur Vieux damit, den Mörtel mit einem Hammer aus dem Bottich zu klopfen.

In diesem Stil ging es in den nächsten Wochen weiter. Mal kam Monsieur Vieux, mal kam er nicht. Wenn er kam, verbrachte er den Vormittag mit umfangreichen Arbeitsvorbereitungsmaßnahmen, die sich nach der Mittagspause als unzureichend, unnütz oder unvernünftig entpuppten. Viel Zeit verbrachte Monsieur damit, im Keller nach dem Haupthahn für die Wasserleitung zu suchen oder die Sicherungen im Sicherungskasten neu zu beschriften. Manchmal schweißte er zwei Rohre zusammen. Und trennte sie am nächsten Tag wieder auf, weil er ein Anschlussstück vergessen hatte.

Nach einer Weile betrachteten wir Monsieur Vieux nicht mehr so sehr als Klempner, sondern eher als Familienmitglied, das in unregelmäßigen Abständen vorbeischaute. Monsieur Vieux hatte inzwischen einen Schlüssel. Manchmal erschien er morgens früh, wenn wir noch schliefen, und arbeitete dann betont leise, oder er bedeutete uns, wir sollten ruhig liegen bleiben, er käme schon klar. Dann ging er in die Küche und machte sich einen Kaffee. Oder holte sich ein Kronenbourg aus dem Kühlschrank. Es schien, als seien wir ohne unser Wissen für ein Pilotprojekt ausgewählt worden: »Betreutes Wohnen für Klempner«.

Die Tage wurden kürzer, der Winter brach an. Wir lebten harmonisch mit Monsieur Vieux und hatten fast vergessen, was der ursprüngliche Grund dafür war, dass wir unsere Wohnung mit einem Klempner teilten. Doch eines Abends betrachtete Urs unsere Duschecke und stellte aus heiterem Himmel eine grundsätzliche Frage:

»Was macht Monsieur Vieux eigentlich den ganzen Tag?«

Nüchtern betrachtet waren nach fünf Wochen unseres Zusammenlebens mit Monsieur Vieux kaum Baufortschritte erkennbar.

Urs beschloss, sich die Sache genauer anzusehen. Er prägte sich den Stand der Bauarbeiten ein. Monsieur Vieux hatte mittlerweile immerhin mit leichten Fliesenarbeiten begonnen. Die Idee mit dem revêtement plastique hatte er offenbar verworfen. Zwei ganze Reihen weißer Kacheln hatte er am unteren linken Rand des Badezimmers bereits verlegt. Allerdings schien die Baustelle seit einer Weile wieder stillzuliegen. Als Monsieur Vieux sich am nächsten Tag, einem Donnerstag, wie gewohnt gegen 14 Uhr ins Wochenende verabschieden wollte, hielt Urs ihn auf.

»Monsieur Vieux, eine kurze Frage, bevor Sie uns verlassen«, begann er freundlich, »was genau haben Sie heute gemacht?«

Monsieur Vieux traf die Frage unvorbereitet.

»Bon, ben, ich habe, also ich habe vor allem … also in erster Linie habe ich heute … a priori habe ich Fliesen verlegt.«

»Dann zeigen Sie mir doch einmal, welche Fliesen Sie heute verlegt haben«, hakte Urs unbarmherzig nach.

Monsieur Vieux sah nun etwas eingeschüchtert aus, was möglicherweise auch daran lag, dass er wusste, dass Urs in seiner Freizeit La Boxe française betrieb. Unser Klempner beeilte sich daher, Urs' Nachfrage gewissenhaft zu beantworten.

»Also, heute habe ich vor allem diese Partie bearbeitet«, sagte Monsieur Vieux und deutete auf eine Fliesenfläche an der Badezimmerwand, die sich seit dem gestrigen Abend nur unmerklich vergrößert hatte.

»Monsieur Vieux«, sagte Urs nun streng, »gestern Abend haben Sie *hier* aufgehört, richtig?«

Urs zeigte auf eine Fliese in der vorletzten Reihe über dem Boden.

»Ja, das kommt ungefähr hin«, antwortete Monsieur Vieux verlegen.

»Heute befinden wir uns exakt hier.« Urs zeigte auf eine Fliese, die sich zwei Reihen höher befand.

»Das ist korrekt.«

»Das heißt, Sie haben seit heute Morgen exakt elf Fliesen verlegt.«

Monsieur Vieux zählte die Fliesen jetzt nach, um Zeit zu gewinnen. Auch er kam auf elf.

»Hmm, stimmt ungefähr.«

»Elf Fliesen«, sagte Urs gravitätisch, um den Ernst der Lage zu verdeutlichen.

»Das ist nicht viel.«

Monsieur Vieux sah Urs lange aus seinen traurigen Klempnerdackelaugen an.

»Nein, das ist nicht viel«, sagte er schuldbewusst.

Es war nun ganz still in unserem Wohnzimmer.

»Es tut mir leid«, sagte Monsieur Vieux.

Urs und ich sahen uns an. Wir waren einerseits stink-sauer auf diesen vollkommen unfähigen Klempner, der seit fünf Wochen an der Aufgabe scheiterte, eine 1,5 Quadratmeter große Duschecke benutzbar zu machen, und unsere Wohnung in der Zwischenzeit in eine Bauschutt-halde mit angeschlossener Sekundärrohstoffsammlung verwandelt hatte. Andererseits gelang es uns einfach nicht, ihm wirklich böse zu sein. Monsieur Vieux war für uns zu einem trotteligen Onkel dritten Grades geworden, den wir quasi adoptiert hatten. Er hatte unsere Herzen mit einem einfachen Trick erobert: Er versuchte gar nicht erst, so zu tun, als beherrsche er sein Handwerk. Er ging offensiv mit seiner Inkompetenz um und war immer so-fort bereit, sich für die Folgen der von ihm verursachten Unannehmlichkeiten zu entschuldigen. Das wirkte ent-waffnend menschlich.

Es vergingen weitere zwei Wochen. Das Badezimmer schien Fortschritte zu machen, jedenfalls vergrößerte sich die Fliesenfläche kontinuierlich. So lange, bis Mon-sieur Vieux auffiel, dass er vergessen hatte, die feuchtig-keitsabweisende Grundierung unter dem Fliesenkleber aufzutragen – und er uns mitteilte, er sei »*vraiment très,*

très désolé«, aber er müsse die einzige Fliesenwand, die er bereits fertiggestellt habe, wieder herunterreißen.

»Zum Glück habe ich die anderen Seiten ja noch nicht gefliest«, fügte er dann beinahe keck hinzu.

»Das hat den Vorteil, dass ich da jetzt auch nichts abreißen muss.« Dann setzte er Hammer und Meißel an und schlug die Fliesen, die er in den vorangegangenen fünf Wochen mühsam angeklebt hatte, alle wieder ab.

Wir nahmen es mit Gleichmut hin. Inzwischen rückte das Weihnachtsfest näher. Wir hatten immer noch keine Dusche. Um das Jahr dennoch zu einem versöhnlichen Abschluss zu bringen, entschieden wir uns, gemeinsam mit Monsieur Vieux eine kleine Weihnachtsfeier abzuhalten. Es gab Glühwein und Lebkuchen, die Urs' Mutter aus der Schweiz geschickt hatte. Monsieur Vieux erwies sich als großer Glühwein-Fan, wurde ein wenig sentimental, blickte aber zugleich optimistisch in die Zukunft: »Das ist schon eine tolle Sache, dieser gemeinsame europäische Markt.«

Wir konnten ihm nicht auf Anhieb folgen.

»Ich finde es großartig, dass es jetzt praktisch keine Grenzen mehr gibt. Das bedeutet ja, dass ich zum Beispiel auch als Klempner in Deutschland arbeiten könnte«, erklärte Monsieur Vieux, dem sich in diesem Moment die Konsequenzen des europäischen Binnenmarktes zu erschließen schienen.

»Da könnte ich sicher wesentlich mehr verdienen als hier, was meint ihr?«

Wir beurteilten seine Aussichten auf dem deutschen Arbeitsmarkt eher zurückhaltend, bemühten uns aber, ihm nicht seinen frischen Europa-Enthusiasmus zu rauben.

»Vielleicht sollten Sie sich erst einmal auf dieses Projekt hier konzentrieren«, sagte Urs. »1990 bleibt dann gewiss noch genügend Zeit für Sie, sich auf dem europäischen Markt zu etablieren.«

»Da hast du natürlich recht, *mon ami*«, sagte Monsieur Vieux zu Urs. »Aber das hier ist ja so gut wie erledigt, und ich muss an meine Zukunft denken. Ich sage euch, ich sehe meine Zukunft eher in Deutschland. Die Arbeit mit euch gefällt mir. Die D-Mark gefällt mir erst recht. Ich würde natürlich auch in die Schweiz gehen, aber da ist es leider nicht so einfach.«

»Nichts für ungut«, antwortete Urs verständnisvoll.

Wir fühlten uns geschmeichelt und schenkten Glühwein nach. Urs war selten so erleichtert wie in diesem Moment, dass die Schweiz auf mittlere Sicht keine Ambitionen hegte, der Europäischen Gemeinschaft anzugehören. Geschickt nutzte er jetzt die gute Stimmung, um ein Thema zur Sprache zu bringen, das uns am Herzen lag:

»Wir hätten wirklich gerne bald eine Dusche.«

Monsieur Vieux bekundete vollstes Verständnis und versprach uns hoch und heilig, über die Feiertage durchzuarbeiten. »Wenn ihr im neuen Jahr aus dem Weihnachtsurlaub zurückkommmt«, versprach er uns, »dann ist hier alles fertig und *nickel*.«

»Nickel« sagen Franzosen immer, wenn sie irgendetwas tipptopp und picobello finden.

Es war natürlich nichts fertig, als wir aus dem Weihnachtsurlaub zurückkehrten. In Urs' Bett lagen einige neue angebrochene Säcke mit Fliesenkleber. Das Bad war zu drei Vierteln gefliest. Dafür hatte Monsieur Vieux allerdings die Duscharmatur wieder abgeschraubt. Sie war weg. Telefonisch war er nicht zu erreichen. Als ich ihn nach einer Woche endlich erwischte, wirkte er gar nicht verlegen, sondern erfreut, meine Stimme zu hören.

»Ah, *mon ami allemand*«, grüßte er und wünschte mir ein frohes neues Jahr.

»Monsieur Vieux«, sagte ich unwirsch. »Was ist mit unserer Dusche?«

»Ach ja, eure Dusche, *bien sûr* ...« Dann erklärte er lang und umständlich, dass er wegen eines Notfalls kurzfristig bei seiner Schwiegertochter in der Normandie auf einer Baustelle habe aushelfen müssen, und da sei jetzt eben auch unsere Duscharmatur. Aber nein, wir sollten uns keine Sorgen machen, er sei bald wieder da. Mit neuer Armatur.

Wir wünschten ihm und seiner Schwiegertochter auch ein gutes neues Jahr und gingen zum Baden weiter in die Bains Douches an der Butte-aux-Cailles. Circa drei Wochen später tauchte Monsieur Vieux wieder bei uns auf. Er war aus der Normandie zurückgekehrt und sprühte vor Tatendrang. Die fehlenden anderthalb Quadratmeter, die er noch zu fliesen hatte, bewältigte er für seine Verhältnisse zügig. Nach nicht einmal zehn Tagen war er fertig.

Nachdem Monsieur Vieux zwei weitere Tage mit Silikontuben gekämpft, die Fugen abgedichtet und versehentlich Urs' Schlafsofa an die Wand geklebt hatte, nahte der große Augenblick: Unsere Dusche sollte in

Betrieb genommen werden. Zur offiziellen Einweihung stellte sich Monsieur Vieux in der Toilette hinter der Küche auf den Klodeckel, denn der Hauptwasserhahn befand sich aus unerfindlichen Gründen oben neben der Klospülung. Wir warteten vorne an der Dusche auf das Signal von Monsieur Vieux, dass er den Hahn geöffnet hatte. Dann drehten wir die Dusche auf.

Sie funktionierte. Jedenfalls, wenn man darüber hinwegsah, dass eine Verbindungsmuffe an einer der Leitungen nicht ganz dicht war und dem Druck nicht standhielt. Das Wasser spritzte an dieser Stelle in alle Richtungen.

»Sollen wir das als Massagedüse werten?«, scherzte Urs.

Ich lachte nicht.

»Es ist undicht!«, brüllte ich nach hinten. Monsieur Vieux drehte den Haupthahn ab und eilte zu uns. »*Putain de merde*«, schimpfte er, »*c'est pas possible.*« Er schraubte an der Muffe herum, ging zurück zum Haupthahn, testete erneut – undicht.

Monsieur Vieux fluchte kräftiger. Dann probierte er es mit einem neuen Dichtungsring. Erfolglos. Er holte das Schweißgerät wieder aus dem Werkzeugkoffer hervor. Das Wasser spritzte weiter. In diesem Moment erlitt Monsieur Vieux eine neue Selbstzweifelattacke.

»*Je suis tellement nulle, c'est incroyable que je suis nulle.*«

Er sei eine derartige Null, es sei unglaublich, was für eine Null er sei. Wenn man ihm eins nicht vorwerfen konnte, dann mangelnde Bereitschaft zur Selbstkritik.

»Aber nein, Monsieur Vieux, Sie sind keine Null. Jeder hat mal einen schlechten Tag«, versuchte Urs ihn aufzubauen. Uns war klar, dass wir Monsieur Vieux jetzt mental unterstützen mussten, sonst konnten wir die Dusche ein für alle Mal vergessen.

»Sie schaffen das«, riefen wir ihm zu. Ich ballte die Faust wie ein Mental-Coach. Urs nahm Monsieur Vieux in den Arm.

»Na gut, ich probiere es noch mal«, sagte Monsieur Vieux, ermuntert durch so viel Zuspruch, und unternahm einen weiteren Versuch mit dem Schweißgerät. Dann ging er wieder zurück zum Haupthahn. Er öffnete ihn. Wir drehten die Dusche auf. Sie lief. Wir starrten auf die Muffen und die Schweißnähte der Leitungen.

»Hält es?«, rief Monsieur Vieux bangend von hinten.

Wir blickten noch einmal auf die Leitungen. Nirgendwo spritzte Wasser, wo es nicht spritzen sollte.

Wir blickten uns an.

»Hält es?«, rief Monsieur Vieux noch einmal, als leite er den ersten Testlauf der von ihm soeben erfundenen Dampfmaschine.

»Es hält!«, riefen wir zurück.

»*Ça tiens! Ça tiens!*«, jauchzte Monsieur Vieux hemmungslos, »*mais c'est incroyable, ça tiens!*« Urs, Monsieur Vieux und ich lagen uns jubelnd in den Armen.

»*Vous êtes un génie!*«, lobte Urs. Monsieur Vieux hatte Tränen in den Augen. Wir leerten zur Feier des Tages ein 24er-Pack Kronenbourg. Danach halfen wir Monsieur Vieux, seinen Werkzeugkoffer zu packen.

»Nehmen Sie es nicht persönlich«, sagte Urs, als er Monsieur Vieux seinen Koffer überreichte, »Sie sind ein sympathischer Mann, und ich wünsche Ihnen von Herzen alles Gute auf dem europäischen Markt. Aber als Klempner möchte ich Sie nie wiedersehen.«

»*Je comprends*« – Ich verstehe –, sagte Monsieur Vieux und verabschiedete sich.

Fortan genossen wir unbeschwerte Duschfreuden in unserem Spaßbad in der Rue du Couëdic. Die Muffe hielt. Selbst die Fliesen fielen nicht wieder von der Wand. Manchmal, wenn wir morgens im Bett lagen, war es uns, als ginge die Tür auf und Monsieur Vieux käme herein. Wir vermissten ihn ein bisschen.

Der Klempner des modernen Lebens

Jahre später saß ich mit meinem englischen Kollegen James in *Harry's New York Bar*. Wir wollten Hemingway nachspielen, der hier in der Rue Daunou hinter der Oper gerne gezecht hatte, mussten aber nach je einem »Sidecar« und einem »Mint Julep« feststellen, dass wir schon in puncto Alkoholverträglichkeit mit unseren Vorbildern aus den zwanziger Jahren nicht mithalten konnten. Vom Schreiben gar nicht zu reden. So saßen wir da angeschickert in einer Pariser Institution für Expatriierte und erzählten uns gegenseitig Klempnergeschichten. Auch James hatte im Laufe seiner französischen Jahre – und es waren bereits sieben – mehrere bizarre Erfahrungen mit französischen Installationskünstlern gemacht:

»Dabei komme ich aus England. Eigentlich dürfte mich nichts mehr schocken. Wir haben tausendfünfhundert Jahre Erfahrung mit schlechten Klempnern. Im

Grunde ist alles die Rinne hinuntergegangen, seit die Römer Britannien verlassen haben«, befand er.

»Das ist ähnlich wie in Frankreich. Ihre Topleistung hat die Klempnerbranche hier im ersten Jahrhundert nach Christi mit dem Bau des Pont-du-Gard-Aquädukts erreicht. Damals haben sie das Wasser von den Quellen bei Uzès ins fünfzig Kilometer entfernte Nîmes geleitet. Mit 0,4 Prozent Gefälle in der Leitung. Heute schaffen sie es nicht einmal mehr bis zu mir in den fünften Stock.«

Ich bestellte noch einen Mint Julep. Als James die 0,4 Prozent Gefälle des Pont du Gard erwähnte, fiel mir meine jüngste, überraschend positive Klempnererfahrung in Paris wieder ein. Die Wohnung, die Monamour und ich so tapfer renoviert hatten, wies nämlich auch einige originelle Installationsversuche auf. Da es sich bei den drei Zimmern um zwei zusammengelegte, ehemalige *Chambres de bonnes* – Dienstmädchenzimmer unter dem Dach – handelte, war die Anlage der Wasserleitungen ziemlich verwirrend geraten. Doch zu unserer großen Überraschung fanden wir mit Monsieur Matias einen Klempner, der all unsere Anschlussschwierigkeiten binnen kurzem behob. Glücklich zahlte ich seine Rechnung, ich hatte zum ersten Mal in meinem Leben einen fähigen französischen Klempner getroffen.

»Vielleicht sind die Klempner hier in den letzten zwanzig Jahren ja doch besser geworden«, wagte ich eine kühne These.

»Ich hab da meine Zweifel«, antwortete James und bestellte einen weiteren Sidecar. »Sonst hätten die hier ja nicht so große Angst vor dem P*lombier polonais*.«

Der Plombier polonais – der polnische Klempner, der

in Europa frei reisen und arbeiten darf – war ein Schreck-
gespenst, das in Frankreich eine ganze Weile durch die
Medien gegeistert war und die Franzosen während der
Diskussion um die EU-Verträge in helle Aufregung versetzt hatte.

Das polnische Fremdenverkehrsamt reagierte damals
auf die leicht polonophobe Debatte ziemlich gelassen –
und druckte das muskelbepackte Model Piotr Adamski
als Klempner verkleidet auf Plakate. Darunter stand auf
Französisch der Satz: »Ich bleibe in Polen. Kommt mich
besuchen!«

»Selbst im jüngsten Film mit Vanessa Paradis kam
ein polnischer Klempner vor«, setzte James nach. »Die
Franzosen werden schon wissen, weshalb sie sich vor
ausländischen Fachkräften fürchten. Aber die eigentlich
interessante Frage ist doch die: Warum haben alle Neu-
ankömmlinge, egal, in welches Land sie auswandern,
immer Probleme mit dem Klempner?«

»Ist das so?«

»Du hast Probleme mit dem Klempner. Ich habe Probleme mit dem Klempner. Ob Auslandskorrespondent,
Austauschprofessor in der Toskana, ausgebrannter
Werbemanager im Tessin, Krimi-Autorin in der Ardèche,
ausgestiegene Hausfrau an der Algarve – alle haben Probleme mit dem Klempner.«

»Und was sagt uns das?«, hakte ich nach.

»Vielleicht liegt es gar nicht am Klempner. Jeder, der
irgendwo neu ankommt, will kommunizieren, braucht
Röhren, sucht Anschluss. Der Klempner soll dich an die
Kreisläufe anschließen, dich verbinden, dich integrie-
ren – aber genau das misslingt ständig. Dauernd platzt

irgendwo ein Rohr oder es bleibt irgendetwas stecken, immer wieder gibt es Verbindungsprobleme, und wenn man Pech hat, kommt plötzlich die ganze Scheiße wieder hoch. Der Klempner ist eine Metapher für das große Ganze.«

Ich war beeindruckt. Nur drei Sidecars – und James wurde zu einem geistreichen Philosophen.

»Ich sage dir«, James hob jetzt zu seiner zentralen These an: »Je schlimmer das mit der Globalisierung wird, desto mehr Klempnerprobleme werden wir bekommen. Wenn Baudelaire heute noch leben würde, der würde nicht mehr über den *Maler des modernen Lebens* schreiben. Er würde über die Klempner des modernen Lebens schreiben.«

Wir orderten die Rechnung und wankten nach draußen. Gemeinsam stolperten wir die Rue de la Paix hinunter und orientierten uns grob an der Säule auf dem Place Vendôme, die uns heute außergewöhnlich wackelig erschien. »*Je suis le plombier de la vie moderne*!«, rief James da plötzlich, rannte los und umrundete, so schnell er dazu mit 1,5 Promille in der Lage war, dreimal hintereinander die Säule auf dem Place Vendôme. Dann trabte er aus und kam zurück zu der Stelle, an der ich stehen geblieben war. James wirkte nun schlagartig sehr nüchtern.

»Weißt du, was mich wirklich beunruhigt an diesem Land?«, fragte er.

»Dafür, dass die so schlechte Klempner haben, haben sie definitiv zu viele Atomkraftwerke.«

L'éclat, c'est moi.
Warum Franzosen Atomkraft superbe finden

James' Einwand kam nicht von ungefähr. Einige Monate zuvor hatten wir gemeinsam in einem kleinen Kaff am Rande der Champagne eine ausgesprochen muntere Bürgerversammlung besucht. Dort ereignete sich nämlich eine von der Weltöffentlichkeit nahezu unbemerkte mittlere Sensation: Zwei Gemeinden im Departement de l'Aube wollten plötzlich doch nicht mehr Endlagerstätten für Atommüll werden. Dabei hatten sich die Dörfer Pars-lès-Chavanges und Auxon ein Jahr zuvor selbst bei der Nationalen Agentur für die Verwertung radioaktiver Abfälle (*ANDRA*) eben darum beworben. Doch nachdem Atomgegner eine Informationskampagne gestartet und eine Bürgerinitiative – »*Auxon dit non*« – gegründet hatten, zogen die Bürgermeister der Örtchen die Kandidaturen zurück. Bei den Gemeindeversammlungen kam es daraufhin zu hitzigen Auseinandersetzungen.

Man habe den Rückzug einstimmig beschlossen, um das aufgeheizte Klima zu beruhigen, erklärte die Bürgermeisterin der 75-Seelen-Gemeinde Pars-lès-Chavanges, Joëlle Pesme. Sie habe sogar Morddrohungen erhalten. Der stellvertretende Bürgermeister von Auxon, Gérard Fardet, selbst ein großer Befürworter des Endlagers auf dem Grund seiner Gemeinde, beklagte nach dem Tumult im Gemeindesaal: »Alles wird bestritten, selbst das, was unbestreitbar ist.« Er hätte eine intelligente Debatte bevorzugt, nicht eine, die von

»irrationalen Leidenschaften« bestimmt werde, gab er noch zu Protokoll.

Für irrational-leidenschaftliche Debatten über Atomenergie und den Müll, den sie hinterlässt, sind aus französischer Sicht normalerweise die Deutschen zuständig. In Frankreich, dem Land der cartesianischen Vernunft, glaubt man an die Beherrschbarkeit der Technik. Jeder Technik. Mit 58 laufenden Atommeilern ist das Land nach den Vereinigten Staaten der größte Atomstromproduzent der Welt. In der Wiederaufbereitungsanlage La Hague wird Atommüll aus ganz Europa recycelt, in Flamanville in der Normandie soll 2013 der Europäische Druckwasserreaktor (EPR) ans Netz gehen und 1650 Megawatt Strom liefern. Die Produktion von Atomstrom gehört im Frankreich des 21. Jahrhunderts mindestens so sehr zum nationalen Selbstverständnis wie die von Rohmilchkäse. Nicht einmal die Grünen wagen hier, ernsthaft vom Ausstieg zu träumen.

Woher rührt diese kaum gebrochene Begeisterung für eine Risikotechnologie? Um die Passion für das Atom zu begreifen, muss man sich den Zustand der französischen Volksseele am Ende des Zweiten Weltkrieges vergegenwärtigen: Frankreich war 1940 in drei Wochen von deutschen Truppen überrannt worden, das Selbstbewusstsein der Grande Nation zerstört. General de Gaulle war auf die Gnade der Amerikaner angewiesen, um im August 1944 als Befreier in Paris einziehen zu können. Eine Siegernation war Frankreich dadurch aber noch nicht, an den Konferenzen in Jalta und Potsdam nahm es nicht teil. Das Land hatte im Krieg anderthalb Millionen Menschen verloren, die Infrastruktur war zerstört, der Verlust der Kolonien zeichnete sich bereits ab. De Gaulle war klar, dass Frankreich eine Politik benötigte, die den Franzosen erlaubte, sich weiterhin als große Nation zu fühlen. »Frankreich kann ohne *Grandeur* nicht Frankreich sein«, schwante dem General.

Da die Nukleartechnik spätestens mit den Abwürfen der amerikanischen Atombomben auf Hiroshima und Nagasaki im August 1945 zum Symbol für Macht und technischen Vorsprung geworden war, beschloss de Gaulle umgehend die Gründung einer nationalen Atomenergiebehörde, des *Commissariat à l'Énergie Atomique* (CEA). Deren erster Leiter, Raoul Dautry, hoffte im Oktober 1945:

»Es wäre gut, wenn es die französische Wissenschaft wäre, welche die ersten nützlichen und menschlichen Anwendungen dieses teuflischen Wunders hervorbrächte. Die schrecklichen Kräfte unbegrenzter Zerstörung zu meistern, diese unglaubliche Erfindung durch den Filter unseres nationalen Genies in eine humane Entdeckung zu verwandeln, würde Frankreich zur Ehre gereichen.«

Seit den Zeiten des Sonnenkönigs Ludwig XIV. und spätestens seit der Revolution von 1789 ist Frankreich davon überzeugt, eine Nation von besonderer Strahlkraft zu sein. Das achteckige Land liegt ziemlich genau in der Mitte zwischen Nordpol und Äquator – eine günstige Ausgangsposition, um sich für den Mittelpunkt der Welt zu halten. Von hier aus hat das Licht der Aufklärung – die auf Französisch *Lumières* heißt – gestrahlt und die Welt erhellt. Spätestens seit dieser Zeit ist Frankreich überzeugt, eine auserwählte Nation zu sein, die mit einer *Mission française* beauftragt ist: der Welt den Fortschritt zu bringen und sie zu zivilisieren. Das militärische Debakel im Zweiten Weltkrieg hat diesen Glauben nur temporär erschüttern können, im Grunde hat der Untergang des Nazi-Reiches sogar die Überzeugung bestärkt, über ein überlegenes Zivilisationsmodell zu verfügen: Franzose zu sein heißt, der Vernunft einen Weg bahnen zu müssen.

So stürzte sich Frankreich begeistert auf die neue Technik. Bereits 1948 – nur vier Jahre nach der Befreiung – gelang französischen Wissenschaftlern im Forschungsreaktor »Zoé« vor den Toren von Paris die erste Kettenreaktion. Ein Jahr später isolierten sie erstmals ein Gramm Plutonium. Der damalige Präsident Vincent Auriol frohlockte: »Diese Leistung wird die Strahlkraft Frankreichs – *le rayonnement de la France* – noch erhöhen.«

»Rayonnement« heißt auf Französisch »Strahlung«, »Strahlen« oder »Strahlkraft«. Es ist eine Metapher für das französische Selbstverständnis. Eine Nation, die seit jeher davon überzeugt ist, auf die Welt abzustrahlen, konnte von der strahlenden Technik unmöglich die Finger lassen. Die Aussicht, die modernste Technologie zu beherrschen, bot der geschundenen französischen Seele die Chance, sich wieder aufzurichten. Mit der Atomenergie konnte Frankreich sich und der Welt beweisen, dass es trotz der militärischen Niederlage nichts von seiner Strahlkraft eingebüßt hatte.

Félix Gaillard war erst 38 Jahre alt, als er im November 1957 französischer Premierminister wurde. Er blieb ganze fünf Monate im Amt. Wenig später war die Vierte Republik am Ende. Doch es war Gaillard, der mit einer seiner letzten Amtshandlungen im April 1958 die Order unterzeichnete, bis zum Jahr 1960 eine Atombombe zu bauen. Da war der dafür benötigte Reaktor so gut wie fertig gebaut. Kurz darauf kehrte General de Gaulle zurück an die Macht und machte umgehend dort weiter, wo er 1946 aufgehört hatte: Er etablierte Frankreich endgültig als Atommacht. Als am 13. Februar 1960 die erste französische Atombombe bei Reggane in der algerischen Sahara gezündet wurde, hatten die Ingenieure, die an der Entwicklung beteiligt waren, Freudentränen in den Augen. Sie hatten den Stolz der Nation wiederhergestellt. Nicht umsonst fand die offizielle Pressekonferenz in der *École des Mines* statt, der Eliteuniversität für Frankreichs Ingenieure. Die Zeitung *France Soir* feierte das Ereignis mit einem Foto von dem Atompilz auf der Titelseite. Das politsatirische Blatt *Le Canard enchaîné* zeigte aus gegebenem Anlass eine De-Gaulle-Karikatur unter der Überschrift »*L'éclat, c'est moi!*«.

Der danebenstehende Text war zwar als Satire gemeint, gab jedoch die Gemütsverfassung der Franzosen treffend wieder:

»Die Bombe hat Frankreich befreit, was sage ich: Sie hat die Franzosen von einem Komplex befreit. Sie hat den gallischen Hahn, der sich seit 1940 nicht mehr zu zeigen wagte, befreit. Der 13. Februar markiert den Beginn einer neuen Ära. Fühlen Sie sich nicht völlig anders seit diesem Moment? Vorher waren wir in den Augen der Welt nur irgendein Volk, nicht besser oder schlechter. Nachher sind wir in unseren eigenen Augen ein überlegenes Volk. Unseren eigenen Vorstellungen überlegen. Vorher waren wir nur die tollste Nicht-Atom-Macht. Jetzt sind wir die vierte Atom-Macht. Vorher haben unsere guten amerikanischen Verbündeten sich geweigert, Geheimnisse mit uns zu teilen. Jetzt haben wir endlich selbst Geheimnisse. Nahnahnahnahnah!«

Doch es war nicht nur die Entwicklung der *Force de Frappe* – der Atomstreitmacht –, die das französische Selbstbewusstsein festigte. Auch der Bau der Reaktoren selbst wurde als Beleg französischer Großartigkeit gewertet. Politiker und Journalisten priesen die Meiler und ihre Kühltürme als »Kathedralen« und »Schlösser« der Neuzeit. Sie wurden als nationale Symbole verstanden, deren Strahlkraft an jene des Eiffelturms oder des Triumphbogens heranreichte. In den Regionen, wo die ersten Reaktoren errichtet wurden – in Marcoule im Departement Gard und in Chinon an der Loire (Touraine) – war die Begeisterung der Bevölkerung, als Standort ausgewählt worden zu sein, deutlich größer als die Furcht. Zwar gab es Widerstand, doch er blieb überschaubar und vermochte nichts auszurichten gegen eine jubilierende Rhetorik, die versprach, strukturschwache Gegenden mit Kernkraft in die Zukunft zu befördern.

Und tatsächlich hatte der Reaktorenbau für die betroffenen Regionen zunächst einmal positive wirtschaftliche Effekte. Die Ankunft des Atoms brachte verschlafenen Regionen einen Modernitätsschub: Gutausgebildete Ingenieure zogen aus der Stadt in die Gegend, alteingesessene Bauern überdachten ihr kritisches Verhältnis zur technischen Moderne. Eine steigende Nachfrage nach Traktoren, landwirtschaftlichem Gerät und Bewässerungsanlagen wurde registriert. Die Reaktoren wurden zu Touristenattraktionen. Ein zuvor unbekannter Ort wie Marcoule im Gard wurde durch den Bau des Reaktors G1 auf die Landkarte gesetzt und war plötzlich Frankreichs Tor zur Zukunft – spielte also fortan beinahe in einer Liga mit Paris.

In Chinon an der Loire – einem historisch bedeutenden Ort, denn im Schloss von Chinon hatte Jeanne d'Arc einst den König Charles VII. erkannt, obwohl dieser sich als Mitglied des Hofstaates verkleidet hatte – wurde der Reaktor, den der staatliche Energiekonzern EDF errichtete, nicht nur als Symbol des Aufbruchs in die Zukunft verstanden, sondern darüber hinaus auch als Signal des ästhetischen Aufbruchs in die Moderne. Die Regionalzeitung *La Nouvelle République du Centre-Ouest* feierte 1959 die markante Kugelform des Reaktors EDF1 als »Schloss des 20. Jahrhunderts«, »aufregendes Spektakel« und »100 Prozent französisch«. In der Gemeinde Avoine, auf deren Grund der Reaktor eigentlich stand, war die Enttäuschung groß, als man erfuhr, dass der Betreiber EDF den Reaktor nicht nach seinem wirklichen Standort benennen würde, sondern nach dem nahe gelegenen, ungleich bekannteren Chinon. Dennoch ließ man in Avoine Postkarten mit dem Bild des Kraftwerks drucken und schrieb stolz darüber »Atomanlage Avoine-Chinon«. Die Winzerkooperative von Chinon entschied sich sogar dafür, ihren Wein mit einem Etikett zu bewerben, auf dem der Meiler abgebildet war: »*Chinon – appellation contrôlée*« stand darunter.

Der französische Stolz darauf, Herr über das Atom zu sein, erlitt auch keinen nachhaltigen Knacks, als es am 17. Oktober 1969 zum bis heute schwersten Reaktorunfall in Frankreich kam. Das lag allerdings auch daran, dass man das wahre Ausmaß lange geheim hielt. In der

Anlage Saint-Laurent I an der Loire waren mehrere Brennstäbe geschmolzen, 50 Kilo Uran flossen in den Reaktorkern. Nur die sofortige Abschaltung des Reaktors verhinderte eine Katastrophe. Auf der internationalen Skala wurde der Unfall mit der Stärke 4 eingestuft, das Unglück von Tschernobyl 17 Jahre später war ein Unfall der Stufe 7. Ein Jahr lang dauerten die Aufräumarbeiten unter schwierigsten Bedingungen. Ironischerweise hatte just einen Tag vor dem Unfall der Chef der Betreiberfirma EDF bei einem Besuch in Saint-Laurent verkündet, dass man keine weiteren Gas-Graphit-Reaktoren bauen, sondern aus wirtschaftlichen Gründen auf Leichtwasserreaktoren umsteigen werde. Eine Entscheidung von hoher symbolischer Bedeutung, galten doch die Gas-Graphit-Reaktoren als »das französische System« – *la filière francaise* – und damit als Beleg nationaler Eigenständigkeit und Leistungsfähigkeit. Auch deshalb hielt de Gaulle an dieser Technik noch fest, als klar war, dass sie nicht wirtschaftlich und deshalb nicht zu exportieren war.

De Gaulles Nachfolger Georges Pompidou war es, der sich für den Umstieg auf Leichtwasserreaktoren amerikanischer Bauart entschieden hatte. Man übernahm fortan die Technologie eines amerikanischen Herstellers in Lizenz und »französisierte« sie ein wenig, um den Schein der Unabhängigkeit zu wahren. Zunächst sollte nur eine Handvoll dieser Reaktoren gebaut werden, doch die Ölkrise von 1973 veränderte alles. 1974 verkündete der Premierminister Pierre Messmer den Plan, 13 neue Leichtwasserreaktoren in zwei Jahren zu bauen. Ein beliebter Werbeslogan der Zeit lautete »E*n France on* *n'a pas de pétrole, mais on a des idées.«* – »Wir haben zwar kein Öl, aber wir haben Ideen.« 15 Jahre später bezog Frankreich 70 Prozent seiner Energie aus Atomstrom. Heute sind es fast 80. Das Ziel, das die ehrgeizigen, an den Eliteschulen des Landes ausgebildeten Ingenieure sich in den fünfziger Jahren setzten, hat Frankreich erreicht: Es ist die führende Atomenergie-Macht der Welt geworden, produziert jährlich 63 200 Megawatt Atomstrom und exportiert Energie für 4,5 Milliarden Euro.

Frankreich ist nur Frankreich, wenn es strahlt. Aber strahlen wird Frankreich noch lange.

Ach Gott, Frankreich

Dass die Dinge für Frankreich nicht zum Besten stehen, ahnen die Franzosen spätestens seit der letzten Fußballweltmeisterschaft. Der 20. Juni war ein Sonntagmorgen, Monamour lag noch im Bett, ich schaute im Fernsehen die Sportsendung *Téléfoot*. Der Moderator David Astorga diskutierte mit dem französischen Nationaltrainer Raymond Domenech über die klägliche Vorstellung der französischen Équipe bei der Fußballweltmeisterschaft in Südafrika. Plötzlich lief ein verwirrter Mann auf die Bühne. Er trug kurze Hosen und Adiletten mit Socken. »Wir alle leiden gerade«, stammelte er unter Tränen, »nicht nur wir – ganz Frankreich leidet. Alle machen uns fertig, ich hab echt keine Lust mehr, ich bin total frustriert.«

»Es ist ganz wichtig, dass Sie sich aussprechen, Franck«, sagte Astorga. Es war wie in einer Therapiesitzung. Der Mann, der da live kollabierte, war Franck Ribéry. Jener Ribéry, der einer der Superstars dieser WM hätte werden sollen. Er wirkte wie ein suizidbereiter France-Télécom-Mitarbeiter, der gerade seinen Abschiedsbrief formulierte.

Man hätte die Szene schlicht als Dokument des Zusammenbruchs eines überforderten Leistungsträgers einer dysfunktionalen Fußballmannschaft betrachten können: »*Ribéry craque en direct*«. Aber Nationalmannschaften sind stets Projektionsflächen für das Volk, das sich in ihnen spiegelt. Deswegen finden die Deutschen sich neuerdings vorbildlich modern und integrationsfähig. Das Gefühl kennen die Franzosen. Sie erlebten es 1998, als ihre »*black-blanc-beur*«-Mannschaft Weltmeister wurde. Inzwischen sind sie zwölf Jahre weiter. Und in ihrer Nationalmannschaft sehen sie nur noch das, was im Rest des Landes auch nicht funktioniert.

71 Prozent der Franzosen sind nach einer Umfrage des Meinungsforschungsinstituts IFOP davon überzeugt, ihr Land befinde sich »im Niedergang«. Der »Mediator der Republik«, Jean-Paul Delevoye, eine Art Kummerkasten, warnt vor einer »fragmentierten Gesellschaft«, in der das »Jeder-für-sich« die Freude an der Gemeinschaft ersetzt. Die Franzosen sind »psychisch erschöpft«, sagt Delevoye. Die Pleite der *Équipe tricolore* bestätigte also einen bereits vorliegenden Befund: Frankreich steht am Rande des Nervenzusammenbruchs. Alles scheint die Seine hinunterzugehen.

Die Symptome sind vielfältig. Ende 2007 proklamierte

das amerikanische Magazin *Time* in einer polemischen Titelgeschichte *The Death of French Culture* und stellte dem Leser eine knifflige Aufgabe: »Schnell, nennen Sie einen französischen Künstler oder Autor von Weltrang!« – »Eben.«

Der Artikel provozierte in Frankreich einen beleidigten Aufschrei. Zeitungen druckten Listen mit französischen Künstlern, die von überregionaler Bedeutung seien. Kritiker maulten, Amerikaner verstünden den Unterschied zwischen Hochkultur und Entertainment nicht. Mit drei Jahren Abstand ahnt man: Ganz daneben lag *Time*-Autor Donald Morrison nicht. Die einzige französische Kulturschaffende, für die sich der Rest der Welt interessiert, ist Carla Bruni. Die ist aber noch nicht einmal Französin und hat außerdem schon länger nichts mehr geschaffen. Das letzte aufregende französische Buch hat ein Amerikaner geschrieben – Jonathan Littell. Die letzte registrierte Wortmeldung vom französischen Literaturnobelpreisträger Jean-Marie Gustave Le Clézio war ein Brief an Barack Obama. Darin setzte sich Le Clézio für die Rückkehr der Chagossianer auf die Insel Diego Garcia ein.

Wenn das *Palais de Tokyo* – das Pariser Museum für zeitgenössische Kunst – eine Ausstellung mit jungen, hippen französischen Künstlern zeigt, stellt man beim Lesen der Kurzbiographien im Katalog fest, dass die meisten in Berlin leben. Der letzte französische Tour-de-France-Sieger war Bernard Hinault im Jahr 1985. Der letzte schöne Citroën kam 1955 auf den Markt. Der atomar betriebene Flugzeugträger »Charles de Gaulle« hat in den vergangenen Jahren mehr Zeit bei Reparaturen auf dem Trockendock als auf See verbracht. Möglicherweise wollte das Schiff seinem Eigner andeuten, dass es sich strategisch überflüssig fühlt. Es ist kein Wunder, dass die Grundstimmung im Lande *un peu déprimé* ist. Es ist vor allem eine Untertreibung.

Große französische Denker – Gilles Deleuze, Jean-François Lyotard, Pierre Bourdieu, Jacques Derrida – sind seit mindestens sechs Jahren tot. Die Nachhut besteht aus Alain Badiou, aber der denkt sehr komplex über Platon oder die »Hypothese des Kommunismus« nach – und ist deshalb nur begrenzt anschlussfähig. Ansonsten besteht die Intellektuellenszene in Frankreich aus Bernard-Henri Lévy. Ein Philosoph im emphatischen Sinne war BHL nie, er ist eher so eine Art Twitter-Philosoph – ein Alles-Kommentierer. Er schreibt schneller, als er denkt, mehr, als er liest, und was er liest, liest er selten gründlich. Vor einer Weile hielt er ein parodistisches Heft mit dem Titel *Kants Sexleben* für ein ernstzunehmendes Stück Sekundärliteratur. Danach verwechselte er in seiner Kolumne im Magazin *Le Point* den Fernsehmoderator Frédéric Taddeï mit Rodrigo Taddei – einem Mittelfeldspieler des AS Rom.

Neben BHL gibt es noch Michel Onfray – eine Art ausweichende französische Antwort auf Richard David Precht. Onfray hat vor einer Weile ein Buch über Sigmund Freud veröffentlicht, dessen originelle Thesen lauten: a) Freud war ein schlimmer Finger und b) Psychoanalyse bringt nichts. Onfray belegt auf 600 Seiten vor allem, dass er von Freud nicht viel verstanden hat. Das Buch wurde ein Bestseller. Ansonsten gibt Onfray den Anti-Pariser. In Caen hat er eine philosophische Volkshochschule und eine kulinarische »Universität des

Geschmacks« gegründet. Das ist in gewisser Weise kon-sequent, denn das aufregendste Ereignis im einstigen Pariser Intellektuellen-Quartier Saint-Germain-des-Prés war 2010 die Eröffnung des Burger-Restaurants von Ralph Lauren. In der ehemaligen Kantine von Jean-Paul Sartre und Simone de Beauvoir, dem *Café de Flore*, sitzen derweil fast nur noch Touristen, denen niemand erzählt hat, dass ein Bier hier inzwischen neun Euro kostet.

Die sichtbare Benutzeroberfläche der Stadt wird seit Jahrzehnten von den gleichen Etablierten geprägt. So be-stimmen etwa die Brüder Costes die Szene-Gastronomie. Sie führen Dutzende trendreiseführerkompatible Loka-le – wie das *Hôtel Costes* am Faubourg Saint-Honoré oder das *Café Marly* im Louvre. Oft hat auch Philippe Starck seine Finger im Spiel, jener Designer, dem man in Paris nur schwer entkommen kann, weil er jedes zweite Hotel und Restaurant zu gestalten scheint. Berühmt wurde er in den Achtzigern, als er eine schwertförmige Klobürs-te und eine kleckernde Zitronenpresse erfand. Für die Costes-Brüder designte er damals das Café Costes. In-zwischen ist es allerdings geschlossen, wie so viele.

Es erstaunt nicht, dass das Bistro auch so eine fran-zösische Institution ist, die sich in der Krise befindet. In den sechziger Jahren gab es 200 000. Heute sind es noch 36 000. Allein im Großraum Paris mussten im Jahr 2009 2000 aufgeben. Die verbliebenen werden immer öfter von fleißigen Chinesen mit einer Vorliebe für UV-Licht-röhren betrieben. Die Chinesen wandeln die Lokale in Pferdewett-Spelunken um und vermieten Tischflächen für Ford-Reklame. Die Atmosphäre verbessert das eher nicht. Und die Kellner sind auch schon lange nicht mehr, was sie mal waren. Aber darauf kommen wir noch zu sprechen.

Die französische Nationalmannschaft kehrte übrigens sieglos aus Südafrika zurück, nachdem der Stürmer Nicolas Anelka den Trainer einen »dreckigen Hurensohn« genannt und ihm empfohlen hatte, sich rektal penetrieren zu lassen. Die Mannschaft war vor laufenden Kameras in einen Trainingsstreik getreten. Sie hatte, nach den Worten des Weltmeister-Trainers von 1998, Aimé Jacquet, »Frankreich zum Gespött der Welt« gemacht. Der sozialistische Abgeordnete Jérôme Cahuzac erklärte den Präsidenten für verantwortlich: Das Klima, das in der Nationalmannschaft herrsche, sei jenes, das Nicolas Sarkozy im ganzen Land verbreitet habe. »Es ist der Individualismus, der Egoismus, der einzige Maßstab des menschlichen Erfolges ist der Scheck, den jeder am Ende des Monats kassiert.«

Das Scheitern der *Bleus* wurde zur Staatsaffäre. Die Sportministerin schäumte. Die Nationalversammlung bestellte Trainer Domenech zu einer Anhörung ein. Präsident Sarkozy ließ den ehemaligen Kapitän Thierry Henry nach der Landung in Paris zum Rapport in den Élysée-Palast bringen.

Etwas ulkig wirkte die Verve schon, mit der sich ausgerechnet Vertreter einer Regierung, die selbst regelmäßig handfeste Skandale produziert, über ein anderes nationales Aushängeschild – die Nationalmannschaft – echauffierten, deren Mitglieder durch Undiszipliniertheiten und moralisch fragwürdiges Verhalten aufgefallen waren. Die Serie begann im Herbst 2009, als Präsident Sarkozy seinen Sohn Jean, einen 23 Jahre alten, strauchelnden

Jurastudenten, zum Vorsitzenden der Verwaltungsgesellschaft des milliardenschweren Geschäftsviertels *La Défense* machen wollte. Erst nach Wochen der öffentlichen Empörung erklärte Jean Sarkozy seinen Verzicht auf die Kandidatur. Er habe nicht den Präsidenten um Rat gefragt, wohl aber seinen Vater, haarspaltete Sarkozy junior, der sichtbar vom selben Rhetoriktrainer gecoacht wird wie der Präsident. Beziehungsweise wie sein Vater.

Im Winter amüsierte man sich über den Clearstream-Prozess, eine undurchsichtige Veranstaltung mit dem ehemaligen Premier Dominique de Villepin als Angeklagtem und Sarkozy als Nebenkläger. Es ging um fiktive Schwarzgeldkonten in Luxemburg, mit denen französische Politiker und Manager sich gegenseitig in die Pfanne hauen wollten. Sarkozy bezeichnete die Angeklagten vorab als »Schuldige«. Der Eitelkeitsweltrekordhalter de Villepin hatte einige gelungene Märtyrer-Szenen. Am Ende wurde er freigesprochen. Berufung folgt.

Dann kam die »Karachi-Affäre«, bei der es um Wahlkampffinanzierung durch Waffengeschäfte mit Pakistan in den neunziger Jahren geht. Sarkozy soll seine Finger im Spiel gehabt haben. Es ist aber schon deshalb schwer, den Durchblick zu behalten, weil die Aufmerksamkeit immer wieder von anderen, kleineren Affären abgelenkt wird: Staatssekretärin Fadela Amara und Industrieminister Christian Estrosi fielen unangenehm auf, weil sie in ihren Dienstwohnungen Verwandte einquartierten. Der für die Zusammenarbeit mit frankophonen Ländern zuständige Staatsminister Alain Joyandet flog mit einem Privatjet für 116500 Euro zu einer Konferenz über den Wiederaufbau Haitis nach Martinique – und besorgte sich eine illegale Baugenehmigung für sein Ferienhaus bei Saint-Tropez. Der mit der Planung des Großraumes Paris betraute Staatsminister Christian Blanc orderte auf Amtskosten Zigarren für 12 000 Euro. All das kam nicht gut an, in einer Phase, in der die Regierung den Bürgern erklärte, dass sie künftig bis zur Rente zwei Jahre länger arbeiten müssen.

Dennoch wären all diese Affären womöglich achsel-zuckend hingenommen worden – in der Geschichte der V. Republik fallen sie nicht besonders aus dem Rah-men –, wenn nicht noch die Bettencourt-Affäre hinzu-gekommen wäre. Diese Seifenoper begann damit, dass Françoise Bettencourt-Meyers, die Tochter der L'Oréal-Erbin Liliane Bettencourt, den Fotografen François-Marie Banier wegen »Ausnutzung von Schwäche« verklagte. Der Hausfreund Banier habe den labilen Gesundheits-zustand ihrer Mutter über Jahre ausgenutzt, um sich von der reichsten Frau Frankreichs Lebensversicherungen, Kunstwerke (inklusive Picasso), Bargeld und eine Insel auf den Seychellen im Gesamtwert von fast einer Milliarde Euro schenken zu lassen. Das Problem: Die 87 Jahre alte Liliane Bettencourt hielt sich keineswegs für senil und beteuerte, sie habe alles aus freiem Willen gewährt.

Dann zeichnete auch noch der langjährige Hausdie-ner der Bettencourts Gespräche seiner Chefin mit ihren Beratern auf. Die Bänder enthüllten, dass Madame Bet-tencourt Teile ihres Vermögens von *plus ou moins* 17 Milli-arden Euro auf Schwarzgeldkonten in der Schweiz unter-gebracht hatte. Man hörte, wie ihr Vermögensverwalter der schwerhörigen Multimilliardärin riet, diese sicher-heitshalber nach »Uruguay, Hongkong oder Singapur«

zu transferieren. Die Bettencourt-Bänder boten eine *Comédie humaine* in Hörspielform. Zugleich warfen sie ein ziemlich trübes Licht auf die Abhängigkeit der Politik von der Welt des großen Geldes.

Denn nicht nur seine Partei, auch Sarkozy selbst soll von den üppigen Wahlkampfspenden der Industriellenfamilie profitiert haben. Eine Bettencourt-Buchhalterin erzählte, der jetzige Präsident habe früher gelegentlich höchstpersönlich nach Diners im Hause Bettencourt »braune Umschläge« mit Bargeld mitnehmen dürfen. Diese Aussage relativierte sie allerdings kurz darauf in einer Vernehmung. Sarkozy nannte die ganze Geschichte wie immer eine »Verleumdungskampagne«.

Inzwischen haben sich Mutter und Tochter Bettencourt wieder versöhnt, die Berater der alten Dame wurden gefeuert, und der Hausfreund Banier muss auf seine Lebensversicherungen verzichten, die mit einer halben Milliarde dotiert waren. Die anderen Geschenke darf er behalten. Außerdem laufen noch mehrere Ermittlungsverfahren. Dass dabei irgendetwas Konkretes herauskommt, ist unwahrscheinlich, denn bei Ermittlungen in Staatsaffären in Frankreich kommt so gut wie nie etwas heraus. Trotzdem wird etwas haften bleiben. Denn die vielen sprechenden Details der Bettencourt-Bänder und der Vernehmungen – schwarze Konten, braune Papierumschläge – scheinen noch die finstersten Ahnungen über die Verstrickung von Kapital und Politik zu bestätigen.

Zwei Tage vor dem französischen Nationalfeiertag gab Nicolas Sarkozy im Garten des Élysée-Palastes ein großes Fernsehinterview. Das macht er immer, wenn er in der Bredouille ist – und seine Umfragewerte befanden sich gerade wieder einmal auf einem historischen Tiefstand. Es war ein warmer Sommerabend, der Präsident tat alle Vorwürfe ab und versuchte, den Moderator um den Finger zu wickeln, indem er ihn penetrant mit vollem Namen anredete: »Die Welt ist ein Dorf, David Pujadas.« Am Ende hatte Nicolas Sarkozy noch eine Botschaft für sein Volk: »Frankreich ist kein korruptes Land«, sagte der Präsident und fügte hinzu, »man muss immer ehrlich sein.« Es klang wie ein guter Vorsatz.

Auf dem Kanal Direct 8 lief unmittelbar danach das Weltmeisterschaftsendspiel von 1998. Damals hatte Zidane noch Haare. Frankreich deklassierte Brasilien. Ein Gruß aus besseren Zeiten.

Mein Leben mit Carla Bruni

Mein Leben mit Carla Bruni hatte ich mir aufregender vorgestellt.

Es hatte so vielversprechend angefangen: Im Dezember 2007 war sie plötzlich da. Es war die Zeit, da in Deutschland gerade ein – mittlerweile in Brüssel deponierter – baden-württembergischer Ministerpräsident mit komischer Föhnfrisur von seiner Frau für einen Porscheverkäufer verlassen wurde, der genau die gleiche komische Föhnfrisur trug.

In Frankreich hingegen ließ sich der Präsident – mit just dieser Porscheverkäufer-Föhnfrisur – mal eben von seiner Frau scheiden und kreuzte zwei Monate später im Euro-Disney mit einem Model auf, das ungefähr so aussah wie seine vorherige Ehefrau – nur zwanzig Jahre jünger.

»›Président de la République‹«, dachte ich mir in diesem Moment, »hat eindeutig mehr Sexappeal als ›Ministerpräsident von Baden-Württemberg‹.« Man kann Carla Bruni anbaggern und zwischen den Jahren im Privatjet eines Kumpels kostenlos zum Kurzurlaub nach Ägypten fliegen. Die Zeitschrift *Paris Match* – von ihrem Besitzer, dem Sarkozy-Freund Arnaud Lagardère, in eine Präsidenten-Bejubelungspostille umfunktioniert – freute sich in einem sechsseitigen Fotoroman mit dem frisch verknallten Paar: »Die Verliebten vom Nil – Küsse, fröhliches Gelächter, zärtliche Gesten«. Und auch die französische *Gala* war entzückt: »Wie zwei Jugendliche zeigen sie ihre Liebe in aller Einfachheit.«

Der Einfachheit halber war das Paar in Luxor samt Entourage im Hotel Old Winter Palace abgestiegen, wo ein ordentliches Zimmer etwa tausend Dollar die Nacht kostet. Das Besuchsprogramm – Tempel von Luxor, Tal der Könige, Tal der Königinnen – hatte der damalige ägyptische Kulturminister Farouk Hosni zusammengestellt. Vielleicht war Hosni es auch, der die ägyptischen Berichterstatter anregte, Frau Bruni als »Verlobte« des Präsidenten zu bezeichnen, nachdem ein ägyptischer Abgeordneter namens Gamal Zahran kritisch nachgefragt hatte, ob der Präsident und seine Freundin eigentlich ein Zimmer teilten; ein muslimisches Land dürfe solch lotterhaftes Verhalten nicht dulden.

Nach zwei Tagen Power-Sightseeing entspannte das

Paar in der Residenz des Scheichs von Abu Dhabi in Scharm al-Scheich. Dort hatte die ägyptische Polizei offenbar Weisung, die Fotografen nicht mehr gewähren zu lassen, sondern gleich zu vermöbeln. Kurz vor der Rückreise traf der Präsident noch zu einem kurzen Gespräch mit dem da noch geschätzten ägyptischen Staatschef Husni Mubarak zusammen (»Dumme Sache, das mit der Bhutto, *à bientôt*«), um dem da noch geschätzten Ausflug einen politischen Anstrich zu verleihen.

Aber als Nicolas Sarkozy nach den romantischen Tagen am Nil mit seiner neuen Herzdame am 30. Dezember in Paris eintraf, hatte ihn der Alltag rasch wieder. Zu Hause nämlich hatten Vertreter der Opposition und die verbliebenen Reste der Sarkozy nicht ergebenen Presse bereits seit Tagen über den »Circus Barnum im Land der Pharaonen« gelästert. Der sozialistische Abgeordnete Arnaud Montebourg schimpfte, diese Präsidentschaft erinnere ihn an die »Römer in Zeiten der Dekadenz«. Demnächst würden die Gespielinnen des Präsidenten sicher in der Regierung enden.

Der Staatssekretär André Santini hingegen verteidigte seinen Chef: Vielleicht seien manche Leute ja bloß eifersüchtig, wenn der Präsident »seine neue Eroberung zeigt«. Die Opposition solle sich bitte schön zurückhalten, schließlich sei er gerade mal drei Tage weg gewesen, und den Steuerzahler habe der Ausflug keinen Cent gekostet.

Das stimmte nicht ganz, denn Sarkozy war fünf Tage im Urlaub, und die Kostenfrage blieb delikat. Wie schon nach seinem Wahlsieg im Mai 2007 ließ sich Sarkozy das Erholungsprogramm nämlich von seinem Freund, dem

Industriellen Vincent Bolloré, sponsern. Damals kreuzte er noch mit Cécilia in Bollorés Yacht vor Malta, nun flog er im Falcon-900-Jet des Industriellen mit Carla nach Ägypten.

Obwohl Sarko sich gerade das Monatsgehalt um 173 Prozent auf 19331 Euro netto erhöht habe, könne er sich offenbar keinen anständigen Urlaub leisten, höhnte das Online-Portal *Rue 89*. Andere vermuteten, dass die Übernahme der Flugkosten sicher eine »gute Investition« für den Unternehmer sei, dessen Firmen entgegen anderslautender Beteuerungen des Élysée Staatsaufträge erhalten hatten.

Die vormalige Präsidentschaftskandidatin Ségolène Royal befand, das Verhalten Sarkozys beeinträchtige die Unabhängigkeit und die Würde des Präsidentenamtes. Sie wurde daraufhin prompt vom Magazin *Nouvel Observateur* daran erinnert, dass es um ihre eigene Unabhängigkeit nicht viel besser bestellt sei: Royals Wohnsitz in Paris wird von dem Unternehmer Pierre Bergé finanziert, dem ehemaligen Lebensgefährten Yves Saint Laurents, Damit befindet sie sich allerdings in bester Gesellschaft: Jacques Chirac wohnt in Paris wie eh und je auf Kosten der libanesischen Familie Hariri.

Sarkozy ließ sich von dem Genörgel nicht beeindrucken, obwohl seine weihnachtliche PR-Offensive nicht ganz aufgegangen war: Die Fototermine im Schatten der Pyramiden sollten den Präsidenten zum Fest der Liebe als zärtelnden *Homme à femmes* präsentieren, der die gerade einmal zwei Monate zurückliegende Trennung von seiner pflegeintensiven Gattin Cécilia durch ein singendes Ex- und Top-Model therapieren ließ. Zurück im

Élysée wollte er dann wieder den *Homme d'action* herauskehren und so endgültig den politischen Restmüll vergessen machen, den kurz zuvor der im Élysée-Vorgarten zeltende Oberst Gaddafi – »Menschenrechte? Hat Sarko gar nicht erwähnt« – hinterlassen hatte.

Die traditionelle Silvesteransprache des Präsidenten der Republik wurde deshalb auf Drängen Sarkozys 2007 erstmals live übertragen. Das sollte irgendwie dynamischer wirken, klappte aber nicht so recht, denn nach einer schwungvollen Kamerafahrt durch die Tore des Élysée-Palastes sah man hinter einem wuchtigen Empire-Schreibtisch bloß einen kleinen Präsidenten, der offenbar selbst bei seiner eigenen Silvesteransprache so viele Hummeln im Hintern hat, dass er permanent seltsame Handbewegungen machen muss. Kein Wunder, dass Angela Merkel zur Vorbereitung auf Treffen mit Sarkozy Louis-de-Funès-Filme guckt. Mal abgesehen davon, dass er durch seinen Tick, das Kinn beim Reden immer gegen den Hals zu ziehen, aussieht wie ein Reflux-Patient nach dem achten Kronenbourg. Sarkozy hielt im Wesentlichen eine aufgewärmte Wahlkampfrede, bat um Geduld, wünschte sich eine Politik der Zivilisation und versprach, Frankreich in eine »neue Renaissance zu führen«. Was das konkret heißen sollte, blieb wie immer offen, und so zeigte sich die Presse wenig enthusiasmiert:

Der Kommentator Pierre Haski beschimpfte Sarkozy als »dekomplexierte« Persönlichkeit, als jemanden, der keinerlei Hemmungen hat, wirklich alles für seine Zwecke in Szene zu setzen, Alltagsdramen, die Ankündigung grandioser Reformen ebenso wie sein Privatleben.

Der Politologe Philippe Corcuff schalt Sarkozy einen

politischen und emotionalen »Neureichen«, der seine Eroberungen genauso schamlos vorzeige wie ein Rapper seinen »Bling Bling«-Goldschmuck. Und der Ökonom Jean Matouk grämte sich öffentlich, ein französischer Bürger zu sein, der im Ausland von Sarkozy repräsentiert werde. Sarkozy verwechsele permanent die »zwei Körper des Königs«, von denen der Historiker Ernst Kantorowicz einst sprach: den heiligen und den weltlichen. Jedes Staatswesen benötige aber nun einmal an seiner Spitze eine gewisse Würde. Die bisherigen Präsidenten hätten dies stets verinnerlicht und ihren realen Körper so gut es ging hinter dem Staatskörper verborgen.

Dies sei auch der Grund, warum die diversen Gerüchte über das gelegentlich hallodrihafte Verhalten von Giscard (Milchlaster), Mitterrand (Zweitfrau mit Tochter) und Chirac (alles, was nicht bei *trois* auf den Bäumen war) erst am Ende von deren Amtszeiten lauter oder bestätigt wurden. Mit Sarkozy aber sei die Trennung der Körper aufgehoben, das Volk erlebe den realen Körper direkt, samt aller Ehekräche. »Wann kommt der erste live übertragene Präsidentenkoitus?«, fragte sich Matouk, besorgt über einen Präsidenten, der die Zurschaustellung so weit treibe, dass Politik von Porno nicht mehr klar zu unterscheiden sei.

Den zappeligen *Omniprésident* konnte derlei Kritik jedoch nicht bremsen. Sarkozy sei ein Mann, der gegen die Vergänglichkeit der Zeit ankämpfe, schrieb die Autorin Yasmina Reza, die ihn im Wahlkampf begleitet hatte. Vielleicht produziert er deswegen pausenlos Bilder und beglückt den Boulevard mit seinem »Na, wie war ich?«-Charme.

Die Aufregung über die neue Eroberung des Präsidenten führte Anfang Januar 2008 jedenfalls dazu, dass rasch alle möglichen Gerüchte ins Kraut schossen: Der Präsident habe Carla Bruni bereits einen Heiratsantrag gemacht, sie sich jedoch Bedenkzeit auserbeten. Die Hochzeit wäre als große Show für Anfang Juni – rechtzeitig vor ihrer Tournee und vor dem Beginn der französischen EU-Präsidentschaft – geplant. Außerdem sei sie schwanger.

Es kam dann ganz anders – und noch viel schneller. Bereits am 2. Februar 2008, zweieinhalb Monate, nachdem sie sich erstmals begegnet waren, heirateten Sarkozy und Bruni. Und zwar ziemlich unaufgeregt und ohne Pomp, im kleinen Kreis im Élysée-Palast. Offenbar hatte sich Sarkozy von Carla Brunis bewegter Vorgeschichte nicht abschrecken lassen, womöglich, weil er die reichlich vorhandene einschlägige Sekundärliteratur nicht kannte. Die Pharaonin seines Herzens war jedenfalls zuvor nicht eben durch ein Talent für langfristige Bindungen aufgefallen. Zu den Männerherzen, die sie verspeist haben soll, gehören die von Donald Trump, Arno Klarsfeld, Mick Jagger, Eric Clapton und das des Verlegers Jean-Paul Enthoven – den sie wiederum für dessen Sohn, Raphaël Enthoven, verließ. Mit dem jüngeren Enthoven hat Bruni einen Sohn.

Eric Clapton widmet ihr einige nicht sehr schmeichelhafte Passagen in seiner Autobiographie. Allerdings könnte man zu Carla Brunis Entschuldigung anführen, dass sie erst Anfang zwanzig war, als sie Clapton in den Wahnsinn trieb. Der Gitarrist hatte sie zu Beginn der neunziger Jahre nach einem Stones-Konzert Mick Jagger als seine neue Freundin vorgestellt – mit den vorausschauenden Worten: »Bitte, Mick, die nicht.«

Er sei nämlich wirklich verliebt. Jagger kümmerte das jedoch ebenso wenig wie Bruni, und bald darauf begannen die beiden hinter Claptons Rücken eine Affäre.

Nach einer längeren Tournee besuchte Clapton Bruni nichtsahnend in der Sommerresidenz ihrer Familie am Cap Nègre. Zum Empfang stellte sie ihm gleich eine ganze Kleingruppe abgelegter Ex-Freunde vor, die ebenfalls im Sommersitz der Bruni-Tedeschis an der Côte d'Azur entspannten. Die jungen Männer bekundeten Clapton umgehend »ihr Mitgefühl« und deuteten wissend an, dass die jüngste Tochter des Hauses einen »ziemlichen Verschleiß an Männern« habe. Sie selbst seien der beste Beleg.

Wenig später erfuhr Clapton dann von der Freundin, über die er Bruni kennengelernt hatte, dass seine Flamme ihn schon seit geraumer Zeit mit Jagger betrog. Dass der Stones-Boss ihm Bruni ausgespannt hatte, konnte Clapton diesem lange nicht verzeihen. Doch mit der Zeit, schreibt Clapton, sei er Jagger nicht nur »dankbar« gewesen. Nein, irgendwann habe er sogar »Mitleid« für seinen Nachfolger empfunden. Denn Jagger habe ihn vor dem »sicheren Verhängnis bewahrt« und hatte in Brunis Diensten »offenbar viel Schlimmes auszustehen«.

Clapton fällt da ein vergleichsweise mildes Abschlussurteil. Weitaus weniger gute Haare lässt die Autorin Justine Lévy an ihrer einstigen Rivalin. Ihr 2004 veröffentlichter Schlüsselroman *Rien de grave* ist ein Dokument kaum gekühlter Rachlust. Justine Lévy ist die Tochter des Philosophen Bernard-Henry Lévy und war die Ehefrau des modischen Philosophen Raphaël Enthoven zu einer Zeit, da Carla Bruni noch mit dessen Vater Jean-Paul zusammen war. Bis ihr ausgerechnet im Familienurlaub auffiel, dass sie den Sohn noch anziehender fand, und ihn Justine Lévy kurzerhand ausspannte. Lévy revanchierte sich, indem sie Carla Bruni in der Romanfigur Paula als herzenskalte, gesichtsoperierte Männerfresserin zeichnete. Die gebe sich zwar fröhlich und freundlich, ihr einziges Ziel jedoch sei es, »zu zerstören, ein Maximum an Drama und Unglück zu schaffen«. Alles an ihr sei falsch, sie habe ein »Terminatorlächeln« und ein »Gesicht aus Formol«. Diese Terminator-Carla-Paula sagt Sätze wie: »Danke. Ich brauche niemanden. Die Männer kastriere ich alle sofort.«

Es gab deshalb in Frankreich Anfang 2008 nicht wenige, die sich Sorgen machten, wie sich diese Neigung außenpolitisch auswirken würde. Bis zum heutigen Tage haben sich die Befürchtungen jedoch als unbegründet erwiesen. Überhaupt ist die Ehe von Nicolas Sarkozy und Carla Bruni bislang beinahe enttäuschend verlaufen, jedenfalls weit weniger bewegt als erwartet. Möglicherweise haben sich da auch zwei gefunden, die zueinander passen wie der gusseiserne Deckel auf einen Le-Creuset-Bräter.

Kennengelernt haben sie sich im November 2007 bei einem Abendessen, das der Werbemanager Jacques Séguéla in seinem Hause gab. Séguéla konzipierte in den achtziger Jahren die Wahlkampagne für François Mitterrand und erfand für diesen den wirksamen Slogan *La force tranquille* – die ruhige Kraft. An dem Essen nahmen neben Séguélas Ehefrau zwei weitere Paare teil – und

309

eben der Präsident und Carla Bruni. Nach einer Weile sei ihr klargeworden, dass sie sich auf einem nicht ganz so blinden »Blind Date« befand, erzählte Bruni später. Unter den Gästen war im Übrigen auch der Philosoph Luc Ferry – selbst ein ehemaliger Liebhaber der Chanteuse. Es ist in Paris nicht ganz einfach, ein Abendessen zu organisieren, ohne einen ehemaligen Liebhaber von Carla Bruni einzuladen. Ferry, der von seiner aktuellen Ehefrau begleitet wurde, weiß seinen Status im Pantheon ehemaliger Bruni-Amants jedoch gelassen einzuschätzen: »Ich kam nach Laurent Fabius und vor Mick Jagger«, sagte er einmal. Offenbar wusste Ferry da noch nichts von Clapton.

Séguéla berichtet in seiner Autobiographie über den Verlauf des Abends: Demnach hatte der neben Bruni platzierte Präsident bald für niemand anderen mehr Augen als für seine Tischnachbarin. Rasch wurde der Ton höchst flirtiv. Er sei kein guter Fang, kokettierte der Präsident. Der letzten Frau, mit der er zum Essen ausgegangen sei, habe er nur ein einziges Geschenk gemacht: Sie habe danach vier Wochen lang Paparazzi vor der Haustür stehen gehabt.

»In puncto Peopolisation bist du ein Amateur«, antwortete Carla. Ihre Affäre mit Mick Jagger habe acht Jahre gedauert. Alle Metropolen der Erde hätte sie mit dem Rockstar besucht, und nie habe sie ein Fotograf überrascht. Sie habe Jagger stets verkleidet, mal mit Schnurr- und mal mit Vollbart.

Wahrscheinlich findet irgendwann mal jemand ein Überwachungsvideo aus irgendeiner Luxus-Hotellobby, auf dem Mick Jagger mit einem gezwirbelten Schnurrbart durchs Bild hüpft. Ihre Affäre mit Jagger scheint im Übrigen die Lebensleistung zu sein, auf die Carla Bruni am stolzesten ist. Lange erwähnte sie ihn bei nahezu jeder Gelegenheit. Nicolas Sarkozy hat daher möglicherweise mit Frechheit gepunktet, als er sie gleich fragte, wie sie es nur »acht Jahre lang mit einem Typen ausgehalten hat, der so lächerliche Waden hat«.

Im Laufe des Abends verwandelte sich der Präsident in einen Schaufelradbagger. Er habe alles von ihr verstanden, sagte er der Sängerin nach knapp zwei Stunden: Sie spiele in ihren Liedern die Harte, weil sie zart sei. Er wisse alles von ihr, denn er sei wie sie – mit einer Ausnahme: endlich mal eine Frau, die rauche und trinke. Pragmatisch schlug Sarkozy Carla Bruni dann gleich vor, die Verlobung mit ihm bei ihrem bevorstehenden Konzert im *Casino de Paris* bekanntzugeben. »Du wirst sehen, wir werden besser sein als Marilyn und Kennedy.«

Die Aussicht auf einen Platz im Geschichtsbuch der Glamourpaare scheint Carla Bruni verlockend gefunden zu haben, auch wenn sie dem ins Ohr geflüsterten Vorschlag des Präsidenten, ihn vor versammelter Gesellschaft auf den Mund zu küssen, noch höflich zurückwies. Kurz nachdem sie sich auf den Heimweg gemacht hatte, rief sie ihren Gastgeber an und bedankte sich für den gelungenen Abend. Doch, doch, Sarkozy sei ja ausgesprochen charmant und intelligent. Aber unverschämterweise habe er sie noch nicht angerufen, obwohl sie ihm ihre Nummer gegeben habe. Und das sei immerhin schon zehn Minuten her.

Der Rest der Geschichte nahm im »Eurodisney« seinen sichtbaren Lauf. Enttäuscht wurden jedoch all jene,

welche den Präsidenten in den Händen einer Männerfresserin wähnten und die darauf warteten, dass sie mit
ihm so verfahren würde wie mit ihren vorherigen Spiel-
kameraden. Noch wenige Monate, bevor sie Sarkozy be-
gegnete, hatte Carla Bruni in einem Interview mit dem
Figaro Magazine kategorisch erklärt: »Monogamie lang-
weilt mich wahnsinnig.« Sie sei zwar »von Zeit zu Zeit
monogam«, bevorzuge aber die »Polygamie und Poly-
andrie«.

Das klang vielversprechend. Doch das Schauspiel
einer zu Vielmännerei tendierenden Präsidentengattin
blieb den Beobachtern bislang verwehrt. Tatsächlich
muss man nach drei Jahren Carla Bruni im Élysée ein-
gestehen, dass die Frau im Haus eher befriedend und
zivilisierend auf den Präsidenten gewirkt hat. Seine neu-
reiche Bling-Bling-Protz-Periode scheint abgeschlossen,
die höhere Turiner Tochter, die Carla Bruni ist, hat mä-
ßigend und geschmacksbildend eingegriffen. Bei öffentlichen Auftritten, insbesondere bei Staatsbesuchen,
überzeugte das Ex-Model mit treffsicherer Kostümwahl.
Sarkozy trägt mittlerweile rund um die Uhr dunkelblaue
Dior-Einreiher und erheblich dezentere Armbanduhren
als früher.

Man drohte als Beobachter dieses häuslichen Idylls
schon einzuschlafen, da kam im Frühjahr 2010 die »Gerüchte-Affäre« auf. Um die Dynamik dieses Spektakels zu
begreifen, muss man die Bedeutung des *Dîner en ville* in
Paris erkennen. Ein Dîner en ville ist auf den ersten Blick
nicht viel mehr als ein gesetztes Abendessen – ganz wie
jenes im Hause Séguéla, bei dem sich Carla Bruni und
Nicolas Sarkozy begegneten. Solche Dîners finden all-

abendlich hundertfach in den sich für besser haltenden Pariser Kreisen statt. Die Komposition der Gästeliste ist eine Kunst für sich, da in *tout Paris* nicht nur jeder jeden kennt, sondern die meisten auch schon mal irgendwann etwas miteinander hatten.

Es gehen jedoch längst nicht alle mit ihren amourösen Vorgeschichten – schon gar nicht mit jenen ihrer Partner – so souverän um wie Carla Bruni oder Luc Ferry. Wer da als Gastgeber nicht aufpasst, hat schnell zwei Leute nebeneinander gesetzt, die sich auf den Tod nicht leiden können. Idealerweise lädt man sich jedenfalls vier Pärchen – oder drei plus eins, das noch eins werden will – ins Haus. Die Zusammensetzung sollte nach Möglichkeit den Gästen schmeicheln, ihre wirtschaftlichen Interessen fördern und allen Beteiligten einen ebenso amüsanten wie geistreichen Abend garantieren.

Ein Dîner en ville ist für den Gast dann gelungen, wenn er einige Tage später scheinbar beiläufig mit der Gästeliste prahlen und dadurch sein Sozialprestige bei jenen heben kann, die nie eingeladen werden. Der Pariser tut dies in der Regel, indem er einen prominenten Gast beim Vornamen nennt – »Gérard sieht wirklich gut aus zurzeit, er hat dreizehn Kilo abgenommen« – und so den Eindruck erweckt, als sitze er regelmäßig mit Gérard Depardieu beim Abendessen zusammen. Da die Gesamtzahl aller denkbaren Teilnehmer am Pariser Dîner-en-ville-Zirkus nicht besonders groß ist, erfüllt das Ritual vor allem eine Funktion: Es ist die brodelndste Gerüchteküche der Stadt, ein einziger Klatsch- und Tratschsender.

Auf diesem Kanal rauschte Anfang 2010 auch das

Gerücht heran, dass es um die eheliche Harmonie im Élysée-Palast nicht mehr gut bestellt sei: Der Präsident habe eine Affäre mit seiner Staatssekretärin Chantal Jouanno. Carla Bruni vergnüge sich derweil mit dem Chanson-Star Benjamin Biolay. Manche wollten es sogar ganz genau wissen: Sie sei bereits aus dem Élysée ausgezogen und habe mit Biolay Urlaub in Thailand gemacht.

So plauderte Paris, und vielleicht wurde das Geplapper auch deshalb immer glaubwürdiger, weil die Geschichte besonders hanebüchen war und der Vorstellung, der knapp 1,70 Meter große Sarkozy habe eine Affäre mit einer Karatemeisterin, ein spezieller Reiz innewohnte. Anfang März hatte sich das, was am Anfang womöglich nicht mehr als ein halbwegs gelungener Witz während einer Abendunterhaltung war, auf wundersame Weise zu einem deftigen Geheimwissen verstärkt, das inzwischen von so vielen Leuten kolportiert wurde, dass es den Rang einer Gewissheit annahm.

Am 7. März dann wurde Benjamin Biolay als »Bester männlicher Interpret« bei den *Victoires de la Musique* ausgezeichnet, dem wichtigsten französischen Musikpreis. Der Sender *i-Télé* erlaubte sich in seiner Reportage den schelmischen Hinweis, Carla Bruni sei unter den ersten Gratulanten gewesen. Am gleichen Wochenende gewann Chantal Jouanno mit ihrer Mannschaft die französische Meisterschaft in einer etwas sonderlichen Karate-Unterart. *i-Télé* unterlegte den entsprechenden Bericht mit dem Kommentar, man wisse nicht genau, ob Nicolas Sarkozy schon die Zeit gefunden habe, seiner Staatssekretärin zu gratulieren. Für die scheinbar Eingeweihten waren dies deutliche Signale, welche die seit Wochen kursierenden

Gerüchte quasi offiziell bestätigten. Am nächsten Morgen verbreitete ein Blog, der an die Website des *Journal du dimanche* gekoppelt war, die Affärengerüchte, die bis dahin noch in keinem französischen Medium erwähnt worden waren. Im Nu stürzte sich die Auslandspresse auf das Thema. Es entstand eine bizarre Situation: Während die französische Presse weiter schwieg, konnte man an Pariser Kiosken den Titeln englischer Blätter entnehmen, dass die Ehe des Präsidenten in Scherben lag.

Die Lage verschärfte sich noch durch seltsam fatalistisch klingende und ziemlich deutungsbedürftige Bemerkungen, die Carla Bruni just in jenen Tagen in einem Interview mit dem britischen Sender *Sky News* von sich gab: Die Ehe sei zwar für die Ewigkeit, aber wer könne schon wissen, was geschehe. »Ich wünsche, dass es für immer ist, aber wir könnten auch morgen sterben.« Und als die britische Journalistin daraufhin nachhakte und nach den Gerüchten über außereheliche Aktivitäten des Präsidenten fragte, wurde die Italienerin in Carla Bruni ziemlich ungehalten: »Haben Sie Fotos von meinem Mann mit einer anderen Frau?«, blaffte sie die Fragestellerin an.

Wenige Tage später stutzte Nicolas Sarkozy – zu Gast bei Gordon Brown in London – auf einer Pressekonferenz den Korrespondenten von *Le Monde* zurecht, der es gewagt hatte zu fragen, ob der Président vorhabe, auf die in der britischen Presse genüsslich ausgewalzten Gerüchte zu reagieren. »Nicht einmal eine halbe Sekunde« werde er mit diesen Machenschaften vergeuden, so der Präsident. Und wieso der Journalist eigentlich seine Zeit damit verplempere, derart dämliche Fragen zu stellen.

Tatsächlich jedoch hatte der Élysée zu diesem Zeitpunkt bereits den Inlandsgeheimdienst in Bewegung gesetzt, um herauszufinden, woher die perfiden Gerüchte stammten. Und nach Auswertung diverser Telefonverbindungen und SMS-Protokolle verdichteten sich die Indizien, dass es eine alte Bekannte gab, die munter an der Verbreitung mitgewirkt hatte: die ehemalige Justizministerin Rachida Dati. Einst enge Freundin, »Schwester« ehrenhalber von Sarkozys vorheriger Gemahlin Cécilia; nach deren Auszug eine Weile sogar Ersatz-*Première-Dame* und schließlich in jenem Moment in Ungnade gefallen, da Carla Bruni den Élysée betrat. Legende ist der Kommentar, mit dem Bruni ihre vermeintliche Nebenbuhlerin vor Gästen bei einer Besichtigung der Schlafgemächer des Élysée abgebürstet haben soll: »Tja, Rachida, da hättest du wohl gerne geschlafen?«

Der Rachestrahl des Élysée traf die Europa-Abgeordnete aus relativ heiterem Himmel. Sie saß gerade in einem Fernsehstudio, als das Innenministerium ihr mitteilte, ihr Dienstwagen sowie die Leibwächter – Privilegien aus ihrer Ministerzeit – würden mit sofortiger Wirkung eingezogen. Madame Dati fuhr verdutzt mit dem Taxi nach Hause. Einige Tage später zitierte das Enthüllungsblatt *Canard enchaîné* den Generalsekretär des Élysée, Claude Guéant, mit dem Satz »Der Präsident will Rachida Dati nicht mehr sehen.«

Madame Dati ging erst einmal in Deckung, meldete sich aber drei Wochen später mit einem Radiointerview zu Wort: Man habe ihr übel nachgeredet, es reiche jetzt. Sie sei in der Lage, zwischen dem »Präsidenten und seiner Umgebung« zu unterscheiden – ein deutlicher

Hinweis darauf, dass Dati ihre Gegner in jener Old-Boy-Group ausmachte, die aus Sarkozys ältesten Kumpels besteht. Zu ihr gehören Innenminister Brice Hortefeux und der Kommunikationsberater Pierre Charon.

Der redselige Charon hatte zuvor beinahe jedem Journalisten, der es hören wollte, erzählt, dass Dati die Gerüchte gestreut habe – und er hatte durchblicken lassen, man kenne im Élysée den Inhalt von Datis SMS-Verkehr recht genau. In einem Interview mit dem *Nouvel Observateur* lehnte sich Charon, dem die Intrige zu diesem Zeitpunkt noch großen Spaß zu machen schien, erst richtig weit aus dem Fenster: »Für uns« – und damit meinte er den Élysée – »ist diese Verleumdung ein Kriegsgrund«, tönte er. Die Angst werde nun bald »die Seite wechseln«. Dann faselte Charon noch etwas von einem Gerichtsverfahren, einem »Komplott« und »finanziellen Transaktionen«. Er hatte sich offenbar ordentlich in die Sache hineingesteigert – und aus einer Klatschgeschichte wurde so eine Staatsaffäre. Denn jetzt sprangen auch die französischen Medien auf den fahrenden Zug, der nicht mehr aufzuhalten war.

Just in diesem Moment ergriff Rachida Dati die Gelegenheit, ihren Kopf aus der Schlinge zu ziehen: In besagtem Radiointerview verwahrte sie sich kühl gegen »die Unterstellungen einiger Medienorgane«, die sie bezichtigten, »Gerüchte über das Privatleben des Präsidentenpaares« verbreitet zu haben.

Und dann sagte sie noch den schlauen Satz, sie könne sich absolut nicht vorstellen, »dass man in einem Rechtsstaat Abhörmittel benutzt. Ich fürchte mich vor nichts.«

Man konnte das auch als Drohung werten: Ein Verfahren, bei dem bewiesen worden wäre, dass der Präsident seine ehemalige Justizministerin aus eher privatem Interesse abhören ließ, hätte für Sarkozy unangenehm werden können. Und so kam es, dass noch am Nachmittag desselben Tages Carla Bruni überraschend im Studio des Radiosenders *Europe 1* auftauchte und erklärte, »es gibt kein Komplott«, die ganze Affäre habe »überhaupt keine Bedeutung« und »lächerliche Proportionen« angenommen.

Und die gute Rachida? Aber *bien sûr*, die bleibe »absolut eine Freundin«.

Eine geheimdienstliche Untersuchung habe es im Übrigen auch nicht gegeben, behauptete Carla Bruni. Das war eine kühne These, denn die Zeitung *Le Monde* hatte an jenem Tag enthüllt, dass eine solche Untersuchung sehr wohl eingeleitet worden war. Der Inlandsgeheimdienstchef Bernard Squarcini sah sich daher genötigt, der Première Dame zu widersprechen. Die junge Frau kenne sich in der Polizeiterminologie vermutlich nicht so aus, bemerkte Squarcini. Sein Amt sei in dieser Sache Anfang März vom Chef der nationalen Polizei eingespannt worden. Allerdings sei niemand abgehört worden.

Damit war die große Staatsaffäre rund um das Gerücht ad acta gelegt. Claude Guéant, der zuvor behauptet hatte, der Präsident wolle Rachida Dati »nicht mehr sehen«, resümierte den kapitalen Volksschwank, der die Nation einen Monat lang bestens unterhalten hatte, treffend mit dem Satz: »Die Wahrheit von gestern ist eben nicht die von heute.«

Unter allen Beteiligten hatte Carla Bruni noch eine der weniger peinlichen Figuren abgegeben. Im Nachhinein verfestigt sich die Ahnung, dass die ganze Geschichte nicht auf das zurückzuführen ist, was Carla Bruni getan hat, als vielmehr auf das, was wir uns unbedingt unter ihr vorstellen wollen. Wer, wenn nicht Carla Bruni, soll denn heutzutage noch ein wildes polyanderndes Leben haben? Hat sie aber offenbar nicht.

Wenige Wochen bevor ganz Frankreich wegen der Gerüchte-Affäre durchdrehte, hatte ich das seltene Vergnügen, Carla Bruni im Élysée-Palast interviewen zu dürfen. Sie war gerade aus dem Benin zurückgekehrt, wo sie einen Auftritt für den »Global Fund« im Kampf gegen Aids absolviert hatte. Das Interview wurde zu einem zweistündigen netten Geplauder. Carla Bruni wirkte sensationell normal, war stellenweise sehr lustig und insgesamt echt nett. Sie trank Cola Light und rauchte einige dünne Vogue-Zigaretten. Sie hatte ein überraschend altmodisches Sony-Handy und eine coole Büroleiterin – Véronique Rampazzo, die seit zwanzig Jahren für sie arbeitet.

Das Blöde an ihrer Rolle als Première Dame, sagte Carla Bruni irgendwann, sei vor allem, dass sie Witze nur noch zu Hause machen könne. Draußen ginge das nicht mehr, denn die Politik ließe keinerlei Platz für Mehrdeutigkeiten. Dabei sei sie eigentlich die ganze Zeit mehrdeutig und ironisch. Doch sie wolle nicht klagen, sie gewöhne sich so langsam selbst an die »Passivmedien«, die einfach irgendwas über sie schreiben würden, ohne je mit ihr geredet zu haben. Deswegen sei sie ja auch seit zwei Jahren schwanger.

Als das Interview beendet war, ging eine der großen Flügeltüren auf, und Nicolas Sarkozy stand plötzlich im Zimmer. Er grüßte freundlich in die Runde und fragte Carla Bruni, wie das Gespräch gelaufen sei. Mir fiel angenehm auf, dass er »*mon amour*« zu ihr sagt.

»Alles war ganz wunderbar, mon amour«, antwortete Carla Bruni ihrem Gatten, »und ich bringe alle zum Abendessen mit.«

»Großartig, dann bis gleich«, scherzte Sarkozy zurück und verabschiedete sich von ihr mit einem Kuss auf den Mund.

Möglicherweise war die Szene gut gespielt. Aber unter Umständen war es auch einfach nur ein kurzer Moment mit einem Paar, das sich wirklich mag und momentan nicht betrügt. Als der Fotograf und ich das Büro im Élysée-Palast verließen, fiel mir wieder ein, dass Carla Bruni vor nicht allzu langer Zeit gesagt hatte, dass Monogamie sie wahnsinnig langweile und sie Vielmännerei bevorzuge. Vielleicht war das aber auch nur so ein Carla-Bruni-Witz, den wieder einmal keiner verstanden hat.

V. LA VIE PARISIENNE

Montag mit Mona Lisa

Manchmal lebt man jahrelang an einem bestimmten Ort, kommt aber nie dazu, sich jene Dinge anzuschauen, für die der Ort berühmt ist. Entweder weil man zu faul ist, oder weil die Sache nicht so dringend erscheint. Als Römer beispielsweise denkt man: »Ach Gott, das Colosseum ist nächste Woche auch noch da.«

Manch einer meidet die Sehenswürdigkeiten auch aus Prinzip, weil er auf keinen Fall am eigenen Wohnort mit einem Touristen verwechselt werden möchte, denn das wäre fürchterlich uncool. Aus demselben Grund weigern sich Männer, die sich für Entscheider halten, auch dann noch, nach dem Weg zu fragen, wenn sie sich rettungslos verlaufen haben.

Und so gibt es jede Menge New Yorker, die nie auf der Freiheitsstatue waren, Kölner, die nie den Dom bestiegen, Chinesen, die nie einen Fuß auf die Mauer gesetzt haben, und Wuppertaler, die nie Schwebebahn gefahren sind. Wenn man Pech hat, zieht man irgendwann wieder fort und hat dann die Gelegenheit versäumt. Diesem Schicksal wollten wir entgehen, deshalb fassten wir bald nach unserer Ankunft in Paris den Entschluss, in jedem Fall Mona Lisa zu gucken.

Wir ahnten, dass wir nicht die Einzigen in der Stadt mit diesem originellen Plan waren. 14 Millionen Touristen kommen jedes Jahr nach Paris. 8,5 Millionen besuchen den Louvre. Das sind 270 000 pro Tag, und dementsprechend ist das Gedränge vor einem Gemälde, das gerade einmal 76,8 mal 53 Zentimeter groß ist. Wir mussten also strategisch geschickt vorgehen:

»Wann würdest du auf keinen Fall in ein Museum gehen?«, fragte ich Monamour eines Sonntagmorgens gegen halb acht im Bett. Monamour hatte den vorbildlich verwuschelten Kopf noch nicht vollständig unter dem Kissen herausgezogen und brummte in gewohnt liebevollem Ton: »Auf gar keinen Fall jetzt.«

»Gut«, erwiderte ich entgegenkommend. »Dann gehen wir morgen früh, um die gleiche Zeit.«

Am nächsten Morgen weckte ich Monamour mit einer zarten Sprühwolke aus dem Vittel-Brumisateur, den ich zuvor kurz ins Eisfach gelegt hatte. Sie war überraschend schnell wach und wirkte auch gleich viel dynamischer als sonst um diese Stunde. Wir nahmen die Métrolinie 1 zum Louvre, die um kurz nach acht gut gefüllt war mit Werktätigen, denen die Vorfreude auf einen anregenden Arbeitstag in einem Großraumbüro im Geschäftsviertel La Défense ins Gesicht geschrieben stand. Wir hingegen waren guter Laune und vertrieben uns die Fahrtzeit mit Mona-Lisa-Lächel-Karaoke. An der Station Palais Royal – Musée du Louvre stiegen wir aus und stolperten durch die Ladenzeile des *Carrousel du Louvre*. Eigentlich findet sich hier bereits alles, was man für ein anregendes Kulturerlebnis braucht: Im Museumsshop kann man die Top-12-Bilder der abendländischen Kulturgeschichte gut vorsortiert als Geburtstagskalender erwerben, nebenan gibt es einen

Starbucks, einen McDonald's und einen Apple-Store für die Grundversorgung.

Uns aber stand der Sinn nach authentischer ästhetischer Erfahrung. An den Ticketautomaten tippten wir deshalb auf dem Touchscreen unter der Rubrik »Wählen Sie Ihr Produkt aus« auf das Feld »Musée« – das eine Miniatur-Mona-Lisa zeigt – und bezahlten 9,50 Euro Eintritt. Dann sammelten wir uns kurz und sondierten die Lage in der Eingangshalle unter der Glaspyramide: Vor uns bereitete sich eine dreißigköpfige japanische Schülergruppe in Uniform auf ihren Marsch auf die Mona Lisa vor. Eine gewisse nervöse Anspannung in der Schlange war zu spüren. Um Punkt neun begann der Einlass. Wir sprinteten zur Rolltreppe, die in den Denon-Flügel des Museums hinaufführt. Dort befindet sich die Abteilung *Peintures italiennes*, wo auch die Mona Lisa wohnt. Der Weg zu Leonardo da Vincis Top-Produkt ist vergleichsweise gut beschildert, wenn man sich nicht dadurch irritieren lässt, dass die Mona Lisa in Frankreich nicht Mona Lisa heißt, sondern »La *Joconde*« – was die französische Version ihres Familiennamens Giocondo ist. Und wenn überhaupt, heißt sie Monna Lisa. Mit zwei N. Kommt von Madonna, wie Madonna Lisa Giocondo, wie wir seit Neuestem wissen. Das Schöne an Museumsbesuchen ist ja, dass man danach ein bisschen mehr Bildung zum Angeben hat.

An der ersten Treppe muss man sich unbedingt rechts halten, wie Monamour bald feststellte, die etwas antrittsschneller ist als ich, sich einen gewissen Vorsprung erarbeitet hatte und die Treppe links hinaufgehechtet war. Die erste Museumswärterin, die sie am Ende der

Treppe empfing, schickte sie prompt wieder zurück nach unten und verwies auf das Einbahnstraßenschild: Links ist für raus, rechts ist für rein. Sonst könnte ja jeder links hoch wollen, es ginge alles durcheinander und überhaupt, wo kämen wir da hin?

Nachdem wir die offiziell vorgesehene Treppenseite bestiegen hatten, kamen wir oben in der römischen Skulpturensammlung heraus: Wir ließen einen »gefangenen Barbaren« aus rotem Porphyr links stehen und passierten diverse Statuen, Vasen und Sarkophage, die die Römer im zweiten Jahrhundert nach Christi zusammengegipst hatten. Am Ende der Galerie begrüßte uns auf dem Treppenabsatz Nike von Samothrake. Sie schickte uns nach rechts in die Galerie mit den italienischen Gemälden.

Was die wackeren Italiener zwischen 1300 und 1500 sonst noch so malten – vorwiegend hässliche Babys an Jungfrauen –, übergingen wir, schließlich wollten wir vor allen anderen bei der Mona Lisa ankommen. Engelchen von Fra Angelico und Jungfrauen von Botticelli huschten wie im Daumenkino an uns vorbei. Vor Carpaccios *Prédication de Saint Étienne à Jérusalem* bremsten wir und bogen scharf nach rechts in den *Salle des Etats*, der, wie ein Schild am Eingang vermerkt, »mit großzügiger Unterstützung von Nippon Television« renoviert worden ist.

Dort, im hinteren Viertel des Saales an einer Stellwand, die aussieht wie ein überdimensioniertes Scheunentor, erwartete uns hinter Panzerglas die Mona Lisa. Wir hielten an, leicht außer Atem. Wir waren wirklich die Ersten. Links und rechts neben dem Bild standen je zwei Museumswärter, bereit für den morgendlichen

Ansturm. Absperrbänder sollten helfen, die Massen zu leiten. Unter dem Gemälde hatte der Saalarchitekt ein stabverleimtes Brett anbringen lassen. In gebührendem Abstand zum Bild läuft zusätzlich eine halbrunde Holzbarriere, die verhindert, dass jemand seine Nase am Glas plattdrückt. »Was ist das denn? Das sieht ja aus wie der Tresen bei Starbucks«, war Monamours erster Kommentar. Näher als drei Meter kamen wir an *La Gioconda* nicht heran. Das Oberlicht spiegelte sich im Panzerglas. »Ich kann eigentlich nichts sehen«, klagte Monamour. »Siehst du was?«

In diesem Moment vernahm man vom Saaleingang her ein Grollen, das nach einer herantrampelnden Büffelherde klang. Ich wandte mich um und blickte zum Eingang: Die Japaner kamen. Die Schulklasse, die wir am Eingang abgehängt hatten, hatte den Vorsprung aufgeholt. Sie schienen sich unterwegs vermehrt zu haben. Es waren jetzt mindestens fünfzehn Schulklassen. Offenbar gehen in Japan alle gleichzeitig auf Abi-Fahrt. Die Jungen hatten ihre Krawatten gelockert und die Videokameras bereits im Anschlag. Ihre pop-grellen Sneaker trugen sie flott vorwärts, ihre graukarierten Hosen hingen locker in den Kniekehlen, anscheinend produziert man in Japan inzwischen Schuluniformhosen auch im lässigen Baggy-Style. Die Mädchen folgten in karierten Röcken, aufgeregt kichernd, die Foto-Handys schussbereit. Es dauerte noch vier, maximal fünf Sekunden, dann gingen Monamour und ich in einer wogenden Traube japanischer Pennäler unter, die sich um die ideale Position für ein Handy-Porträt mit Mona Lisa balgten. Ellbogen kamen zum Einsatz. Ich verlor Monamour im Gedränge aus den Augen. Kurz darauf fand ich sie wieder, leicht zerzaust: »Die haben mich zu dritt weggerempelt. Ich bin total sauer!«, schimpfte sie.

Der Salle des Etats füllte sich immer schneller: Nach den durchsetzungsstarken japanischen Gymnasiasten kam eine Gruppe amerikanischer Suburbia-Bewohner, deren Anführerin die Begegnung mit der gepanzerten Mona Lisa mit einem freudigen »Oh, there she is!« quittierte, als habe sie gerade eine alte Bekannte auf dem Shopping-Mall-Parkplatz getroffen. Es folgten eine Gruppe Berliner Rentner, eine französische Grundschulklasse und eine Handvoll indischer Individualreisender. Alle schubsten und drängelten, es ging zu wie an einem Handballkreis.

Einer der Inder hatte das Meeting mit Mona Lisa zwischen zwei Geschäftstermine gelegt. Er war mit einem wuchtigen Pilotenkoffer aus Kunststoff angereist und hatte es eilig. Seine beiden Kollegen bemühten sich, ihn an der Absperrung mit dem Gemälde ins Bild zu rücken, doch ein kräftig gebauter Venezolaner – oder jedenfalls ein Typ mit einer blaugelbroten Baseballkappe, auf der »Venezuela« stand – verteidigte geschickt seine Pole-Position. Auf dem Display der Digitalkamera seiner Frau überprüfte er immer wieder, ob die Aufnahmen gelungen waren. Er hatte sehr konkrete Vorstellungen davon, wie er mit Mona Lisa aussehen wollte. Dem körperlich unterlegenen Inder ging darüber die Geduld aus. Kurz entschlossen änderte er seinen Plan, drehte sich um und ließ sich statt vor Mona Lisa auf der gegenüberliegenden Saalseite vor Veroneses 66-Quadratmeter-Gemälde *Die Hochzeit zu Kana* fotografieren. Dann blickte er auf seine Armbanduhr und stapfte schnurstracks aus dem Saal. Unterdessen hatte der Venezolaner seine privilegierte Stellung aufgeben müssen. Er war dem Druck einer nachrückenden britischen Schulklasse gewichen.

Die englischen Schüler fielen im Vergleich zu den adretten Japanern durch Übergewicht, ungesunden Teint und formlose Kleidung auf. Die Fleischwurstschenkel der Mädchen wurden so gerade eben noch von ihren Netzstrumpfhosen zusammengehalten. Es war für die Engländerinnen nicht leicht, ihre aufquellenden Klassenkameradinnen ohne Weitwinkel gemeinsam mit der Mona Lisa abzulichten. Stellte sich eine vor das Bild, war von dem Kunstwerk meist nichts mehr zu sehen. Das Fotografieren dauerte entsprechend länger und sorgte für Ungeduld unter einer Gruppe Chinesen, die einem lebenden Audio-Guide lauschten. Ihr Führer hatte ein Freisprechmikrophon vor den Mund geschnallt, mit dem er aussah wie ein Kochtopf-Set-Verkäufer auf dem Weihnachtsmarkt. Seine Zuhörer hatten alle Kopfhörer aufgesetzt und Empfangsgeräte um den Hals baumeln. Der Guide erklärte ihnen offensichtlich genau, wohin sie zu schauen hatten, denn die Chinesen vollzogen alle in derselben Sekunde dieselbe Kopfbewegung. Dadurch wirkten sie wie ein Tai-Chi-Kurs für Nackenverspannte. Dass sie dabei etwas erkennen konnten, war eher unwahrscheinlich, da ihnen die extrabreiten Engländerinnen noch im Weg standen.

Doch den meisten Besuchern im Saal schien es ohnehin vor allem darum zu gehen, mit der Mona Lisa fotografiert zu werden, nicht so sehr darum, sie zu betrachten. Kontemplative Ruhe, Einswerden mit dem Kunstwerk in der Anschauung, ist an dieser Stelle leider nicht zu haben. Die Mona Lisa ist mit den Jahrhunderten eine Berühmtheit geworden, zu der man zwar hinfährt und mit der man sich hinterher zeigen will. Aber man sieht sie nicht mehr an.

Das ist wohl spätestens seit 1911 so, als der italienische Glaser Vincenzo Perugia das Bild aus dem Louvre stahl und es zwei Jahre lang in einem Koffer unter seinem Bett verbarg. Zunächst hatte man sogar Künstler wie Guillaume Apollinaire und Pablo Picasso in Verdacht. Der Autor Gabriele D'Annunzio bezichtigte sich spaßeshalber selbst des Diebstahls. Als Perugia das Gemälde im Dezember 1913 einem Kunsthändler in Florenz anbot, war diesem, als habe er das Bild schon mal irgendwo gesehen. Vorsichtshalber rief er die Polizei. Durch ihre Entführung wurde die Mona Lisa endgültig zum berühmtesten Gemälde der Welt.

Popularitätssteigernd wirkte sich auch aus, dass der unverschämte Marcel Duchamp 1919 die Mona Lisa einfach kopierte, ihr einen Schnurrbart verpasste und die Buchstabenfolge »L.H.O.O.Q.« daruntersetzte – was für »Elle a chaud au cul« steht. Das ist eher grobes Französisch und heißt so viel wie: Sie hat einen ziemlich heißen Arsch.

Seither strömen die Leute in Massen, und die Sicherheitsmaßnahmen im Louvre mussten immer weiter verschärft werden. Und dies mit gutem Grund, wie ich feststellen konnte, als ich mich etwas näher an die Absperrung herangekämpft hatte. Ich stand am äußersten rechten Rand des hölzernen Halbrundes und blickte der Gioconda schräg von der Seite in die Augen. Dabei fiel mir auf dem Glas etwas auf, das aussah wie eine Schramme. Gleich neben mir lehnte einer der Wärter an der Wand. Die Wärter lehnen da häufiger, die Wand ist vom langen Lehnen so speckig geworden wie die Fläche über dem Griff der Klotür auf Autobahnraststätten.

»Entschuldigen Sie«, fragte ich den Wärter, »ist das da ein Kratzer?«

»Hm, was?«, antwortete der Wärter, der leicht sediert wirkte.

»Ist das ein Kratzer da auf dem Glas?«

Der Wärter versuchte, meinem Zeigefinger zu folgen.

»Das? Ach so, ja. Das ist ein Kratzer. Ich sehe das schon gar nicht mehr, weil ich hier jeden Tag herumstehe.«

Es gibt offenbar mehrere Möglichkeiten, die Mona Lisa nicht zu sehen. Entweder man kommt einmal als Tourist und lässt sich vor ihr fotografieren, ohne sie anzuschauen. Oder aber man wird Mona-Lisa-Leibwächter und steht den ganzen Tag neben ihr, sieht dann aber immer nur Touristen, die sich fotografieren, und gerät darüber in einen tranceähnlichen Zustand.

»Wie kommt denn dieser Kratzer auf die Scheibe?«, fragte ich weiter.

»Da hat irgend so ein Typ eine Tasse gegen geworfen«, antwortete der Wärter, als sei es normal, dass jemand vorbeikommt und eine Kaffeetasse gegen die Mona Lisa schleudert.

»Wieso denn das?«

»Ach, was weiß ich. Irgendwas Politisches. Ich glaube, er wollte als Flüchtling anerkannt werden.«

»Von der Mona Lisa?«

»Keine Ahnung. Wenn Sie mich fragen: Der Typ war nicht ganz dicht.«

»Passiert so etwas öfter?«

»Ich sage Ihnen, diese Dame bringt viele um den Verstand.«

Drei drängelnde Dresdner, »Dressed in Dresden«-D-Shirts dragend, schoben mich zur Seite und unterbanden mein Gespräch. Einen Moment lang studierte ich mit Monamour noch eine der Plastiktafeln mit Erklärungen zu dem Gemälde, die in einer Nische des Saales auslagen. Unsere war auf »Deutch«. Dem Text entnahmen wir, dass es Leonardo mit der Mona Lisa gelungen sei, »die Realität mit dem Ideal und das Persönliche mit dem Universellen« zu verbinden. Dadurch habe er eine Figur geschaffen, »die aufgrund ihrer Mehrdeutigkeit fasziniert«. Diese erhellende Analyse trifft auf 89 Prozent der 6000 Gemälde des Louvre zu – erklärt aber auch nicht, was das Geheimnis dieses Lächelns ist, das der italienische Kunsthistoriker Vasari im 16. Jahrhundert ein »sehr angenehmes, schelmisches« nannte.

Vasari befand damals, das Bildnis der Mona Lisa sei »eine mehr göttliche als menschliche Sache« – obwohl er das Gemälde nie gesehen hatte und nur vom Hörensagen kannte. Die blinde Begeisterung verbindet ihn mit den Mona-Lisa-Touristen von heute. Monamour und ich haben die Mona Lisa auch nicht richtig gesehen, aber immerhin haben wir sie einmal kurz besucht. Wir verließen den Louvre auf kürzestem Wege: hinten raus, rechts an Davids Riesenschinken von der Krönung Napoleons vorbei, Treppe runter und dann links. Unser kraftraubendes Kultursportprogramm ließen wir gleich um die Ecke bei einem schmackhaften Club-Sandwich im *Fumoir* ausklingen.

Nackt frühstücken

An einem heißen Sommertag des Jahres 1862 unternahm der Maler Édouard Manet mit seinem Freund, dem Journalisten Antoine Proust, einen Ausflug. Vor den Toren von Paris, in der Nähe von Argenteuil, vergnügten sie sich am Seine-Ufer und taten das, was Männer Ende zwanzig bei Landausflügen gerne tun: Sie guckten nackten Frauen beim Baden zu.

Antoine Proust hat die Szene in seinen Erinnerungen festgehalten: »Frauen badeten, Manet blickte gebannt auf das Fleisch derjenigen, die aus dem Wasser stiegen. ›Es scheint‹, sagte er zu mir, ›dass ich einen Akt malen muss. Nun, ich werde einen Akt machen. Man wird mich verreißen. Soll man sagen, was man will.‹«

Knapp ein Jahr später bot Manet der Jury der wichtigsten Pariser Kunstausstellung, dem *Salon*, ein Gemälde mit dem Titel *Déjeuner sur l'herbe* (Frühstück im Gras) an. Es zeigt eine Landschaftsszene mit vier Personen. Im Hintergrund badet eine Frau im Kleid in einem Fluss, vorne frühstückt eine Nackte. Daneben sitzen zwei bekleidete Männer, die offenbar so sehr in ein wichtiges Männergespräch vertieft sind, dass sie keine Augen für die Nackte haben.

Die vierzigköpfige Jury des Salons lehnte das Bild ab, aber Kaiser Napoleon III. persönlich setzte sich dafür ein, es gleich nebenan im *Salon des Refusés* zu zeigen. Dort stellte man Werke aus, die für den Geschmack der Jury etwas zu kühn waren. Das Pariser Publikum erwies sich jedoch als nicht ganz so liberal wie der Kaiser: Manets Gemälde erntete Hohn, Spott – und Entrüstung. Eine unvollständig angezogene sowie eine splitternackte Frau unter zwei Männern im Anzug – das schien selbst den Parisern zu weit zu gehen.

Dass es sich bei der Szene um eine sittlich fragwürdige Veranstaltung handelte, daran hatte Manet selbst keinen Zweifel gelassen. Anfangs erwog er gar, das Bild *La Partie carrée* zu nennen. Das heißt übersetzt so viel wie »Der flotte Vierer«. Freigeistige Kritiker wie Émile Zola wunderten sich allerdings über die ganze Aufregung. »Guter Gott! Was für eine Unanständigkeit. Eine Frau ohne jede Hülle zwischen zwei bekleideten Männern. So etwas hatte man noch nie gesehen. Doch genau das war der Irrtum, denn im Louvre hängen mehr als fünfzig Bilder, auf denen sich nackte und bekleidete Personen mischen. Aber beim Louvre schreit natürlich niemand Skandal«, spottete Zola.

Vielleicht war es aber auch gar nicht die Tatsache, dass hier eine nackte Frau zwischen zwei angezogenen Männern im Gras hockte, sondern vielmehr der Blick dieser Frau, der die Betrachter verstörte. Manets picknickende Nackte schaut den Betrachter nämlich leicht von oben herab an. Es sieht fast so aus, als mache sie sich über den vor dem Bild stehenden Spießer lustig, der nach Worten für seine Empörung sucht.

Zwei Jahre später präsentierte Manets Malerkollege Claude Monet eine zahmere Version eines Déjeuner sur l'herbe. Die Aufregung war geringer, denn diesmal waren alle Beteiligten angezogen. Beide Bilder hängen heute im Musée d'Orsay. Manets Nackte in ganzer Pracht, die Angezogenen von Monet sind nur noch zu zwei Dritteln erhalten, den Rest fraß Feuchtigkeit.

Die Werke gehören heute zum Kanon des Impressionismus, aber davon abgesehen sind sie als ethnologisches Dokument von Interesse: Sie belegen die Begeisterungsfähigkeit der Pariser fürs Picknicken. Vom Deutschen weiß man, dass er gerne grillt, was auch damit zusammenhängt, dass Deutsche sich mit Vorliebe in Vorgärten, Schrebergärten oder Parks aufhalten, in denen Grillen erlaubt ist. Der Pariser hingegen darf nirgendwo öffentlich grillen, aber er ist bereit, eine Picknickdecke auszubreiten, sobald die Außentemperatur auf mehr als elf Grad klettert. Dass es in Paris an einer wesentlichen Grundvoraussetzung für ein passables Picknick mangelt – Gras –, stört ihn dabei wenig. Man muss sich nur einmal an einem lauen Frühlings- oder Herbstabend an den Canal Saint-Martin im 10. Arrondissement begeben, um festzustellen, dass der Pariser seine Picknickdecke ohne zu zögern auch auf ein gepflastertes Trottoir legt und umgehend Hartwurst, Baguette, Käse und mindestens eine Flasche Rotwein auspackt.

Nun ist der Canal Saint-Martin zwar nett anzuschauen, aber eine trübe und muffige Brühe. Er hat zudem den Nachteil, dass auf beiden Seiten die Straße entlangführt. Die Autos fahren praktisch über die Picknickdecke. Den Pariser stört das nicht. Er ist sich im Klaren darüber, dass seine Stadt nicht viel picknicktaugliches Grün zu bieten hat, deshalb nutzt er jeden Quadratzentimeter Stadtfläche, der vage nach Idyll aussieht.

Monamour und ich waren noch nie große Picknicker. Monamour nicht, weil sie dem Naturprodukt Gras grundsätzlich mit Skepsis begegnet. Das Risiko, dass sich in dem meist nassen Grün gewaltbereite Kriechtiere oder Unangenehmeres verbergen, erscheint ihr so groß, dass sie Rasenflächen bereits zu Fuß nur ungern überquert, geschweige denn: sich freiwillig auf ihnen niederlässt. Noch fragwürdiger findet sie freilich, sich auf den Asphalt zu setzen um zu picknicken – weshalb sie auch dem Canal Saint-Martin als Rastplatz wenig abgewinnen kann.

In meinem Fall hemmt eine angeborene Steifheit die Picknick-Begeisterungsfähigkeit erheblich. Nach zehn Minuten Schneidersitz ist bei mir mindestens eine zentrale Gliedmaße eingeschlafen. Beim Aufstehen gebe ich stets ein klägliches Bild ab. Meistens falle ich einfach um. Ich bevorzuge daher Nahrungsaufnahme auf Mobiliar. Wir waren deshalb nicht direkt enthusiastisch, als unsere Freunde Laurent und Rachel vorschlugen, mit ihnen im *Parc des Buttes Chaumont* im 19. Arrondissement zu picknicken. Uns fiel aber auch keine geeignete Strategie ein, wie man Laurent und Rachel von ihrer Idee, die sie selbst großartig fanden, hätte abbringen können – und schließlich wollten wir vor unseren französischen Freunden nicht als typisch deutsche unflexible Picknickmuffel dastehen. Also kauften wir beim Traiteur in unserer Straße Spezereien ein: eine deftige Terrine de Campagne und einige Stücke Quiche, eine geräucherte

Wurst aus der Auvergne, ein paar Oliven und eine Schale Möhrensalat.

Komischerweise steht unser Traiteur auf Möhrensalat und schwatzt uns fast jedes Mal welchen auf.

Dann machten wir uns auf zu den Buttes Chaumont. Die Hügel im Pariser Nordosten sind nicht ganz leicht zu erreichen. Es gibt zwei U-Bahnstationen – Botzaris und Buttes Chaumont –, die beide an der eigenartigen Linie »7 bis« liegen, die sich wie ein Blinddarm an das übrige Netz anschließt und schwer zugänglich ist. Wir entschieden uns deshalb für die Anreise mit der Linie 11 über den Place des Fêtes, ein Platz am Rand des 19. Arrondissements, der nur mäßige Partystimmung aufkommen lässt. Es handelt sich um ein architektonisches Gewaltverbrechen aus den siebziger Jahren, dessen Wunden bis heute nicht verheilt sind, auch wenn es in den Neunzigern zarte Versuche gab, die Betonfläche zwischen den Mietskasernen mit »Stadtmobiliar« aufzuhübschen. Das einzig Gute am Place des Fêtes ist, dass man ihn schnell hinter sich lassen kann, indem man die Rue de Crimée hinab zum Parc des Buttes Chaumont läuft. Am Parkeingang trafen wir auf Laurent und Rachel, die sich ebenfalls mit reichlich Proviant eingedeckt hatten, wie an ihren zwei prallen Einkaufstüten zu erkennen war. Rachel betonte noch einmal freudig, dass sie Picknicken einfach »*génial*« fände, und wir pflichteten schuldig bei. Nun galt es, einen geeigneten Platz zu finden, um die Decke auszubreiten, die Rachel mitgebracht hatte. Das allerdings war nicht ganz so einfach.

Die Buttes Chaumont sind nämlich für Pariser Verhältnisse nahezu hochalpin. Für den Aufbau von Picknicktafeln ist das eher von Nachteil. Es sei denn, man hat Weingläser mit einem angeschrägten Fuß, mit dem man das Gefälle ausgleichen kann.

Napoleon III. ließ den Park in den sechziger Jahren des 19. Jahrhunderts von seinem Präfekten Haussmann auf dem Gelände stillgelegter Gipsminen anlegen, damit die Arbeiter, die im Pariser Nordosten wohnten, einmal einen Grünstreifen zu Gesicht bekamen. Haussmann reichte den Auftrag an den Architekten Jean-Charles Alphand weiter, der das zerklüftete Gelände in einen romantischen Landschaftsgarten nach britischem Vorbild verwandelte. Er legte einen künstlichen See samt Insel an, baute sogar einen sibyllinischen Tempel und eine täuschend echte Pyrenäen-Grotte. Die Geländer am Wegesrand sehen auf den ersten Blick aus wie Holz, sind aber aus Zement. Es gibt Zedern, die aus dem Himalaya stammen, und Ginkgobäume. Die Buttes Chaumont sind ziemlich unpariserisch, nah an der Geschmacksverirrung, aber gerade deswegen recht charmant. Am Wochenende wird der Park zu einem wuseligen multikulturellen Tummelplatz der Bewohner der umliegenden Quartiers von Belleville und Ménilmontant. Unter Umständen landet man dann in einem algerischen Großfamilientreffen oder in der Konfettiwolke einer chinesischen Hochzeitsgesellschaft, die sich fürs Foto auf den Stufen des Tempelchens aufgebaut hat, das die Parklandschaft überragt. In der chinesischen Gemeinde von Belleville ist der Park als Hochzeitsdekor ausgesprochen beliebt. Was vielleicht daran liegt, dass die ganze Landschaft so aussieht, als handele es sich um die Raubkopie eines chinesischen Karaoke-Videos.

Wir waren allerdings mitten in der Woche gekommen – und es war weit und breit keine Hochzeitsgesellschaft zu sehen. Dafür zogen einige dicke schwarze Wolken am Himmel auf. Rachel entdeckte auf einer der steil abfallenden Grünflächen einen Platz, den sie für eminent picknicktauglich hielt.

»Seht mal, von hier sieht man sogar Sacré-Cœur«, rief sie freudig aus und zeigte auf die weißen Türme der Kirche auf dem gegenüberliegenden Montmartre-Hügel.

Monamour brachte ein halbwegs erfreut klingendes »Ah ja, hübsch« hervor, doch ihr Blick verriet mir, dass sie in diesem Moment alles für einen Prototypen ihrer neuesten Idee – eine Dog-Shit-Detector-Application fürs iPhone – gegeben hätte, mit der man verdeckte Hundehaufen im Umkreis von 15 Metern per Satellit orten kann. Zögerlich ließen wir uns auf der Decke im Gras nieder. Rachel und Laurent hatten offenbar Erfahrung mit dieser Art von Picknick-Biwak. Jedenfalls nahmen beide eine Art von stabilem Schneidersitz ein. Ich hingegen erwog, mich vor dem Öffnen der Weinflasche sicherheitshalber anzuseilen, verzichtete dann aber darauf. Nachdem ich den Wein ausgeschenkt hatte, stellten wir fest, dass einhändig picknicken eine Herausforderung ist. Wie befürchtet, gab es keine Möglichkeit, ein Glas in Hanglage abzustellen. Einhändig geräucherte Hartwurst anzuschneiden ist ebenfalls kaum machbar. Ich drückte Monamour mein Weinglas in ihre verbliebene Hand und begann, die Wurst zu bearbeiten. Unsere vorübergehende Hilflosigkeit schien ein unsympathischer Westie-Terrier gerochen zu haben. Jedenfalls tauchte das Tier plötzlich aus dem Nichts auf, schnappte mir die Wurst vom Brett und galoppierte davon. Monamour stieß einen spitzen Schrei aus.

Laurent kam auf die Idee, dass ein wenig Hintergrundwissen zu den Buttes Chaumont nicht schaden könne.

»Wusstet ihr eigentlich, dass hier bis ins 17. Jahrhundert die Galgen der Stadt standen und man die Hingerichteten zur Abschreckung am Strick faulen ließ?«, erzählte er munter mit vollem Mund.

»Der Gestank wehte über die ganze Stadt. Später war hier dann eine Müllhalde und eine Abdeckerei, wo man kranke Pferde verenden ließ. Roch auch nicht so besonders. Mag noch jemand Pâté?«

Wir schüttelten den Kopf. »Die Tiere verwesten dann hier, und die Gerber kamen regelmäßig vorbei, um die Häute abzuziehen. Wegen der ganzen Kadaver gab es natürlich wahnsinnig viele Ratten.«

In diesem Moment stand Monamour blitzartig auf und rannte weg. Ich bin nicht ganz sicher, wo sie hinlief, aber sie schien etwas blasser, als sie etwa fünf Minuten später zurückkam. Sie wollte sich gerade wieder auf der Decke niederlassen, da ertönte ein schriller Pfeifton. Die Pfeife gehörte einem Parkwächter, der vom Wegrand zu uns hinüber gestikulierte. »He, Sie da, verlassen Sie sofort den Park. Sturmwarnung. Der Park ist geschlossen.«

»Aber wir haben gerade erst begonnen zu dinieren«, flehte Laurent mit einem ausgesprochen französischen Argument um Verständnis.

»Der Park ist geschlossen«, wiederholte der Parkwächter, der von Savoir Vivre nichts wissen wollte.

»Tja, das war's dann wohl mit unserem Picknick«, sagte Monamour, die sich bemühte, betrübt zu klingen.

In diesem Moment fielen die ersten Regentropfen, was unseren Packprozess beschleunigte.

»Gehen wir zu uns«, schlug Laurent vor. »Wir wohnen ja gleich um die Ecke.«

Wir rafften unsere Picknickausstattung zusammen. Der Himmel über Paris war nun von einem gespenstisch finsteren Schwarz, Donner grollte. Die Regentropfen wurden plötzlich pflaumengroß. Wir begannen zu rennen. Rachels und Laurents Wohnung in der Rue Botzaris war keine 500 Meter entfernt. Aber als wir ankamen, waren wir klatschnass. Nachdem wir uns abgetrocknet hatten, breiteten wir unseren Proviant auf dem Esstisch im Wohnzimmer aus. Monamour betrachtete den Wolkenbruch durch das Wohnzimmerfenster. »Ihr habt ja sogar Parkblick«, staunte sie – und ich wusste, was sie eigentlich meinte: Wieso wollt ihr euch zum Essen dann unbedingt noch ins feuchte Gras setzen?

Die Weingläser standen nun stabil auf dem Tisch und wurden rasch gefüllt. Monamour und ich waren mit dem Verlauf des Abends äußerst zufrieden. Nur Rachel schien noch etwas enttäuscht. »Schade, dass das mit dem Picknick nicht geklappt hat«, sagte sie, während sie Baguettescheiben mit Pâté bestrich. »Aber dann eben beim nächsten Mal.«

Seele und Stasi des Hauses

Die Gaby aus der Online-Redaktion war wieder einmal schrecklich aufgeregt, als sie mich morgens anrief:

»Hier läuft eine Eilmeldung: Die Concierge stirbt aus. Ist da was dran?«

»Das kann ich mir eigentlich nicht vorstellen«, antwortete ich betont vorsichtig.

Ich hatte mir angewöhnt, den atemlosen Anfragen der Online-Redakteure stets ein wenig bremsend zu begegnen. Meine Hoffnung war, dass die jungen Leute, die dort arbeiteten, so Zeit gewinnen könnten, um zur Besinnung zu kommen. Online-Redakteure sind immer fürchterlich gestresst. Sie werden getrieben von der Angst, dass der Online-Dienst eines Konkurrenzorgans irgendeine Nachricht schneller ins Netz stellen könnte. Für den Online-Redakteur ist alles, was geschieht, eine potentielle »Eilmeldung«. Deshalb muss bei Online-Redakteuren alles mit WARP-Geschwindigkeit geschehen. Auch das Denken. Das geht aber nicht immer gut. Dann entstehen Überschriften wie »Schäuble geht auf seine Kritiker zu«.

Die Gaby war mit meiner beschwichtigenden Antwort, dass ich ein plötzliches Massensterben der Conciergen für unwahrscheinlich hielt, nicht zufrieden.

»Kannst du der Sache mal nachgehen? Es gibt eine Statistik. Demnach sterben sie aus«, insistierte sie.

»Sekunde«, antwortete ich und legte den Telefonhörer zur Seite.

»Monamour«, rief ich ins Wohnzimmer, »wann hast du unsere Concierge zum letzten Mal lebend gesehen?«

»Gestern Abend, wieso?«

»Ist dir da irgendetwas aufgefallen? Sah sie schwächer aus als sonst?«

»Eigentlich nicht, wieso?«

»Die Online-Redaktion befürchtet, sie könnte aussterben.«

Monamour öffnete das Fenster zum Hof und blickte hinunter.

»Also, momentan wirkt sie noch ganz fit. Sie macht gerade Monsieur Auriol deutlich, dass er seine Cognacflaschen nicht in die Gelbe Tonne werfen soll.«

Ich nahm den Hörer wieder auf. »Gaby«, sagte ich, »so wie die Lage aussieht, hält die Concierge noch eine Weile durch.«

»Sehr lustig«, sagte Gaby, leicht pampig. »Kannst du dich trotzdem darum kümmern? Das wäre doch mal eine schöne Geschichte.«

»Ja klar, mach ich gerne«, antwortete ich, schwer begeistert.

Ich entschied mich allerdings dafür, die Geschichte lieber nicht anhand unserer eigenen Concierge zu erzählen, denn Madame Greimas flößte mir ein wenig Angst ein. Sie war etwa fünfzig Jahre alt und eine ebenso resolute wie kräftige Person, was sie dadurch unterstrich, dass sie gerne ärmellose Oberteile trug, die ihre ausgeprägte Bizepsmuskulatur hervortreten ließen. Auf den linken Oberarm hatte Madame Greimas einen Anker tätowiert. Meine erste Begegnung mit ihr hatte ich am Tag nach unserem Einzug. Ich war gerade dabei, diverse

Mülltüten in die Tonnen im Hof zu werfen, als mich eine scharfe Stimme in meinem Tun unterbrach:

»*Mais non! Pas ça!*«

Ich blickte mich irritiert um, da ich nicht auf Anhieb orten konnte, woher die Befehlsstimme kam. Dann erkannte ich am Treppenhausfenster im vierten Stock das sehr entschieden blickende Gesicht von Madame Greimas. Sie hatte mich von oben beim Müllentsorgen überwacht und schien nur darauf gewartet zu haben, dass ich einen Fehler machte.

»Styropor gehört nicht in die Gelbe Tonne«, belehrte sie mich. »Plastik und Papier, aber kein Styropor.«

»*D'accord. Excusez-moi, Madame. Je suis désolé*«, gab ich wortreich, aber kleinlaut bei.

Man muss dazu wissen, dass das französische Mülltrennungssystem für Normalsterbliche nicht zu durchschauen ist. Jahrzehntelang haben sich die Franzosen über den deutschen Mülltrennungs-Fetischismus lustig gemacht – das französische System funktionierte derweil so: Biomüll, Glas und Papier kamen in ein und dieselbe Tonne, Plastikmüll warf man auf der Autobahn aus dem Fenster, Sondermüll wurde direkt im Wald entsorgt. Vor einiger Zeit aber entdeckten die Franzosen ihr Umweltbewusstsein. Seitdem fahren sie wie irre Fahrrad, und Daniel Cohn-Bendit ist plötzlich einer der beliebtesten Politiker. Dazu haben sie sich ein hyperkomplexes Mülltrennungssystem ausgedacht, das aber nur noch Conciergen kapieren. Nun stehen in jedem Pariser Hinterhof drei verschiedene Tonnen. Eine ist definitiv für Glas. Bei den anderen beiden, so scheint mir, entscheidet Madame Greimas willkürlich von Tag zu Tag aufs Neue, was jeweils in sie hineingehört. Wenn sie besonders schlechtgelaunt ist, demütigt sie mich öffentlich, indem sie mich Dinge wieder aus dem Schlund der Restmülltonne herausholen lässt, von denen sie plötzlich findet, dass sie dort doch nicht mehr hineingehören. Die anderen Nachbarn stehen dann oben an den Fenstern und kichern.

Ich hatte daher nicht so große Lust, die Geschichte über das drohende Aussterben der Conciergen mit unserem hauseigenen Exemplar zu illustrieren. Stattdessen besuchte ich eine andere Vertreterin ihrer Zunft im feinen 16. Arrondissement, die mir netterweise die Gewerkschaft der Conciergen vermittelt hatte.

Dass auch Maria Zita Assunçao ihr Geschäft verstand, merkte ich sofort. Sie hatte mich längst entdeckt, während ich noch vor dem Eingang zauderte, ob ich die richtige Hausnummer erwischt hatte. Der Vorhang hinter dem Fenster in der Erdgeschosswohnung bewegte sich. Zwei Sekunden später war die Tür geöffnet. Der Belle-Époque-Bau an der Avenue Kléber stammte aus dem Jahr 1891. Hier war Maria Zita Assunçao die Concierge.

Die Concierge ist eine ur-pariserische Institution, Seele und Stasi des Hauses in einer Person. Sie verteilt die Post, putzt die Flure und das Treppenhaus, poliert die kupfernen Beschläge der Treppengeländer. Sie weiß, wann wer nach Hause kommt – und wen er mitbringt; sie kontrolliert die Mülltrennung und befreit den Bürgersteig vor dem Haus jeden Morgen um sechs mit dem Gartenschlauch von plattgetretenem Pudelkot. Das ist aufgrund der bereits erwähnten immens hohen Anzahl von Vierbeinern mit Verdauungskontrollproblemen in

Paris eigentlich eine unverzichtbare Aufgabe – dennoch ist die Concierge angeblich im Begriff zu verschwinden. Die Hausmeistergewerkschaft *Union nationale pour l'information et la défense des gardiens d'immeubles et des employés de maison (UDGE)* geht davon aus, dass es heute noch etwa 46 000 *Gardiens d'immeubles* – so die politisch korrekte Bezeichnung – in Frankreich gibt.

Anfang der Neunziger waren es noch fast 80 000. Mehr als ein Drittel der Stellen entfällt auf den Großraum Paris: 19 000 sollen es im Stadtgebiet noch sein. Doch schon seit den siebziger Jahren werden es immer weniger. Hausbesitzer finden heute oft, die Concierge könne man sich sparen. Ein digitaler Türcode und ein Reinigungsdienst täten es auch. Der »*Digicode*« kann allerdings keine Blumen annehmen, Schwätzchen halten oder sonst etwas für den menschlichen Zusammenhalt der Hausgemeinschaft tun. »Die *Gardienne* haucht einem Haus Leben ein, sie ist eigentlich die Seele von Paris«, schwärmt Patrick Barbero, Jurist der größten Pariser Gewerkschaft der Gardiennes.

Der größte Anteil der Pariser Concierge-Posten entfällt auf das höchst bourgeoise 16. Arrondissement. 2700 der 19 000 Haushüterinnen arbeiten hier, auch Maria Zita Assunçao. Wenn sie aus der Tür tritt, kann sie den Arc de Triomphe im Seitenprofil betrachten, doch dazu hat sie nur selten die Muße. Für die 63 Jahre alte Portugiesin beginnt die Arbeit morgens um Viertel vor sechs, dann stellt sie die Mülltonnen vor die Tür und reinigt den Gehweg. Danach verteilt sie die Post, putzt das Treppenhaus, vertreibt dubiose Hausierer oder Clochards, die in den Flur pinkeln wollen. Die habe es in den Siebzigern auch noch nicht gegeben, meint sie. Ihr Vertrag sieht eine »Präsenzpflicht« bis 13 Uhr und dann noch einmal von 17 bis 20 Uhr vor. Dafür erhält sie im Monat 920 Euro netto. Außerdem bekommt sie eine 20-Quadratmeter-Wohnung gestellt, »beheizt und beleuchtet«, wie es im Vertrag heißt. Um über die Runden zu kommen, macht sie nachmittags noch den Haushalt bei einer älteren Dame. »Ich gehe halt nie ins Restaurant oder ins Kino. Dann geht es«, sagt sie.

Maria Assunçao lebt seit fast 35 Jahren in diesem Gebäude. Nur eine Bewohnerin wohnt noch länger hier als sie, eine 85 Jahre alte Dame aus dem fünften Stock. Zu ihr hat sie den engsten Draht: »Mit der alten Generation war das Verhältnis viel vertrauter. Das waren echte Freunde.«

Doch von den Alten ist fast niemand mehr da. Inzwischen wohnen deren Kinder im Haus. Und die sind auch schon wieder zwischen vierzig und fünfzig. »Die Mentalität hat sich verändert«, sagt die Concierge und rührt in ihrem Nescafé.

Den Jungen sei eigentlich egal, was im Haus vor sich gehe, die würden lieber verreisen, sagt die Concierge. Alles sei »egoistischer« geworden, jeder lebe für sich. »Nach außen ist alles wunderbar, und wie es dahinter aussieht, weiß man nicht.«

Aber zu wissen, »wie es dahinter aussieht«, ist der eigentliche Lebensinhalt einer Concierge. Nur weil sie stets zu wissen schien, was in ihrem Haus vorging, konnte sie zu einem grandiosen Paris-Klischee werden, das in zahllosen Büchern und Filmen verewigt wurde. Der Autor Eugène Sue setzte der Concierge im 19. Jahrhundert in seinem enorm erfolgreichen Fortsetzungsroman *Die Geheimnisse von Paris* in Gestalt der Madame Pipelet ein Denkmal. Die »*Pipelette*« wurde so zum stehenden Begriff für eine geschwätzige Person – und das Stereotyp seither unzählige Male wiederholt. 1990 gab es bei den Filmfestspielen in Cannes sogar eine Protestaktion von Conciergen, die das Bild nicht mehr ertragen konnten, das in Filmen ständig von ihnen gezeichnet wird. Geändert hat das nicht viel – vielleicht mit Ausnahme des Bestsellers von Muriel Barbery: *Die Eleganz des Igels*. Dessen Protagonistin ist eine bissige Concierge, die Marx und Heine zitiert und eine fette Katze hält – weil sie weiß, dass die fette Katze zum Conciergen-Klischee nun einmal dazu gehört.

Maria Assunçao hat keine Katze und ist weder zynisch noch schwatzhaft, sondern bescheiden, freundlich und diskret. Was ihre Hausbewohner beruflich machen, will sie selbstverständlich nicht verraten. Sie ist geschieden und Mutter zweier erwachsener Kinder. 1969 kam sie aus einem Dorf im Norden Portugals nach Paris. Sie sprach kein Wort Französisch. Die Concierge-Branche ist in Paris bis heute fest in portugiesischer Hand. Maria Assunçao fand ihre erste Anstellung über die portugiesische Kirche in Paris: Sie wurde Zimmermädchen bei einem Direktor der Unesco. Klang gut, war aber schrecklich. Ihr Chef entpuppte sich als Sadist. Nach einem halben Jahr wechselte sie die Stellung und arbeitete dann sechs Jahre lang beim Direktor der Banque Nationale de Paris.

»Das war noch ein Haushalt: Es gab einen Koch, einen Chauffeur, einen, der die Kacheln putzte, einen, der das Parkett polierte. Und einmal die Woche kam jemand vorbei, der das Silber machte. Alles war perfekt. Aber das ist vorbei. Heute sind die Leute weniger besessen von ihrem Haushalt. Wer gibt denn noch große Dîners?«

Für diese Art von Komfort will niemand mehr bezahlen, genauso wenig wie für die Conciergen. Ein, zwei Jahre wird Maria Assunçao noch dafür sorgen, dass in ihrem Haus in der Avenue Kléber alles perfekt ist. Dann geht sie in Rente. Ihre Loge wird danach nicht mehr besetzt. Der Digicode ist bereits installiert.

Als ich nach Hause kam, musste ich gestehen, dass Gaby aus der Online-Redaktion recht hatte. Eine schöne, triste Geschichte.

Weltkulturerbe aus der Tiefkühltruhe

Als Monamour und ich das erste Mal zu einem echten Pariser Abendessen eingeladen wurden, waren wir ein wenig aufgeregt. So ein Dîner en ville schien doch eine große Sache zu sein. Und nun hatten uns Frédéric und Clotilde eingeladen.

»Wenn ihr Freitagabend vorbeikommen wollt, wir laden noch drei, vier Freunde ein«, hatten sie gesagt. Das klang unverbindlich, wir gingen jedoch davon aus, dass es sich bei dieser Information um eine diskrete Untertreibung handelte, und erwarteten ein gesetztes Essen. Eben so, wie man sich ein Pariser Abendessen vorstellt: Silberbesteck, Baccarat-Kristallgläser, Porzellan aus Limoges und gepflegte Tischkonversation mit Pariser Top-

Performern. Entsprechend lange überlegten wir, was wir anziehen und was wir mitbringen sollten. Franzosen eine Flasche Wein zum Abendessen zu überreichen hielten wir für etwa so sinnvoll, wie Gyros nach Athen zu tragen. Monamour begann drei Stunden vor der geplanten Abfahrt ins 6. Arrondissement sich anzuziehen. Nach zwei Stunden hatte sie alle in Frage kommenden Kleider einmal durch und sich für ein dunkelblaues A.P.C.-Kleid entschieden, in dem sie hinreißend aussah. Die Sache schien geregelt. Doch zwanzig Minuten vor der Abfahrt fing das blaue A.P.C.-Kleid plötzlich an, ihr zu missfallen, und sie wechselte rasch in ein kleines schwarzes Margiela-Kleid. Ich versicherte ihr, das sähe ebenfalls super aus, aber irgendetwas im Tonfall meiner Stimme irritierte sie.

»Es gefällt dir nicht. Du sagst es bloß nicht.«

»Aber nein, Monamour«, beeilte ich mich zu versichern, »sieht super aus, echt.«

»Du findest das Blaue besser.«

»Das Blaue war auch sehr schön, Monamour, du kannst beide tragen, wirklich.«

»Es ist dir egal, was ich anziehe!«

»Nein, nein, dann lass halt das Schwarze an.«

»Ich wusste von Anfang an, dass dir das Blaue nicht gefällt.«

Aus langjähriger Erfahrung wusste ich, dass solche Diskussionen nicht zu gewinnen sind. Monamour wechselte noch zwei- bis dreimal vom Blauen ins Schwarze und zurück, probierte zwischenzeitlich ein Kariertes und dann doch wieder das Schwarze. Da die Zeit drängte, versperrte ich nun den Weg vom Spiegel ins Schlafzimmer und schob sie im schwarzen Kleid mit einem »Monamour, wir müssen langsam wirklich ...« sachte Richtung Haustür.

Wir kamen so gerade eben im Rahmen der in Frankreich akzeptablen Verspätungskarenzzeit von neunzig Minuten an und überraschten die Gastgeberin damit, dass wir ihr in der Tür die Blumen ohne Verpackung in die Hand drückten und danach eine Weile doof mit der Folie im Flur herumstanden. Schließlich entsorgte ich das Zellophanknäuel in einem Schirmständer. Wie wir Monate später herausfinden sollten, übergibt man Blumen in Frankreich umstandslos im Papier. Das liegt vielleicht daran, dass Blumensträuße viel liebevoller und raffinierter verpackt werden als in Deutschland. Wir waren trotzdem die Einzigen, die Blumen mitbrachten.

Auch sonst sah es danach aus, als hätten wir uns zu ausgiebig auf unsere erste große Pariser Abendeinladung vorbereitet. Ich trug als Einziger Krawatte. Und neben Monamour gab es nur noch eine Frau, die sich ebenfalls in ein Kleid gehüllt hatte, die anderen beiden trugen ebenso wie die Gastgeberin seltsame Yoga-Hosen. Die vier anwesenden Männer waren alle in teuer verwaschenen Jeans und T-Shirts mit sehr weiten V-Ausschnitten erschienen. Zwei hatten ihre Haare mit großem Aufwand verwuschelt, die anderen beiden hatten keine Haare mehr zum Verwuscheln. Dafür trugen sie identische Ray-Ban-Wayfarer-Brillengestelle. Alle vier rasierten sich unregelmäßig. Einen Esstisch gab es nicht, stattdessen hingen alle auf einer abgesessenen Ledercouchgarnitur und umlagerten einen zu niedrigen skandinavischen Couchtisch, auf dem sich allerlei Essbares befand, das Frédéric als »*p'tites conneries*« bezeichnete – kleine Schweinereien. Es gab Pasteten und *Rillette*, die unvermeidliche Dauerwurst aus der Auvergne, dazu jede Menge Cornichons. Die Weinauswahl war eklektisch, denn alle – außer uns – hatten irgendeine Flasche Rotwein mitgebracht. Beim Einkauf waren sie offenbar weder mit besonderer Sorgfalt noch mit überdurchschnittlicher Kennerschaft vorgegangen: Mehrere Flaschen, die auf dem Tisch standen, kannte ich aus dem Franprix-Supermarkt um die Ecke, wo sie gerade im Sonderangebot waren.

Der Abend plätscherte so dahin. Die simultanfrisierten Männer, die in einer Ecke saßen, sagten so gut wie nichts und sanken mit fortschreitender Zeit immer tiefer in die Couchgarnitur. Die Frauen redeten in der anderen Ecke miteinander, ich verstand nicht so recht, worum es eigentlich ging, da ich zu weit entfernt saß. Doch besonders anregend schien das Gespräch nicht zu sein, denn Monamour, die mitten unter den drei Frauen saß, hatte einen abwesenden Gesichtsausdruck und formte kleine Brotkügelchen aus dem Baguettestück, das vor ihr lag. Auf einer deutschen Steh- und Abhängparty wäre das der Moment gewesen, wo ich in die Küche gegangen wäre, mir ein Beck's aus dem Kühlschrank geholt und dem nächstbesten Beck's-Trinker neben dem Kühlschrank die Eisbrecherfrage gestellt hätte:

»Und. Was machst du so?«

Leider funktioniert das in Frankreich nicht. Erstens gibt es kein Beck's, zweitens sind die Küchen in Pariser Wohnungen meist so klein, dass nur eine Person hineinpasst, und drittens fragen Pariser nie: »Und. Was machst du so?«

350

Vielleicht liegt das daran, dass sie von Kindesbeinen an im Konversationsunterricht lernen, in Gesellschaft über drei Dinge auf keinen Fall zu sprechen: Politik, Religion – und Berufliches. Wieso dieses Tabu gilt, habe ich nie vollständig aufklären können. Ich vermute, diese ungeschriebene Regel hat ihren Ursprung noch in feudalen Zeiten, als es sich für den Adel nicht schickte, zu arbeiten. Die Sitte hält sich allerdings seit 1789 hartnäckig weiter, was den Nachteil hat, dass manch ein Pariser Abend ziemlich zäh werden kann, jedenfalls wenn sich die Mehrzahl der Teilnehmer an der Esprit-Armutsgrenze bewegt. Adelige hatten früher zwar keinen Beruf, aber wenigstens unterhaltsame Hobbys: Ballsaison, Reiten, Jagen, Fischen, Knechteprügeln oder so.

Heutige Pariser hingegen haben einen Beruf, über den sie nicht reden, und außer »Playstation« kaum noch konversationstaugliche Hobbys. Deswegen weichen sie im Normalfall auf drei unverfängliche Themenfelder aus: Parkplatzsuche, Wetter und Essen. Kurz nach Mitternacht reden dann plötzlich alle über Sex. Der Abend verspricht für einen kurzen Moment doch noch interessant zu werden, aber die Aufregung ist nur von kurzer Dauer, denn um eins fährt ja schon die letzte Métro.

Die Themen eins, zwei und vier sind daher meist schnell abgehakt. Thema Parkplatz: »Fürchterlich, es gab wieder mal keinen.«

Thema Wetter: »Ganz schön grau heute, *n'est-ce pas*?«

Thema Sex: »Fürchterlich, es gab wieder mal keinen. Oh, schon Viertel vor eins, wir müssen leider.«

Bleibt als letztes allgemein zugängliches und potentiell unerschöpfliches Thema das Essen. Dazu kann fast jeder Pariser etwas beitragen. Auffällig ist dabei, dass meistens nicht über das gesprochen wird, was man gerade isst, sondern dass das Servierte nur der Auslöser weiterführender Abschweifungen ist. Eine konventionelle Kürbissuppe etwa, die es in den Wintermonaten bei jedem zweiten Pariser Abendessen gibt, wird kurz mit dem unspezifisch euphorischen Ausruf »C'est dé-li-cieux« · gelobt, wobei der Lobende die erste Silbe meist demonstrativ zu lang betont. Danach setzt mit großer Wahrscheinlichkeit ein mehrminütiges Palaver über die Frage ein, wann und wo es die besten Kürbisse – »Potirons« – in Paris gibt. Dann hat jeder Gast Gelegenheit, seinen persönlichen Gemüsehändlerfavoriten zu nennen und sich dadurch als Potiron-kompetenter Gourmet auszuweisen. Man geht als Kenner der Materie durch, wenn man so etwas daherredet wie:

»Also, die besten gibt es eindeutig bei Rémy, sonntags auf dem Biomarkt Boulevard Raspail.«

Leider wurde aber bei unserem ersten Pariser Dîner en ville nicht einmal Kürbissuppe serviert. Und die geräucherte Wurst aus der Auvergne erwies sich als wenig ausbaufähiges Konversationsthema: »Die ist nicht übel, die saucisson sec«, unternahm ich den zaghaften Versuch, ein Gespräch mit meinem Couchnachbarn aufzunehmen.

»Ja, schön trocken«, sagte mein Nachbar.

Dann sagte er nichts mehr. Wir saßen nebeneinander auf der Couch und kauten. Monamour hatte inzwischen acht Brotkugeln gerollt.

Zwischen den beiden Ray-Ban-Brillenträgern zu meiner Rechten entwickelte sich schließlich ein vergleichs-

weise leidenschaftliches Gespräch über das zeitgenössische Kino.

»Ich war eine Ewigkeit nicht mehr im Kino«, sagte der
eine Wayfarer.·

»Ich auch nicht«, antwortete der andere Wayfarer.
»Aber es ist ja auch fürchterlich mit den Parkplätzen.«

Wir waren erleichtert, als sich gegen halb eins' die
ersten Gäste mit Verweis auf den Métrofahrplan verabschiedeten, und schlossen uns umgehend an. Nicolas
Sarkozy soll vor nicht allzu langer Zeit mit dem Gedanken
gespielt haben, die Pariser Métro nachts durchfahren zu
lassen, weil er gehört hatte, dass in New York die Métro
auch nachts fährt. Die Pariser Métro-Gewerkschaft ließ
den Präsidenten jedoch rasch wissen, wie wenig sie von
seinen Plänen hielt, und der Präsident gab die Idee auf.
An diesem Abend waren wir der Métro-Gewerkschaft
sehr dankbar.

»Worüber haben sie in deiner Sofaecke geredet?«,
fragte ich Monamour auf der Heimfahrt.

»Yoga-Hosen. Und bei dir?«

»Hartwurst«, sagte ich.

»Weißt du, was ich nicht verstehe«, sagte Monamour,
»am Anfang des Abends reden alle über die Parkplätze, die sie nicht gefunden haben. Und am Ende gehen
sie alle, weil sie die letzte Métro erwischen wollen. Da
stimmt doch irgendetwas nicht.«

Zwei Wochen später waren wir erneut eingeladen,
diesmal bei Jean-Claude und seiner Frau Anne-Marie.
Monamour brauchte diesmal nicht lange, um zu ent-
scheiden, was sie tragen sollte: Sie zog ihre Comptoir-
des-Cotonniers-Yoga-Hose an. Unterwegs besorgten

wir bei Franprix einen uncharismatischen Bordeaux aus dem Sonderangebot.

Jean-Claude hatte ich auf Facebook wiedergefunden, er war zwanzig Jahre zuvor einmal mein Dozent an der Universität gewesen. Ich hatte ihn als sympathisch und geistreich in Erinnerung. Leider hat er, wie sich an diesem Abend herausstellen sollte, etwas unglücklich geheiratet.

Wir waren für halb neun eingeladen. Um neun klingelten wir an der Wohnungstür. Eine Frau öffnete, von der wir vermuteten, dass es sich um Anne-Marie handelte. Sie trug eine Frisur, die ich seit meinen Kindertagen nicht mehr gesehen hatte: Es war die Frisur von Doris Day. Um den Hals hatte Anne-Marie einen Hermès-Schal geschlungen, um den Rest ihres Körpers eine weiße Küchenschürze. Monamour und ich setzten zu einem freundlichen »Bonsoir« an und begaben uns in Bise-Position, doch offenbar war Anne-Marie noch nicht bereit für die obligatorischen zwei Begrüßungsküsschen. Ohne uns weiter zu beachten, wandte sie sich um und rief nach ihrem Mann: »Jean-Clooo-oode! Das werden wohl deine deutschen Freunde sein. Sie sind sehr pünktlich.«

Etwas verlegen standen wir im Wohnungsflur, bis Jean-Claude uns abholte, ins Wohnzimmer führte und die Situation zu retten versuchte, indem er uns rasch einen Kir in die Hand drückte. Anne-Marie sei immer sehr gestresst, wenn Gäste kämen, erklärte er leicht betreten. Aus der Küche hörten wir Anne-Marie deftig fluchen.

Die übrigen vier Gäste kamen eine Dreiviertelstunde später. Anscheinend waren sie zuvor schon einmal hier zu Gast gewesen und wussten um Anne-Maries Gewohnheiten. Didier, ein Kollege von Jean-Claude, wagte einen Blick in die Küche, kam aber kurz darauf mit erhobenen Händen wieder ins Wohnzimmer zurück. Es schien, als wollte er mit dieser Geste jede Verantwortung für den weiteren Verlauf des Abends von sich weisen. Wir redeten ein wenig über die Parkplatzsuche, das Wetter und darüber, dass wir lange nicht mehr im Kino gewesen waren. Didier sagte etwas unvermittelt, er hätte schon lange nicht mehr gevögelt. Cathérine, seine Frau, die in der gegenüberliegenden Zimmerecke stand, hatte diese Bemerkung eindeutig gehört und reagierte mit einer klassischen Pariserinnen-Geste: Sie wandte den Kopf gelangweilt zur Seite und blies einen ennuierten Luftschwall unter ihre Ponyspitzen. »Pfff.«

Hugues, der wie Jean-Claude am Linguistischen Institut der Pariser Universität arbeitete, erzählte, dass er neulich in der Métrostation République bei einem der Inder, die dort DVD-Raubkopien verkauften, sechs DVDs erstanden hätte, weil er schon ewig nicht mehr ins Kino gekommen sei. Dann hätte er zu Hause festgestellt, dass die Raubkopien alle von unterirdischer Qualität waren.

»Der Typ, der die Filme im Kino von der Leinwand abgefilmt hat, muss ein völliger Anfänger gewesen sein. Alles ist völlig verwackelt, und immer wieder gerät die Rückenlehne des Vordermanns ins Bild. Wahrscheinlich war er hypernervös. Erst habe ich mich geärgert. Aber dann dachte ich mir, das ist doch eine wunderbare Metapher.«

Die Umstehenden nickten auf Verdacht, denn die Bemerkung klang im ersten Moment wie ein typisch pariserisches, weil eminent geistreiches Aperçu.

Nur Monamour war nicht auf Anhieb überzeugt. »Metapher wofür?«, hakte sie freundlich nach.

»Bon, ben ...«, sagte Hugues, der offenbar nicht mit Nachfragen gerechnet hatte.

»Für das Leben im Allgemeinen«, sagte er dann.

»Weil das Leben im Allgemeinen verwackelt ist?«, fragte Monamour skeptisch.

»Genau, und weil eigentlich immer eine Rückenlehne im Bild ist.«

Hugues erzählte weiter, dass er die verwackelten DVDs schließlich zurück zu ihrem Verkäufer bringen wollte. Aber als er das nächste Mal an der Station République ausstieg, verkaufte dort ein anderer Inder DVDs. Und der weigerte sich, die verwackelten DVDs zurückzunehmen.

»Er hat gesagt, er sei nicht verantwortlich für verwackelte DVDs, die andere Inder verkaufen. Da wurde mir klar, vor welch immense Herausforderungen uns die Globalisierung stellt.«

Beim Stichwort Globalisierung, die auf Französisch *Mondialisation* heißt, nickten sämtliche Gäste gleichzeitig.

»Weil eine Milliarde Inder DVDs verkaufen, aber keiner verantwortlich ist, wenn das Bild wackelt?«, fasste Monamour Hugues' Ausführungen noch einmal zusammen.

»Genau«, sagte Hugues.

Alle taten jetzt so, als dächten sie über diesen Gedanken eine Weile nach. Kurz bevor das Schweigen unangenehm wurde, kreischte Anne-Marie aus der Küche:

»À *table*!«

Wir setzten uns. Wie uns jetzt, nachdem Anne-Marie ihre Schürze abgelegt hatte, auffiel, trugen alle Frauen ein kleines Schwarzes, bis auf Monamour. »Ach, Sie kommen vom Sport?«, fragte Anne-Marie Monamour.

»Nein, ich dachte, das wird ein echtes Dîner en ville«, wehrte Monamour die Zickenattacke souverän ab. Anne-Marie gab sich ungerührt.

»Ich finde es interessant, dass die deutschen Frauen so viel Sport machen müssen«, sagte sie, »ich vermute, das liegt an den Genen.«

»Ganz bestimmt«, pflichtete Monamour arsensüß bei.

»Santé«, sagte Anne-Marie, und wir stießen an.

Ich rutschte ein wenig unruhig auf meinem Stuhl herum. Anne-Marie erläuterte die Vorspeise, die sie zuvor unter heftigen Flüchen in der Küche vorbereitet hatte. Es handelte sich angeblich um eine Lachsterrine. Nach dem ersten Gabelhappen konnte ich die Flüche nachvollziehen. Die Terrine schmeckte wie ein Fischstäbchen, das man in der Sonne vergessen hatte. Wir bemühten uns tapfer, die Fassung zu bewahren, und spülten jeden Happen mit extragroßen Schlücken Cheverny hinunter.

Didier schaffte es, das hoffnungslos missglückte Gericht mit einem beinahe glaubhaften »Ah, c'est ex-cel-lent!« zu preisen.

Nach der Vorspeise zog sich Anne-Marie wieder zurück in die Küche, Hugues, Didier und Jean-Claude begannen eine linguistische Fachdiskussion, die ab und an von Anne-Maries immer krasseren Küchenflüchen unterbrochen wurde. Nach einer Weile kam sie zurück und servierte das Hauptgericht: verbranntes Stubenküken mit verkokelten Datteln an angeschmortem Thymian.

Nun geriet selbst ein Katastrophenbeschöniger wie

Didier ins Trudeln: »Oh, là là«, sagte er, nachdem er den ersten Bissen gekostet hatte. Dann sagte er länger nichts mehr.

Nach dem zweiten Bissen wiederholte er sich: »Oh, là là là«.

»*C'est très, très* ...«

Dem Linguisten fehlte nun ein Adjektiv.

»... *intéressant*«, sagte er schließlich.

Interessant kann man es natürlich auch nennen, wenn Geflügel schmeckt wie ein Asbestbremsklotz. Zum Glück erkannte Jean-Claude den Ernst der Lage und öffnete im Handumdrehen drei weitere Flaschen Cheverny.

Wir nagten wacker an dem Phönix-Küken. Didier hielt das für den richtigen Zeitpunkt, um noch einmal die Geschichte von François Mitterrands letztem Mahl zu erzählen: Der Präsident war zeit seines Lebens ein großer Liebhaber des *Ortolans*. Der Ortolan ist ein daumengroßer Singvogel, der im Deutschen mit dem eher unappetitlichen Namen »Fettammer« bezeichnet wird. Er ist so selten, dass es in Europa schon seit längerem verboten ist, ihn zu verspeisen. Zumal die Zubereitungsweise nicht nur Vogelfreunden übel aufstößt: Traditionell sticht man dem Ortolan, nachdem er gefangen wurde, die Augen aus. Dadurch verliert der Vogel das Gefühl für Tag und Nacht und frisst ununterbrochen. Mit diesem Trick mästet man ihn sechs Wochen lang, bis er etwa das Dreifache seines Normalgewichts erreicht hat. Dann wird er in einem Glas Armagnac ertränkt, gerupft und anschließend in einem Topf mit brodelndem Fett gebraten. Und zwar komplett, mit Haut und Knochen. Und genau so wird er auch vertilgt. Dazu beugt man sich mit geschlossenen Augen über den Topf und steckt seinen Kopf dabei unter eine Serviette. Das Ritual dient angeblich dazu, das volle Aroma des Ortolans zu genießen.

Obwohl der Spaß untersagt ist, gibt es nach wie vor zahlreiche Gourmets, die vom Ortolan nicht lassen können – vor allem in der Gegend der Landes, im Südwesten Frankreichs, wo man die Fettammern fängt, wenn sie auf der Durchreise aus Afrika vorbeikommen. Kurz vor seinem Tode im Januar 1996 nun hatte der sieche Mitterrand noch einmal Lust auf Ortolan. Es war in einer größeren Runde. Nicht alle Teilnehmer an dem Mahl waren jedoch so große Ortolan-Fans wie Mitterrand. Manche spuckten das fette Vögelchen gleich wieder aus. Die übrigen Gäste schienen froh, das Vieh hinuntergewürgt zu haben. Und sahen mit Staunen, wie Mitterrand sich auch noch über den letzten übriggebliebenen Vogel hermachte. Danach stellte er das Essen für den Rest seines Lebens ein. Zehn Tage nach seinem letzten Ortolan starb er.

Als Didier die Geschichte zu Ende erzählt hatte, spülte ich den letzten Zipfel Stubenküken mit einem weiteren Glas Cheverny hinunter. Ich konnte mir in diesem Moment gut vorstellen, mich selbst in einem großen Becher Armagnac zu ertränken. Zuvor musste allerdings der Nachtisch bewältigt werden, den Anne-Marie inzwischen aufgefahren hatte: ein trübseliges Mousse au chocolat von puddingartiger Konsistenz. Wir waren heilfroh, als wir uns mit dem rettenden Verweis auf die letzte Métro verabschieden konnten.

»Ich habe den Verdacht, Dîners en ville werden leicht überschätzt«, sagte Monamour in der Métro. Ich konnte ihr nicht widersprechen. Möglicherweise hatten wir aber auch einfach nur Pech gehabt und waren zufällig bei der schlechtesten Köchin Frankreichs zum Essen eingeladen gewesen. Vielleicht wäre das gar nicht weiter aufgefallen, wenn Jean-Claude nicht auch noch die langweiligsten Linguisten Frankreichs als Kollegen hätte.

Einige Wochen danach fühlte die UNESCO sich genötigt, die französische »gastronomische Mahlzeit« zum »Weltkulturerbe der Menschheit« zu erklären. Als uns die Nachricht erreichte, befanden wir uns gerade auf der Rückfahrt von einem Wochenendausflug in die Normandie. Es war Sonntag, am frühen Abend, und etwa 150 Kilometer vor den Toren der Stadt bekamen wir Hunger. Stolz verwies ich Monamour auf meine iPhone Application »Guide Michelin«, die ich kurz zuvor heruntergeladen hatte. Das Produkt nannte uns ein Dutzend empfehlenswerter Adressen entlang unserer Route. Monamour begann zu telefonieren. Doch egal, wo sie anrief – alle Restaurants waren geschlossen. Außerhalb von Paris ist es keine leichte Aufgabe, sonntagabends ein geöffnetes Restaurant zu finden. Franzosen mit intakten Familienverhältnissen essen nämlich sonntagmittags *en famille* – und meist zieht sich die Mahlzeit bis tief in den Nachmittag, weshalb Restaurants am Sonntagabend kaum Gäste erhoffen können. Daher und weil sie nicht frisch einkaufen können, sind die meisten sonntags zu. Wir befanden uns auf der Autobahn A13, näherten uns Mantes-la-Jolie und drohten zu verhungern.

»Unsere letzte Chance heißt Buffalo Grill«, sagte Monamour schließlich.

Wir fuhren von der Autobahn ab, landeten in einem

Kreisverkehr und dann in einer suburbanen Land-schaft, wie sie circa 400 000-mal in Frankreich existiert: Sie setzt sich zusammen aus großen Parkplatzflächen, einem Géant-Casino-Supermarkt, einem Darty-Elektro-nikmarkt, einem Leroy-Merlin-Baumarkt, einem Décath-lon-Sportgeschäft, einer Pizzeria mit dem irreführenden Namen *Bistro Romain* und eben einem Fast-Food-Lokal namens *Buffalo Grill*. Wenn man durch diese Gebiete fährt, wundert man sich, dass kaum ein anderes Volk die Ausweitung amerikanischer Gepflogenheiten, die »McDonaldisation« des Planeten, so leidenschaftlich kritisiert wie die Franzosen. Es gibt nämlich gleichzeitig niemanden, der amerikanische Strip Malls so täuschend echt nachbaut wie sie.

Wir parkten vor dem Buffalo Grill. Ein lebensgroßer Plastikbison begrüßte uns neben dem Eingang, der aus pendelnden Saloontüren bestand. Die Kellnerinnen trugen rote Cowgirl-Kleidchen, und auf dem Flachbild-fernseher an der Wand lief ein Werbevideo für Urlaub in Montana. Monamour bestellte einen »Arizona Burger«, ich entschied mich für das »Menu Shérif«, das aus »Buf-falo Wings« – die der Kellner »Büffalo Ings« nannte –, einem »Grande Salade Pacifique« und einem »Charolais Burger« bestand. Die Brötchen, in denen die Burger ka-men, hießen auf der Karte »Bun's« mit Apostroph.

Das Essen war solide Hausmanns-Schnellkost. Als wir danach wieder im Auto saßen, bedauerten wir al-lerdings, dass man an französischen Tankstellen keinen Underberg kaufen kann.

»Könnte es sein«, fragte Monamour, als wir die Pa-riser Stadtgrenze überfahren hatten und den Arc de

361

Triomphe umkreisten, »dass die Küche in Deutschland in den letzten zwanzig Jahren immer besser geworden ist – während sie in Frankreich immer schlechter wird?«

Einige Tage später stellten wir diese Frage unserem Freund Antoine, bei dem wir zum Abendessen eingeladen waren. Wie immer hatte Antoine seine eigene kleine Theorie:

»Was stimmt, ist, dass man in Deutschland und sogar in England und den USA heute viel besser isst als vor zwanzig Jahren. Als Franzose behaupte ich, die Küche dieser Länder ist eben französischer geworden. In Frankreich hingegen ist die Küche nicht unbedingt schlechter geworden. Es war früher nur leichter für uns, vor der Welt geheim zu halten, dass man selbst in Frankreich schlecht essen kann. Das hat lange Zeit niemand gemerkt, weil die Touristen vom Essen weniger verstanden. Da hat man ihnen ein durchgebratenes Entrecôte angedreht, ein paar kalte Pommes und matschig gekochte Haricots verts – und wenn sie wieder zu Hause waren, haben sie trotzdem von der *Cuisine française* geschwärmt. Sie konnten ja auch gar nicht anders, denn hätten sie vor ihren Freunden eingestanden, dass sie in Frankreich schlecht gegessen hatten, hätten die Freunde gesagt: ›Selber schuld. Wie kann man nur so doof sein, in Frankreich schlecht zu essen.‹

Unsere PR-Maschine läuft seit 200 Jahren so gut, dass es stets am Gast lag, wenn es in Frankreich mal nicht schmeckte. Das funktioniert heute nicht mehr. Wahrscheinlich liegt es an den vielen Kochsendungen weltweit. Bevor es überall Köche im Fernsehen gab, waren wir Franzosen ja die Einzigen, die so viel Bohei ums Essen gemacht haben.«

Die »*petite théorie*«, die Antoine sich da ausgedacht hatte, klang plausibel. Nach der Revolution, erzählte Antoine weiter, gab es in Frankreich Tausende von Köchen, Bäckern, Mundschenken und Küchenmeistern, die zuvor an Höfen und in herrschaftlichen Häusern angestellt gewesen waren. Die mussten nun alle irgendwohin. Den meisten fiel nichts Besseres ein, als ein Restaurant zu eröffnen. Neu war, dass sie verschiedene Gerichte à la carte und nicht mehr, wie bislang in Gaststätten üblich, nur ein *Menu du jour* anboten. Um 1800 gab es in Paris mit einem Mal mehr als 500 Restaurants, wo es wenige Jahre zuvor nur einige Dutzend gegeben hatte. Bürger und Abgeordnete trafen sich immer häufiger im öffentlichen Raum – zum Essen.

Ungefähr zu dieser Zeit erfand Alexandre Balthazar Laurent Grimod de la Reynière die Gastronomiekritik. Zwischen 1803 und 1812 verabredete er sich jeden Dienstag um 19 Uhr mit Gleichgesinnten zum Essen in seinem Hause oder in Restaurants. Die verzehrten Gerichte wurden von einer »*Jury Dégustateur*« bewertet. Grimod de la Reynière, der mit verstümmelten Händen zur Welt gekommen war und zeit seines Lebens mit Prothesen aß und schrieb, gründete 1803 den *Almanach des Gourmands*, die erste ernstzunehmende Zeitschrift für Gastronomiekritik. 1825 erschien dann die *Physiologie des Geschmacks* von Jean Anthelme Brillat-Savarin. Es war der erste Versuch, den guten Geschmack und die Tafelkunst gleichsam wissenschaftlich zu erfassen. Brillat-Savarin war ein ebenso brillanter Schriftsteller wie der gelernte Theaterkritiker

Grimod de la Reynière. Er starb zwei Monate, nachdem sein Buch erschienen war. Den großen Erfolg des Werkes, das Balzac später über den grünen Klee lobte, erlebte Brillat-Savarin nicht mehr. Doch er hinterließ der Welt zahllose griffige Aphorismen, wie etwa diesen: »Sage mir, was du isst, und ich sage dir, wer du bist.«

Brillat-Savarin war davon überzeugt, dass das »Schicksal der Nationen davon abhängt, wie sie sich ernähren«. Und dass »die Entdeckung eines neuen Gerichtes für die Menschheit wichtiger ist als die Entdeckung eines neuen Sterns«.

Diese kleine Kulturgeschichte der französischen Küche resümierte Antoine, während er selbst am Ofen stand und das Essen zubereitete. Bis der Hauptgang fertig war, hatte er uns auch noch die Geschichte von Auguste Escoffier erzählt, dem ehemaligen Chefkoch des *Ritz*, der 1903 mit seinem *Guide culinaire* die Grundregeln der französischen Cuisine festschrieb, die größtenteils bis heute gelten. Wir nahmen schließlich am Esstisch im Wohnzimmer Platz. Antoines Freund Jean-Paul entkorkte einen Chablis, während Antoine einen perfekt aussehenden Lachs im Blätterteig servierte. Er schmeckte wirklich »*dé-li-cieux*«.

»Freunde, dieses Dîner ist ein Beitrag zur Bewahrung des Weltkulturerbes«, sagte Antoine feierlich und grinste dabei breit.

Wir stießen auf das Weltkulturerbe an.

»Wie hast du den Blätterteig nur so perfekt hinbekommen?«, fragte Monamour bewundernd.

Antoine grinste noch etwas breiter. »Das ist ererbtes französisches *Savoir faire*«, prahlte er.

»Lasst euch nur nichts vormachen«, warnte Jean-Paul. »Der Lachs ist von Picard.«

»Wer ist Picard?«, fragte Monamour.

»Die größte französische Kette für Tiefkühlkost. Hier ist eine Filiale gleich um die Ecke. Da gibt es diesen Lachs fertig im Blätterteig. Antoine hat ihn nur in den Ofen geschoben.«

»Aber das hast du ganz hervorragend gemacht«, lobte Monamour Antoine, der immer noch strahlte.

»Die Zukunft ist noch nicht, die Gegenwart ist bald vorbei, der einzige Moment des Lebens ist der Moment des Genusses«, sagte Antoine und hob sein Glas.

»Ist das auch von Picard?«, fragte Monamour.

»Nein, das ist ein echter Brillat-Savarin.«

Pariser werden

Ich hatte vergessen, dass ich mein Auto wieder einmal in der gelb markierten Lieferzone gleich vor unserer Haustür abgestellt hatte. Es fiel mir in dem Moment ein, als ich durch die Haustür auf die Straße trat.

»Seltsam«, dachte ich noch, »wieso steht da dieser Abschleppwagen gegen die Fahrtrichtung vor unserer Tür?« Dann wurde mir klar, dass der Abschleppwagen gerade im Begriff war, mein Auto auf die Laderampe zu heben. Reflexartig drückte ich auf meinen Autoschlüssel, das Auto blinkte zweimal freundlich. »Ist das Ihre *bagnole*?«, fragte mich der Besitzer des Fachgeschäftes für chinesische Mikrowellen und andere Restposten neben unserem Haus, auf dessen Ladezone ich verbotenerweise parkte.

»Ähm, ja, das ist meine Karre, tut mir leid.«

Ich erwartete eine Schimpftirade oder wenigstens einen Vorwurf. Es kam aber nichts. Stattdessen gab der Mikrowellenmann dem Fahrer des Abschleppwagens ein Zeichen: »Der Typ ist da. Er fährt weg.«

Der Abschleppdienstleistende blickte aus dem Fenster und nickte mir zu. »Da haben Sie Glück gehabt«, sagte er.

»Ich kann einfach fahren?«, fragte ich ungläubig.

»Je schneller, desto besser.«

Er legte den Rückwärtsgang ein und stieß zurück. Das war nett gemeint, denn es sollte mir das Ausparken erleichtern, aber trotzdem keine gute Idee. Er hatte übersehen, dass hinter ihm an der Ampel ein Fiat Minivan stand. Der Abschleppwagen schlitzte den Fiat im Zurücksetzen einmal längs seitlich auf.

Der Fiat-Fahrer war nicht entzückt. Er sprang aus seinem Wagen und fing an zu brüllen:

»Merde, *putain de bordel de merde, putain, c'est pas vrai ça*!« und so weiter.

Dann begann er, auf den Abschleppwagen einzutreten. Ich dachte mir, dass dies eine gute Gelegenheit sei, um mich unauffällig aus dem Staub zu machen und einen neuen Parkplatz zu suchen. Während der Fiat-Fahrer sich bemühte, den Abschleppwagen zu Mousse zu stampfen, schlich ich heimlich aus der illegalen Parklücke.

Ich musste diesmal nicht allzu lange kreisen und fand einen Parkplatz auf dem Boulevard Richard Lenoir. Zufrieden stellte ich mein Auto ab und ging heim. Am nächsten Morgen weckte mich allerdings gegen sechs Uhr die Erinnerung, dass Markttag war und ich gleich neben dem Wochenmarkt geparkt hatte. Dort wird an Markttagen natürlich auch abgeschleppt. Ich zog mich provisorisch an und stolperte aus dem Haus. Der Markt war bereits aufgebaut, mein Auto war weg. Ich verspürte Lust, einen Abschleppwagen zu treten, aber es war keiner in Reichweite. Außerdem trug ich Pantoffeln. Falls es irgendwann mal eine Weltmeisterschaft für Abschleppdienste geben sollte, werde ich in meinem kroatischen Wettcafé eine große Summe darauf setzen, dass die Pariser locker gewinnen.

Da Abschleppen in Paris ein Routinevorgang ist, ist die Internetseite der Stadt Paris in dieser Rubrik sehr effizient. Man gibt sein Kennzeichen ein, der Computer antwortet umgehend, wohin das Auto verfrachtet wurde. Das klappt sogar mit deutschen Kennzeichen. Mein Wagen stand diesmal nicht in Clichy, sondern in Bercy. Ich fuhr mit dem Bus in diese charmefreie Gegend im Pariser Osten gleich hinter dem Finanzministerium. Das Finanzministerium gehört zu den *Grands Travaux*, die unter François Mitterrand gebaut wurden. Der sozialistische Präsident hegte damals die Ambition, Paris mit belangloser 80er-Jahre-Architektur zu beglücken. Das Finanzministerium sieht deshalb aus wie eine Autobahn-Mautstation und könnte ebenso gut in Kansas City stehen. Der Périphérique fließt unter dem Gebäude durch und an der Mehrzweckhalle Palais Omnisports Paris Bercy vorbei. Es folgen einige Autobahnauffahrten und ein Shopping-Center. Hier ist Paris zu Ende.

Ausgerechnet in dieser Brache hat man eine Straße

nach dem Urvater der französischen Starköche, Auguste Escoffier, benannt. Er hätte eigentlich eine bessere Adresse verdient. Unter den Zufahrtsrampen des Périphérique wartete mein Auto in der »*fourrière*«. *Fourrière* heißt so viel wie »Zollhof«. Es ist allerdings auch das Wort für »Tierheim«. Ich zahlte wieder einmal 136 Euro und durfte mein Autotier mit nach Hause nehmen. Die Stimmung unter den übrigen Besuchern der Zahlstube, die das gleiche Los ereilt hatte, war schicksalsergeben bis zynisch.

»A*h, ça fait du bien, vivre à* Paris«, sagte ein älterer Herr, der seinen Citroën offensichtlich nicht zum ersten Mal hier wiederfand: »Paris tut gut« – alle lachten hämisch auf, einschließlich des Kassierers. »Nein«, schien dieses Lachen zu bedeuten, »Paris tut Menschen, die dort leben müssen, nicht besonders gut.«

Ich schob mich mit meinem wiedergewonnenen Auto durch den notorischen Stau auf dem Périphérique und umrundete die Bastille-Säule gleich dreimal, bevor ich die Ausfahrt in den Boulevard Richard Lenoir erwischte, weil ich mich in Gedanken verloren hatte.

Natürlich fand ich keinen Parkplatz. Nach einer halben Stunde erfolglosem Kreiseln stellte ich mich deshalb wieder auf die Lieferzone vor der Mikrowellen-Resterampe. Der Inhaber winkte mir durchs Fenster freundlich zu. Ich beschloss, mich in das Bistro nebenan zu setzen, das B*ar au* M*ètre* heißt, und durch das Fenster die Straße so lange zu beobachten, bis ich einen frei werdenden Parkplatz entdecken würde.

Dem Besitzer der Bar au Mètre war das Kunststück gelungen, den unfreundlichsten Kellner von Paris zu engagieren. Eine beachtliche Leistung, denn schon das durchschnittliche Pampigkeitsniveau von Pariser Kellnern ist außergewöhnlich hoch. Gaston jedoch, der Kellner in der Bar au Mètre, war ein Ausnahmetalent. Er ging grundsätzlich mindestens vier- bis fünfmal am Tisch eines Gastes vorbei, ohne diesen auch nur eines Blickes zu würdigen. Versuchte der Gast dann irgendwann, seinen Bestellwunsch durch lauter werdende Zurufe oder raumgreifende Winkbewegungen zu signalisieren, befasste sich Gaston in den nächsten zwanzig Minuten erst recht mit Kunden in der gegenüberliegenden Saalhälfte oder polierte das Aufschäumrohr der Espressomaschine gründlich. Wenn der Gast schon fast alle Hoffnung fahrengelassen hatte, wandte sich Gaston diesem doch noch zu. Er ging kurz am Tisch vorbei und sagte, so, als habe es in der vergangenen halben Stunde wirklich keine Möglichkeit gegeben, vorbeizukommen: »*Je suis avec vous dans une seconde.*« Er sei in einer Sekunde da.

Diese Sekunde dehnte er auf weitere zehn Minuten aus. Dann endlich, der Gast war nun mürbe und gefügig, erbarmte Gaston sich und nahm die Bestellung an. Er war ein Meister dieses Rituals, bei dem Pariser Kellner und ihre Gäste täglich um gegenseitige Anerkennung ringen. Kein Gast hatte Gaston je kleingekriegt, genau deshalb aber schienen ihn die Stammgäste der Bar au Mètre besonders zu respektieren. Viele begrüßten ihn sogar beim Betreten der Bar namentlich und mit Handschlag. Schneller bedient wurden sie trotzdem nicht.

Ich suchte mir einen Tisch am Fenster. Nach knapp einer halben Stunde bekam ich wie so oft einen Kaffee mit zu heiß geschäumter Milch serviert. Ein flüchtiger Gedanke drängte sich mir auf: Das Genie der Franzosen besteht vor allem darin, immer noch berühmt zu sein für Dinge, die sie schon lange nicht mehr hinkriegen. Café au lait zum Beispiel.

Aber vielleicht war es auch so, dachte ich weiter, dass die Kellner den Milchkaffee absichtlich zu heiß schäumten, um ihrer Verachtung für Touristen Ausdruck zu verleihen. Ein französischer Tresen-Macho trinkt nämlich keinen verweichlichten Café au lait, sondern nur Espresso, der hier »Petit noir« heißt und genauso schmeckt.

Ich beobachtete Gaston, der dabei war, einen neuen Becher aufzuschäumen. Als die Milch kochend Blasen schlug, lächelte er maliziös.

Ähnliche Erniedrigungsstrategien wie die Kellner wenden auch Pariser Verkäuferinnen gerne an. Mehr als einmal habe ich erlebt, dass Monamour empört von einem gescheiterten Einkaufsversuch zurückkehrte, weil die Verkäuferin dem Konzept »Zicke« eine neue Dimension verliehen hatte:

»Die Pariser Verkäuferin«, so lautet Monamours Theorie, »will überhaupt nichts verkaufen. Sie will ihre Kundin demütigen. Dazu gibt sie dieser Kundin erst einmal das Gefühl, dass sie schon zu billig angezogen ist, um den Laden auch nur zu betreten. Da die kühne Kundin es aber trotzdem gewagt hat, setzt die Verkäuferin im nächsten Schritt alles daran, der Kundin zu vermitteln, sie sei zu dick für sämtliche Kleider, die es in dem Laden zu kaufen gibt. Wenn die Kundin dann aufgibt, lächelt die Verkäuferin sie triumphierend an und wünscht zuckersüß *bonne journée*. Das heißt so viel wie: ›Ich hab's dir ja gleich gesagt, chérie‹.«

Ich rührte meinen Kaffee langsam auf Trinktemperatur hinunter und starrte auf den Flachbildschirm hinter der Bar, auf dem ein altes Rita-Mitsouko-Video lief: *Les histoires d'amour finissent mal en général.*

Wir lebten nun seit zwei Jahren in Paris, aber an Tagen wie diesem befielen mich Zweifel, ob diese Stadt nicht bloß als Postkarte etwas taugte, als Ort zum Leben aber auf Dauer ungeeignet war. Zu laut, zu teuer, zu dreckig, zu wenig Parkplätze, zu enge Wohnungen, zu schlechter Kaffee und: zu viele Pariser.

Am Vortag hatte ich bei der Société Générale eine neue, fröhliche Kreditkarte abgeholt. Als Motiv hatte ich mich diesmal für das Schloss von Versailles entschieden und darauf spekuliert, dass diese Wahl sich positiv auf meinen Kreditrahmen auswirken könnte. Meine Bankberaterin machte mir da wenig Hoffnung. Sie erkundigte sich aber freundlich nach meinem Befinden: »Sie sind jetzt seit zwei Jahren da. Gefällt es Ihnen in Paris?«

»Nun ja«, sagte ich, »Paris gefällt mir schon …«

Bevor ich den Satz zu Ende bringen konnte, vervollständigte sie ihn:

»*Mais les parisiens sont pas terribles, n'est-ce pas?*« – »Aber die Pariser sind fürchterlich, nicht?«

Nun wusste ich inzwischen, dass eines der bevorzugten Hobbys des Parisers darin besteht, sich über Pariser zu beklagen. Der Pariser fühlt sich danach wahrscheinlich etwas besser in seinem eigenen, unglücklichen Pariser-Sein. Denn er kann sich selbst nicht leiden. Kein Wunder, dass er auch bei allen anderen Franzosen ziemlich unbeliebt ist. Während der Pariser alle Nicht-Pariser für unterkultivierte Landeier hält, die weiße Socken tragen, nach Kuh riechen, Bier trinken, *Équipe* lesen oder andere Verbrechen gegen die Zivilisation begehen, hält der Provinzfranzose den Pariser umgekehrt für einen arroganten Großkotz und beschimpft ihn wahlweise als Hundskopf, *Parisien, tête de chien*, oder Kalbskopf, *Parigot, tête de veau*.

Ein Pariser Kennzeichen mit der »75« löst auf dem Land weiterhin allergische Abwehrreaktionen aus. Der Pariser Selbsthass wiederum geht bei einigen inzwischen so weit, dass sie sich Provinzkennzeichen zulegen, obwohl sie in Paris leben.

Dem Kommentar meiner Bankberaterin hatte ich nicht viel entgegenzusetzen, denn wenn ich es mir recht überlegte, war die Zahl netter Pariser, die wir in den vergangenen zwei Jahren kennengelernt hatten, überschaubar. Monamour und ich spielten gelegentlich ein kleines Spielchen: wer von uns beiden selbständig die meisten wahren Pariser kennengelernt hatte. Abendfüllend war das Spiel nicht.

Wenn wir ehrlich waren, kannten wir die wenigen, die wir gerne mochten, schon vorher – oder wir hatten sie über andere Pariser kennengelernt, die wir schon zuvor kannten. Was unsere Pariser Freunde miteinander verband, war, dass sie alle selbst einmal im Ausland gelebt hatten und deshalb offener für Nicht-Pariser waren als der Typus des dauerhaft sesshaften Parisers. Diesen hatten wir bislang als schwer zugänglichen Zeitgenossen erlebt, der durch zwei Grundzüge charakterisiert wird: Er meckert mit Vorliebe darüber, dass alle anderen Pariser kühl und unfreundlich sind, verkehrt aber trotzdem ausschließlich mit anderen pampigen Parisern, weil er sich für Nicht-Pariser nicht interessiert, es sei denn, er kann sie im Alltag anranzen.

Dafür, dass er in einer Stadt wohnen darf, von der andere ihr Leben lang träumen, wirkt der Pariser unangemessen schlechtgelaunt, um nicht zu sagen: undankbar. Da wohnt er in einer der schönsten Städte der Welt und ist trotzdem dauernd verstimmt. Man mag sich gar nicht vorstellen, wie der Pariser drauf wäre, wenn er zusätzlich zu seiner Normalbetriebslaune auch noch in Völklingen leben müsste.

Sein Lebensgefühl ist dadurch bestimmt, dass es ganz allgemein ziemlich viel gibt, das es besser nicht geben sollte. Eine ausgesprochen populäre Internetseite in Frankreich heißt *viedemerde.fr*. Hier lassen sich vor allem Pariser mit großer Begeisterung über all das aus, was sie am Leben beschissen finden. Dabei kann es sich wahlweise um das Weltfinanzsystem, die Nationalmannschaft, die Parkplatzsituation, die Erhöhung des Rentenalters auf skandalöse 62 Jahre, die gleichbleibend dürftige Qualität des Beaujolais Nouveau oder die Scharfkantigkeit von Métro-Tickets handeln. Müsste Descartes heute eine zeitgemäße Version seiner *Abhandlung über die Methode, seine Vernunft gut zu gebrauchen* formulieren, liefe sie vermutlich auf die Kernthese hinaus: »Ich motze, also bin ich.«

Die Betreibergesellschaft der Pariser Métro RATP ist im Rahmen ihres Renovierungsprogramms kürzlich auf die Idee gekommen, die Plastiksessel der Métrostationen einheitlich durch gelbe Schalensitze zu ersetzen. Die Sitze haben in Steißbeinhöhe eine schlitzartige Öffnung.

Der Schlitz soll ein Lächeln symbolisieren, behauptet die RATP. Das ist keine schlechte Idee, denn wenn der Pariser eines nicht beherrscht, dann Lächeln. So grinsen einen jetzt wenigstens die Sitze an.

»Pariser zu sein heißt nicht, in Paris geboren zu sein, sondern dort wiedergeboren zu werden«, hat der Schriftsteller Sacha Guitry einmal gesagt. Möglicherweise sind viele Pariser deshalb so mürrisch, weil das mit der Wiedergeburt bislang nicht so recht funktioniert hat – und es nicht mehr danach aussieht, als ob es noch etwas werden könnte. Trotzdem eilt dem Pariser mitunter noch immer der Ruf voraus, ein umgänglicher Zeitgenosse zu sein. Heinrich Heine schrieb kurz nach seiner Ankunft in Paris 1831 enthusiastisch: »Ein höflicher Franzose. Das ist ein Pleonasmus.« Und Kurt Tucholsky fand 93 Jahre später, Paris sei »eine liebenswürdige Stadt«. Das Erste, was auffalle, sei »die Tatsache, daß alle Leute nett zueinander sind«, so Tucholsky. »In Deutschland hingegen sind die Menschen zunächst einmal unhöflich – hier zunächst einmal höflich.«

Im Prinzip kann man dieses Urteil heute noch unterschreiben. Denn auch ein schlechtgelaunter Pariser wahrt meist die Form: Er sagt weiterhin durchschnittlich 300-mal am Tag »*Bonjour Madame, bonjour Monsieur*«, erkundigt sich mit einem »*Comment allez-vous, Monsieur?*« nach dem Befinden des werten Herrn, was dieser mit einem schwungvoll gelogenen »*Très bien, merci*« beantwortet und zurückfragt, »*Et vous même, Madame?*«, worauf das Spiel von neuem beginnt, bis man sich mit einem »*Bonne journée*« verabschiedet. Der Pariser bleibt stets höflich, aber aufrichtig freundlich ist er selten. Im Grunde ist er die meiste Zeit passiv-aggressiv. Trotz all dem höflichen Gehudel ist nicht zu übersehen, wie sehr es brodelt im Pariser. Am deutlichsten spürt man es im täglichen Stoßzeitgedrängel in der U-Bahn, wenn der Pariser sich mit der scheinbar höflichen Floskel »Par-DONG!« den Weg zur Tür bahnt. Diese Entschuldigung klingt wie ein Faustschlag.

Neulich stand vor mir an der Kasse des Franprix-Supermarktes ein junger Mann. Zwischen uns noch zwei Kundinnen. Die vordere war offenbar genervt davon, dass der Mann für ihren Geschmack zu lange brauchte, um zu bezahlen. Ihren Unmut hüllte sie in die Formulierung: »Zum Glück erwische ich an der Kasse vor mir immer die Arbeitslosen, die den ganzen Tag Zeit haben, um ihr Kleingeld zusammenzuzählen.«

Der Mann vor ihr drehte sich langsam um und antwortete:

»Madame, die Tatsache, dass Sie eine Frau sind, würde mich nicht davon abhalten, Ihnen in die Fresse zu hauen.«

Das war zwar noch einigermaßen höflich ausgedrückt, aber freundlich war es nicht.

Ich habe bis heute keine überzeugende Erklärung dafür, warum der Pariser chronisch mies gelaunt ist. Sicher, das Leben ist teuer, die Wohnungen sind klein, die U-Bahnen zu voll, und der Alltag ist stressig, aber all das trifft auch auf New York oder London zu, und deren Bewohner sind trotzdem nicht solche notorischen Miesepeter wie die Pariser. Der Pariser, möchte man doch meinen, sollte auch an trüben Tagen in der Lage sein, sich damit zu trösten, dass er in der Ville lumière lebt, der Wiege der Zivilisation. Doch vielleicht ist es gerade das, was den Pariser deprimiert: Er lebt in einem Museum, das seine besten Zeiten hinter sich hat.

Der Mythos von Paris bestand immer auch darin, dass es das natürliche Zentrum eines von der Vorsehung perfekt gestalteten Landes war: Manche Franzosen glauben nach ein, zwei Gläsern Petrus auch heute noch gern daran, dass ein höherer Plan dahinterstand, ihrem Land die charakteristische sechseckige Form zu verleihen und es mit einer Fauna und Flora zu versehen, von der Paul Bocuse schwärmte: »Finden Sie mir ein anderes Land, das Weinberge wie das unsere hat und das Glück, vom Meer und vom Ozean umgeben zu sein. Wir sind einzigartig und bleiben das beste Land der Welt.«

Schon der griechische Geograph Strabon bemerkte im ersten Jahrhundert vor Christus über Gallien anerkennend, das Land sei ein außergewöhnlich harmonisches Gebilde. Das ergebe sich aus seinen natürlichen Grenzen, dem Verhältnis seiner Flüsse zueinander und deren Verlauf zum Mittelmeer wie zum Atlantik. Strabons Berufskollege Paul Vidal la Blache vermutete im 19. Jahrhundert, Frankreich sei ein »mit Vorsatz komponierter Organismus«, der aus der »Tugend der intelligenten Vorsehung entstanden sei«. Und weil die Vorsehung so schlau war, liege die Hauptstadt fast genau in der Mitte.

Auch der Historiker Jules Michelet sah die Pariser Lage als großen Vorteil. In seinem *Tableau de la France* gelangte er zu dem Schluss, »das am besten zentralisierte Volk« bringe durch sein »Beispiel, seine Energie und seine Handlung« auch den Rest der Welt voran. Die Seine trage »das Denken Frankreichs« von Paris aus »in die Normandie, Richtung Ozean, nach England und ins weite Amerika«.

So schwappten von Paris aus Aufklärung, Menschenrechte, halterlose Strümpfe und Crème brûlée in die Welt und begründeten den französischen Anspruch, ein Ausnahmevolk zu sein. Nun ist diese Aura in den vergangenen Jahrzehnten etwas verblasst. Es fließt nicht mehr ganz so viel Neues von Paris aus in die Welt. »Im Vergleich zu den sagenhaften Leistungen von D'Alembert und Diderot mit der *Encyclopédie* ist unser intellektuelles Milieu nur noch ein Schatten seiner selbst«, resümiert der ehemalige Präsident Giscard d'Estaing. Und den meisten Franzosen ist dies schmerzlich bewusst. Auch wenn es dem General de Gaulle noch eine Weile gelungen war, so zu tun, als sei alles beim Alten und Frankreich eine große Nummer. Irgendwann fiel auf, dass die bedeutendste französische Erfindung des 20. Jahrhunderts der »*Minitel*« war – die französische Antwort auf den Bildschirmtext. Die Franzosen mochten die klobigen Kisten, die ihnen die Télécom zur Verfügung stellte, so gern, dass sie lange hofften, dieses neumodische Internet würde sich von selbst wieder erledigen.

Als daraus nichts wurde, wuchs der Verdacht, dass man in Frankreich eventuell dabei war, den Anschluss zu verpassen. Die Stimmung in Paris ist heute entsprechend morbide.

In den Bestsellerlisten finden sich Titel wie *La France est-elle finie?* des ehemaligen Verteidigungsministers Jean-Pierre Chevènement. Hat Frankreich fertig? Die

Zahl derjenigen, die dazu neigen, die Frage zu bejahen, ist nicht eben klein. Es gibt sogar schon ein Wort für sie: Les Déclinistes – die Niedergänger.

Dazu passt eine Umfrage, der man vor einer Weile entnehmen konnte, dass die Franzosen im Bezug auf ihre Zukunft »pessimistischer« seien als Iraker und Afghanen. Das Ergebnis muss man aber vielleicht auch nicht überbewerten, da nicht ganz klar ist, mit welchen Methoden Straßenumfragen in Peschawar erhoben werden. Zudem sind die Pessimismusmaßstäbe vermutlich abhängig von kulturellen Eigenheiten. In Frankreich ist jemand Pessimist, der Angst hat, dass die 35-Stunden-Woche abgeschafft wird. In Afghanistan ist jemand Pessimist, der befürchtet, dass die Taliban demnächst den Integrationsminister stellen.

Ich hatte meinen trüben Café inzwischen getrunken. Am Nebentisch besprach ein schwules Bobo-Paar, beide Ende zwanzig, die Wochenendplanung. Sie waren entschieden, sich ein »p'tit week-end« zu leisten und einige Tage wegzufahren. Auch das ist ziemlich pariserisch: Wann immer der Pariser eine Möglichkeit sieht, die Stadt zu verlassen, ergreift er sie. Viele Pariser, die es sich leisten können, haben längst einen Zweitwohnsitz auf dem Land, um möglichst von Donnerstag bis Montag der Stadt zu entkommen. Die anderen flüchten per TGV oder mit Easyjet an Orte, die sie für interessanter halten. Das Paar neben mir diskutierte gerade die Optionen: Antwerpen sei »sympa« – ganz nett –, London »pas mal« – nicht übel.

Richtig in Wallung gerieten die beiden am Nebentisch jedoch erst, als sie begannen, über Berlin zu reden.

»Ah *oui, Berlin c'est* ›*supercool*‹.« Und dort besonders »*le Berg'ain*«.

Direkt vor meinem Wagen, der immer noch unbehelligt in der Livraison-Zone stand, wurde nun eine legale Parklücke frei. Ich gewährte Gaston ein angemessenes Trinkgeld von fünf Cent, verließ die Bar au Mètre und fuhr mein Auto auf den Parkplatz. Danach ging ich nach Hause und überraschte Monamour mit der Spontanbuchung eines Easyjet-Fluges nach Berlin fürs Wochenende. Auf ihre Frage, »wieso jetzt Berlin?«, antwortete ich, Berlin sei »süpercool«.

Statt der Liebe

Es wurde ein ganz nettes Wochenende, obwohl wir uns das Clubben im »le Berg'ain« sparten. Der Pariser würde sagen, es war »*pas mal*«, vielleicht sogar »*sympa*«. Aber richtig »*süpercool*« fanden wir es auch wieder nicht in Berlin. Der Himmel bot das vertraute Grau, das Essen in dem neuen, angeblich »sensationellen« Trendlokal, das unsere Freunde uns empfohlen hatten, bewegte sich am unteren Rand dessen, was in Paris als medioker gilt. Die Kellner waren nicht so gekonnt arrogant wie die Pariser, sondern bloß studentische Amateure, die Weinflaschen öffneten, als handle es sich um Thunfischdosen. Gut gekleidete Menschen sind uns drei Tage lang nicht aufgefallen. Die Käsetheke bei Karstadt am Hermannplatz, die wir früher recht beeindruckend gefunden hatten, kam uns auf einmal dürftig vor. Die Auslagen in den Bäckereien erweckten unser Mitleid. Es gab zwar weniger Hundehaufen auf den Berliner Bürgersteigen als auf den Pariser Trottoirs, aber dafür waren die Berliner Haufen größer. Und dann fuhr uns auch noch ein BVG-Bus vor der Nase weg, obwohl der Fahrer uns geschätzte zwölf Sekunden beim Sprint im Rückspiegel beobachtet hatte und wir es sogar noch geschafft hatten, an die Tür zu klopfen. In Paris öffnet der Busfahrer in solchen Fällen die Tür umstandslos noch einmal, weil er ein Mensch ist. In Berlin beweist der Busfahrer, dass er die Vorschriften kennt.

Auf dem Rückflug wunderten Monamour und ich uns über unser Migrantenschicksal. Das Fremde an Paris fiel uns noch immer auf, aber das Eigene hatte begonnen, uns fremd zu werden. Als ich im Sommer 1989 zum ersten Mal nach Paris gegangen war, tat ich dies mit dem ehrgeizigen Plan, bloß kein Deutscher mehr zu sein. Ich wollte Europäer werden. Nach einem Jahr beschlich mich die Ahnung, dass ich zwar Europäer war, aber auf keinen Fall Franzose. Und auf jeden Fall erheblich deutscher, als mir lieb war. Zwanzig Jahre später war ich immer noch kein Pariser, aber offenbar auch als Berliner nicht mehr zu gebrauchen. Höchste Zeit für eine Identitätsdebatte mit mir selbst.

Es war Sonntagnachmittag, als wir wieder zu Hause am Boulevard Voltaire ankamen. Das Wetter war schön, beinahe frühlingshaft. Paris hat einen großen Vorteil gegenüber Berlin: Es ist viel wärmer. Wir beschlossen, einen vorgezogenen Frühlingsspaziergang zu machen, wanderten hinunter zur Bastille-Säule, auf deren Spitze der hibbelige »Geist der Freiheit« in der Sonne glänzte.

Wir überquerten die Pont de Sully und schlenderten über die Île Saint-Louis, diese seltsame Oase der Ruhe inmitten von Paris. Es ist die Seine-Insel hinter der Île de la Cité. Um hier wohnen zu dürfen, muss man in der Regel ordentlich geerbt haben. Sonntags spazieren Pariser gerne über die stillen Straßen und stellen sich vor, wie es wäre, wenn sie ordentlich geerbt hätten und von ihrer Dachterrasse auf die Kathedrale von Notre-Dame schauen könnten. Diese Vorstellung stimmt selbst Pariser sehr friedlich und verleiht ihnen für kurze Zeit einen außergewöhnlich heiteren Gesichtsausdruck.

Wir stellten uns bei *Berthillon* in die Schlange und leisteten uns ein großes Eis. Berthillon-Eis ist nicht so gut wie italienisches Eis, aber da es in Paris seltsamerweise kein italienisches Eis gibt, finden alle Pariser, es gäbe nichts Tolleres als Berthillon. Wir an diesem Sonntag auch. Glücklich schleckten wir und wanderten weiter, bis an die Spitze der Île de la Cité, über den Place Dauphine, den André Breton wegen seiner Form als das Schamdreieck von Paris bezeichnete. Wir überquerten die Pont Neuf und beobachteten die Paare, die sich hier etwas angestrengt küssten. Die Pariser Kulisse übt einen erheblichen romantischen Leistungsdruck aus. Viele Besucherpaare fühlen sich deshalb genötigt, eine Performance hinzulegen wie jenes scheinbar leidenschaftlich entflammte Pärchen auf dem berühmten Foto von Robert Doisneau, *Le Baiser de l'Hôtel de Ville*, das seit Jahr und Tag in Posterform die Schlafzimmer emotional unterversorgter Teenager dekoriert.

Was die meisten der von diesem Foto inspirierten Paris besuchenden Küsser nicht ahnen: Das Foto ist gestellt. Doisneau erledigte damals, im Jahr 1950, eine Auftragsarbeit für das Magazin *Life* mit dem Titel *Verliebte in Paris*. Dafür heuerte er zwei Schauspielschüler an, Françoise Bornet und Jacques Carteaud (die immerhin privat ein Paar waren), und stellte mit ihnen einige Kussszenen vor dekorativem Pariser Hintergrund. Eins der Dekors war das Hôtel de Ville. Hier fotografierte Doisneau den pariserischsten Kuss aller Zeiten. Er war eine Fälschung.

Eine der Spätfolgen dieses Fotos besteht darin, dass heute noch massenweise Paare nach Paris reisen – allerdings oft erst dann, wenn ihre Beziehung sich dem Ende zuneigt. Frei nach Kästner:

»Als sie einander acht Jahre kannten ... kam ihnen plötzlich die Liebe abhanden.« Sie fühlten sich eher mies. Drum fuhren sie nach Paris.

Nirgendwo sonst sieht man so viele eigens angereiste Paare, die sich lange zu kennen scheinen, schweigend zusammen in Restaurants sitzen. Nachdem Monamour dies erstmals aufgefallen war, machte sie einen – wie ich fand – glänzenden Titelvorschlag für ein Buch über Paris: *Paris. Statt der Liebe.* Leider konnten sich die Verlagsvertreter nicht für den hübschen Titel erwärmen. Subtilität gilt als nicht absatzfördernd. Aber das ist ein anderes Thema.

Monamour und ich flanierten weiter, über die Pont des Arts, die seit einer Weile von Liebespärchen genutzt wird, um auf gravierten Vorhängeschlössern ewige Treue zu geloben. Dann gingen wir in die Cour Carrée und weiter in die Cour Napoléon des Louvre, am kleinen Triumphbogen vorbei durch die Tuilerien, über den Place de la Concorde bis zur Pont Alexandre III gegenüber dem Invalidendom. Die Pont Alexandre III ist opulent vergoldet und die breiteste Pariser Brücke. Chinesische Hochzeitspaare nutzen sie gern als Set für ihr Hochzeitsvideo. Als wir dort ankamen, befanden sich gleich drei chinesische Hochzeitspaare auf der Brücke. Alle übten unterschiedliche Posen gegenseitigen Hingerissenseins. Semiprofessionell wirkende Kamerateams mühten sich, den unvergesslichen Moment filmisch festzuhalten, sehr zum Vergnügen einer ebenfalls filmenden und fotografierenden Gruppe japanischer Touristen. Die Sonne schickte sich im Westen kooperativ an, hinter dem Eiffelturm unterzugehen, und warf ein paar letzte matte Strahlen auf die goldene Kuppel des Invalidendoms und die Echsen-Skulpturen, welche die Brücke zieren. Manchmal ist Paris gar nicht so übel.

In diesem milden Licht spürten Monamour und ich entgegen unseren unsentimentalen Gewohnheiten plötzlich auch das Bedürfnis, ausführlich und öffentlich Gefühle zu zeigen. Wir gaben dem nach. Die Japaner richteten begeistert alle Kameras auf uns.

Heute sind Monamour und ich wahrscheinlich heftig küssend in Hunderten von Karaokebars im Großraum Yokohama zu sehen. In einem Video zu La Vie en Rose.

Merci

Die Geschichten in diesem Buch sind wahr, die Handlung ist frei erfunden. Die Wahrheit liegt in der Übertreibung. Sämtliche Namen habe ich geändert, bis auf jene, die so gut passten, dass ich keine schöneren hätte erfinden können. Ähnlichkeiten mit lebenden oder verstorbenen Personen sind kaum je zufällig oder unbeabsichtigt. Einer gängigen Praxis folgend, zitiere ich mich gerne selbst: Frühe Fassungen einiger Passagen aus diesem Buch sind erschienen in der *Welt*, der *Frankfurter Allgemeinen Sonntagszeitung*, dem *Süddeutsche Zeitung Magazin* und *Dummy*.

So ein Buch schreibt sich über die Jahre und mit der Hilfe derjenigen, die mich auf Ideen brachten oder mir die ihren gleich schenkten. Dafür und für vieles andere danke ich: Johanna Adorján, Robert Buch, Jochen Buchsteiner, Lucas Delattre, Bettina Eltner, Christian Fleury, Veronika Füchtner, Oliver Gehrs, Christian Gottwalt, Jan Heidtmann, Astrid Herbold, Joachim Hörner, Peter Kissling, Dirk Kurbjuweit, Alexander Marguier, Christoph Niemann, Vanessa Offen, Martin Puchner, Roman Schmidt, Wulf Schmiese, Alexander Simon, Sascha Simon, Maria Tillmann, Jan Weiler, Dominik Wichmann, Eike Wittrock und, avant tout, Novina Göhlsdorf.

In Erinnerung an Antoine Rebiscoul und René Fleury.